Richard Mahrenholtz

Voltaire Studien

Beiträge zur Kritik des Historikers und des Dichters

Richard Mahrenholtz

Voltaire Studien
Beiträge zur Kritik des Historikers und des Dichters

ISBN/EAN: 9783743331471

Hergestellt in Europa, USA, Kanada, Australien, Japan

Cover: Foto ©ninafisch / pixelio.de

Manufactured and distributed by brebook publishing software (www.brebook.com)

Richard Mahrenholtz

Voltaire Studien

Voltaire-Studien.

Beiträge

zur

Kritik des Historikers und des Dichters

von

Richard Mahrenholtz.

OPPELN.
EUGEN FRANCK'S BUCHHANDLUNG
GEORG MASKE.
1882.

Druck von Erdmann Raabe in Oppeln.

Inhalts-Verzeichnis.

	Seite
Vorwort	VII

I. Voltaire als Essayist und Geschichtskritiker.

Grundgedanken der Voltaireschen Geschichtskritik 1
Charles XII. Essai: Sur l'esprit et les mœurs des nations . . . 4
Abhandlungen verwandten Themas 16
Dictionnaire philosophique 25
Annales de l'Empire 26
Siècle de Louis XIV 31
Essays über diese Periode 33
Pierre le Grand 34
Louis XV 37
Essays 37

II. Voltaire als Dichter.

a. Die Tragödien 42
    Voltaire und Corneille 42
    Œdipe 43
    Marianne 45
    Brutus 47
    Voltaire und Shakspere 49
    Eriphyle 50
    Zweite Periode in Voltaires Dichten 52
    Zaïre 53
    Mort de César 57
    Adelaïde du Guesclin 60

Alzire
Mahomet
Mérope
Zulime
Sémiramis
Oreste
Rome sauvée
L'Orphelin de la Chine
Socrate
Tancrède
Übersetzung des Julius Caesar von Shakspere
Saul
Dritte Periode von Voltaires Dichten
Olympie
Le Triumvirat
Les Scythes
Letzte Dichtungen
Schlussbemerkung
b. Komödien, epische und lyrische Dichtungen
Vorbemerkung über die Komödien
Komödien
Henriade
Pucelle
Guerre civile de Genève
Lehrgedichte
Politische Gedichte
Satiren
Oden
Episteln
Vermischte Dichtungen
Contes en vers
Schlussbetrachtung
Nachtrag
c. Romane und kleinere Erzählungen
Politische Erzählungen
Religiöse und philosophische Tendenzdichtungen
Bedeutung der kleineren Erzählungen

III. Grundzüge einer Charakteristik Voltaires.

Die älteren Voltaire-Biographen
Stand der deutschen Voltaire-Biographie
Verschiedene Beurteilungen Voltaires

	Seite
Überblick über Voltaires gesellschaftliche, politische und religiöse Stellung	115
Einfluss der Pariser Zustände auf seinen Charakter	153
Voltaire in Cirey und in Berlin	155
Frankfurter Affäre	158
Spätere Periode in Voltaires Schriftstellertum	160
Voltaires allgemeine Bedeutung	161
Exkurs I.: Über die „Henriade" und „Mariamne"	162
Exkurs II: Voltaires „Préservatif" und die „Voltairomanie"	166
Anmerkungen	181
Errata	196

Vorwort.

Die nachfolgenden Studien sind aus den Sammlungen hervorgewachsen, welche ich zum Zwecke einer Voltaire-Biographie seit längerer Zeit gemacht habe. Da die Rücksichten einer amtlichen Thätigkeit und die Unmöglichkeit eines längeren Aufenthaltes in Paris und Petersburg zur Zeit die Vollendung jenes Werkes hindern, gebe ich die bereits festgestellten Resultate in möglichst abgeschlossener Form. In der Hauptsache berühren sie sich, wie natürlich, mit den Darstellungen von Hettner und Strauss und den Forschungen von Desnoiresterres; Abweichungen, Modifikationen und Ergänzungen im einzelnen werden sich bei selbständigem Quellenstudium immer ergeben. Für die beiden ersten Abschnitte schien mir eine eingehende Berücksichtigung auch der entlegenen Prosaschriften und wenig gelesenen Dichtungen Voltaires und eine sorgfältigere Ausnutzung seiner engeren Korrespondenz unerlässlich. Abschnitt III. fasst vor allem bekanntes in einheitlicher Gruppierung zusammen.

Eine erschöpfende Ausbeutung der Voltaire-Litteratur ist bei den Lücken unserer Bibliotheken unmöglich, einstweilen begnüge ich mich meist mit dem, was mir die Güte der Kgl. Bibliotheksverwaltung zu Dresden und die Zusendungen von

Berlin her zur Verfügung stellten. Auch von diesem Material ist manches bei Seite gelassen, weil es für die Kenntnis Voltaires wenig oder nichts auszutragen schien. Überhaupt ist einzelnes bei der Citierung unberücksichtigt geblieben, da es mich allzusehr ins Detail geführt haben würde.

Die realistische Manier unserer Darstellungsweise, die Vermeidung alles rhetorischen Prunkes und idealen Glanzes, ist bei einem Forscher und Denker, welcher die Ideale in Staat, Kirche und teilweise auch in der Dichtung schonungslos zerstörte, wohl berechtigt, und selbst in der Schilderung des Verhältnisses zur du Châtelet und zu Friedrich d. Gr. war der Verf. bestrebt, alle Schönfärberei zu meiden. Einem Voltaire, der von der Begeisterung seiner Anhänger zum Patriarchen der Aufklärung erhoben, von dem Hasse der Gegner zum Abbilde des bösen Geistes gemacht wurde, kann seine historische Realität nur wiedergegeben werden, indem man sich auf feste Thatsachen und beglaubigte Zeugnisse stützt. Die Auffassungen beider entgegenliegender Richtungen habe ich in der Kürze zu berücksichtigen gesucht, doch sah ich keinen Grund, auf die Entstellungen eines Bungener, Magnard, Nicolardot einzugehen.

Halle, 14. September 1882.

Dr. Mahrenholtz.

Voltaire als Essayist und Geschichtskritiker.
(Voltaire-Studien I.)

Der Grund, warum eine zusammenfassende Darstellung der Voltaireschen Geschichtschreibung gewöhnlich in den französischen und deutschen Litteraturgeschichten fehlt und selbst in dem erschöpfenden Werke von Desnoiresterres gerade diese Seite der Thätigkeit Voltaires nur ungenügend hervorgehoben wird, ist vor Allem in den fortwährenden Wiederholungen einiger wenigen Grundgedanken und in dem Mangel einer konsequenten und systematischen Detailkritik in Voltaires historischen Schriften zu suchen. Von Wert für die heutige Geschichtskritik können nur diese wenigen Grundprinzipien sein, und sie sind denn auch mutatis mutandis zum Gemeingute der nicht theologisierenden Geschichtsbetrachtung aller Völker geworden; die Detailkritik Voltaires, wie sie mehr aus unmittelbarstem Subjektivismus und momentaner Laune, als aus den bewegenden Ideen der Zeitrichtung hervorging, hat sich grossenteils als verfehlt erwiesen.

Als jene Grundprinzipien, die mit geringen Modifikationen in allen grösseren Geschichtswerken und kleineren Abhandlungen Voltaires wiederkehren, lassen sich bei aufmerksamerer Lektüre dieser zerstreuten, oft wenig bekannten Arbeiten, folgende hinstellen.

1) Die Geschichtschreibung ist nichts Andres, als eine auf die Geschichte angewandte Philosophie,[1]) nur, was vor dem Richterstuhl des Philosophen sein Vernunftrecht nach-

zuweisen vermag, ist von den vergangenen Ereignissen wichtig und wertvoll für die späteren Geschlechter.

2) Der Philosoph hat nicht blos Schlachten und Kriege zu schildern,²) auch nicht blos die Fürsten und Priester in das Bereich seiner Kritik zu ziehen, vor Allem soll er die inneren Verhältnisse, die Fortschritte der Kultur würdigen, und die Teilnahme der Völker an den geschichtlichen Ereignissen nachweisen.³)

3) Das, was die frühere Geschichtschreibung geleistet, ist an und für sich nicht von viel höherem Wert, als die Sage und Fabel,⁴) nur, wo sich die Vernunft des aufgeklärten Philosophen, losgelöst von allen positiven Hilfsmitteln der eigentlichen historischen Kritik,⁵) mit dem Früheren einverstanden erklärt, ist es zur Grundlage der historischen Darstellung zu machen.

4) Die ältere Geschichtschreibung sah in dem Judentum und Christentum vordringende Kulturmächte, die aufgeklärte Philosophie des XVIII. Jahrhunderts darf in dem Judentum nur eine Mischung von Fanatismus, Borniertheit, Unsittlichkeit, Brutalität,⁶) unselbständiger Religions- und Geschichtsauffassung,⁷) Verlogenheit und Berechnung⁸) erkennen, das Christentum ist ihr ein ursprünglich deistisch-moralisches, in späterer Zeit aber durch Lügen, Legenden, Herrschsucht, Raub, Mord, Einmischung von Afterphilosophie etc. entstelltes Lehrsystem.¹⁰) An Stelle des Judentums treten für den philosophischen Historiker die andren orientalischen Religionen — namentlich die indische und chinesische, an Stelle des Christentums tritt die Toleranz und der Deismus.¹¹)

5) Mit dem Christentum fallen von selbst das gesamte Lehrgebäude des Katholicismus, die specifisch-jansenistischen und jesuitischen Anschauungen, aber auch die Lehre der Reformatoren.¹²) Nur wenige Ausnahmen von diesem Verdammungsurteil sind statthaft.¹³)

6) Der Philosoph darf indessen jene gefährlichen Ketzereien keinesfalls in unverhüllter Weise aussprechen, er muss stets seine Unterwerfung unter die Autorität der Kirche ver-

sichern, nur vom rein menschlichen Standpunkt zu urteilen vorgeben, er darf auch seine Schriften verleugnen, sie unter pseudonymer Firma erscheinen lassen, ihre gefährliche Tendenz nachher den kirchlichen Widersachern gegenüber abzuschwächen suchen.[14])

7) Christentum und **Katholizismus** stehen ihrem innern Werte nach unter dem **Mohamedanismus**, dieser, als Förderer der Kultur, Wissenschaft und **Litteratur**, ist unbedingt zu **verherrlichen** und von dem Vorwurfe des Fanatismus, selbst gegen alle historische Wahrheit, freizusprechen.[15])

8) Wie die christliche **Kultur**, **so ist auch von der** Tradition früherer Zeiten **stets das** Römer- und Griechentum überschätzt worden, **der** Philosoph hat, ungeachtet mancher Schwankungen in seinem Urteil,[16]) **unbedingt daran festzuhalten, dass die moderne Kultur eine unmittelbare und absolute Bedeutung, die antike Kultur nur einen relativen Wert hat.**[17])

9) Der wahre Philosoph sieht weder mit Montesquieu **in der Geschichte** nur eine **Einwirkung der physischen** Verhältnisse, noch träumt er mit Rousseau von einem schönen **Idyll** des Naturzustandes, er hasst weder **mit** jenem den Despotismus, noch huldigt **er mit diesem der** reinen Demokratie.[18])

10) Als eigentlicher Standpunkt philosophischer Geschichtsschreibung gilt der „despotisme éclairé", **namentlich wo** er volkstümlichen Reformen **huldigt,**[19]) **ja auch der** bigotte und tyrannische Despotismus kann durch **ein litterarisches Mäcenatentum** sich die Gunst des Philosophen erwerben.[20])

11) **Als eigentlicher Gegner** des Philosophen **ist die Geistlichkeit anzusehen,** ihr gegenüber **sind** alle Mittel und Mächte, die geschichtliche Kritik, die philosophische Vernunft, das Interesse der Fürsten, ja selbst demokratisch-revolutionäre Tendenzen[21]) zur Geltung **zu bringen.**

12) Da der Philosoph **stets in einer** gewissen idealen Höhe über der Menge und den exoterischen Gebildeten stehen muss, so hat er auch für wertlose Compilationen historischen Charakters sich auf **geheime** Quellen zu berufen, und diese,

falls sie nicht vorhanden, zu fingiren,²²) falls sie vorhanden, bedeutend zu vergrössern und zu übertreiben. ²³)

13) Der Philosoph unterscheidet zwischen dem, was er unter eigenem Namen veröffentlicht und dem, was er pseudonym oder anonym schreibt, bzw. durch spekulative Buchhändler scheinbar gegen seinen Willen in die Welt senden lässt. ²⁴)

14) Da zum philosophischen Wirken eine gesicherte und unabhängige Lebensstellung, materielle Wohlhabenheit, Gunst der Fürsten und vornehmen Kreise erforderlich ist, so hat der aufgeklärte Philosoph nie materiellen Gewinn, sei er auch von sittlich zweifelhafter Art ²⁵) zu scheuen, nie die Sympathien der Grossen zu verletzen, vielmehr die eigentlichen Machthaber durch scheinbar überzeugungsvolle Schmeicheleien für seine antikirchlichen und privaten Interessen zu erwärmen. ²⁶)

15) Gelegentliche Widersprüche und Inkonsequenzen sind dem Philosophen zu verzeihen, ²⁷) Hauptsache bleibt, dass er gewisse Kardinalfragen in allen Schriften mit klarster Logik und unermüdlichstem Wiederholungseifer erörtert, dass er neben sachlichen und logischen Gründen auch Witz, Spott, selbst Frivolität zu seinen Waffen macht, und den Gegner nicht blos sachlich, sondern auch persönlich zu vernichten sucht. ²⁸)

Bei dieser mehr abstrakt-philosophischen, als konkret-historischen Geschichtsauffassung Voltaires ist es natürlich, dass er zuerst mit einer Reihe zusammenhängender Darstellungen begann und erst in spätrem Alter daranging, das, was er früher geschrieben hatte, kritisch zu begründen, zu verteidigen und zu detaillieren.

Von seiner ersten Jugendschrift, der „hist. de Charles douze", könnte ich absehen, da nach Hages kaum angreifbaren Resultaten²⁹) dieselbe grossenteils eine unselbständige und ungenaue Kompilation des Werkes von Limiers (Hist. de Suède, sons le règne de Ch. XII, 1721) ist, und die spätren Ausgaben des Buches die mancherlei Flüchtigkeiten und Irrtümer wenig verbessern. Es kann keinem Zweifel unterliegen, dass Voltaire anfänglich als Bewundrer des Schwedenkönigs schrieb, und dass er ohne detaillierte Sachkenntnis und authentische Quellen mehr ein oberflächliches Resümé, als eine durchgearbeitete Geschichte giebt. Beides änderte sich im Laufe der Zeit. Die Streitigkeiten mit Norberg und Motraye, die gehässigen Angriffe, welche der „historische Roman" Voltaires von sehr beschränkten und nicht einmal immer wohlunterrichteten Kritikastern [30]) erfuhr, legten das Bedürfnis nach bessren Quellen und ursprünglicheren Hilfsmitteln, als sie Limiers bot, nahe genug. Mit einigem Recht konnte daher Voltaire in einem undatierten Briefe, der wahrscheinlich aus dem Jahre 1750 stammt, schreiben, er habe seinen Charles XII „sur des mémoires bons au fond, mais dans lesquels il y avait quelques erreurs sur les détails des actions de ce monarque" gearbeitet.[31]) Schlimm war es immer, dass Voltaire mit diesen „guten" Memoiren mehr zu renommieren liebte, als dass er sie eingehend benutzt hätte.[32])

Später änderte Voltaire vor Allem seine Auffassung des Schwedenkönigs. Im „Discours sur l'histoire de Charles XII" (XV, 6—8) ist ihm Karl XII nur ein warnendes Beispiel für eroberungssüchtige Fürsten, in diesem Sinne habe er dessen Leben beschrieben, was freilich dem Charakter der Darstellung wenig entspricht. Und bitter getadelt wird die Vorliebe für Karl XII an einer Stelle der „Hist. de Pierre le Grand"[33]). Das Verhältnis, in das Voltaire später zum russischen Hofe, namentlich zur Czarin Katharina trat, bedingte schon eine Milderung dieses Schweden-Enthusiasmus, die reifre, politische Erfahrung zog ihn von der abenteuerlichen, unentwickelten Gestalt des Schwedenkönigs zu der imposanten, bestechenden Figur des russischen Czar. Das einseitig-berückende Licht, welches auf diesen fällt, lässt die einst verherrlichte Person Karls von selbst im dunklen Hintergrunde erscheinen.

Übrigens steht Voltaires „Charles XII" noch grossenteils in der traditionellen Geschichtsbetrachtung und Geschichtsschreibung. So sehr die allgemeine Lage des Kontinents, der Zusammenhang mit vergangenen Ereignissen, die Verkettung der Dinge und die Motive der Menschen hervorgehoben werden, so sind doch meist Schlachten und Märsche, höfische Händel und persönliche Beziehungen, nicht die inneren Zustände der Länder und die bewegenden Zeitideen Hauptgegenstände der Darstellung. Die Vorliebe für Anekdoten und Legenden, das Übermass in der Charakteristik des nordischen Helden, sind Merkmale jener „histoire de Ch. XII", die mit der spätren Geschichtsschreibung Voltaires sehr kontrastieren. Der Hass gegen Kirche und Geistlichkeit, gegen religiöse Borniertheit und mönchischen Fanatismus kennzeichnet zwar schon hier den spätren Voltaire, aber ziemlich fern lag diesem jene Vorliebe für republikanische Freiheit, wie sie einzelne Stellen des Buches aussprechen. Hier haben wir die unmittelbare Wirkung jenes Verkehrs mit den freieren politischen Anschauungen der englischen Philosophen, jener Bekanntschaft mit dem selbstthätigen englischen Volks- und Verfassungsleben, das freilich nach der Seite der Freiheit hin von Voltaire, wie später von Montesquieu, überschätzt wurde. Chronologisch und ideell ist der Charles XII ein Produkt des englischen Exiles Voltaires.

Vom „Charles XII" zu dem um 1740 geschriebenen „Essai sur les moeurs et l'esprit des nations" und der um gleiche Zeit zuerst entworfenen „Introduction" ist ein weiter Schritt. Aber in diesen elf Jahren liegt das Studium der englischen Philosophie und Freidenkerei, die Vertiefung in historische Studien, das Streben, selbstthätig ins politische Leben einzugreifen, das späterhin die preussische Mission Voltaires so unglücklich dokumentierte.[34])

Jene „Introduction", an der bis ins Greisenalter hinein unablässig von Voltaire gefeilt, ergänzt und gebessert wurde, ist die reifste Frucht seiner historisch-philosophischen Studien. Sie giebt einen kritischen Überblick über die antike Geschichte, behandelt demnach denselben Gegenstand, wie Bossuets „Discours sur l'hist. universelle". Hier also musste es Voltaires Aufgabe sein, den theologischen Anschauungen Bossuets die Ideen seines eignen philosophischen Systemes entgegenzustellen.

Von Bossuets Discours könnte man behaupten, dass er die gesamte antike Geschichte vom Standpunkt des christlichen Dogma auffasse, wenn nicht der hochmütige und selbstsüchtige Priester die Idee der menschlichen Willensfreiheit in seiner Geschichtsbetrachtung, gerade wie in seinem kirchlichen Leben, aus den Augen verlöre. Dieser Mangel macht aber seine Geschichtsdarstellung noch viel unbegreiflicher, als sie es in den alttestamentlichen Büchern oder in den paulinischen Schriften ist. Denn warum, so fragt man, mussten die von Gott geleiteten, ja beinahe gegängelten, Menschen sich aus der friedlichen Zeit vor der Sündflut [35]) in die Verwilderung der spätren Epochen stürzen, warum mussten sie von der unschuldigen Pflanzenkost zur Abscheu erregenden Fleischnahrung übergehen? [36]) Warum halfen alle Mahnungen der Propheten, alle Züchtigung der von Jehovah als pädagogische Assistenten erwählten Chaldäer, Griechen und Römer nichts, warum wurde selbst die messianische Erlösung von dem grössten Teile des vielgeplagten Volkes verschmäht? Und welche Rolle nimmt Gott selbst, dessen Allmacht hier nicht durch die sich selbst gesteckte Grenze der menschlichen Willensfreiheit gehemmt ist, in Bossuets Darstellung ein? Er gleicht einem Pädagogen, der bei jedem Schritt vorwärts einen Schritt zurückthut, der seinen Zweck, die auserwählten Zöglinge des Judentums zu belohnen und zu strafen, nur auf Umwegen und durch Umbilden mancherlei Art, und das Endziel, die messianische Erlösung, nur teilweise und unvollkommen erreicht.

Wie die Zeit nach Christus in Bossuets Darstellung nur vom Standpunkt der Kirchenlehre beurteilt wird, so ist in der vorchristlichen Zeit das Judentum der Mittelpunkt der Geschichte und Kultur, und Orientalen, Griechen und Römer existieren nur, um das Volk Gottes zu strafen, zu züchtigen, zu belohnen. Eine Verkennung der heidnischen Religion, eine verkehrte Auffassung der „Idolatrie", der dann Voltaire in der „Introduction" mit Schärfe entgegentrat, ist damit vereint. Und doch ist Bossuet wieder, ganz der antikisierenden Zeitrichtung gemäss, von den Berichten der heidnischen Götzendiener in sehr unselbständiger Weise abhängig. Nach Herodot werden die Egypter zu günstig, nach Platons rigoristischen Auffassungen der griechische, namentlich attische, Volkscharakter zu scharf, nach Livius das demokratische Rom in einseitiger Verkennung geschildert.

Bei aller kirchlichen Gläubigkeit ist Bossuet weit entfernt von dem naiven: Credo, quia absurdum der frühren Zeiten. Die wenig glückliche Weise, in der er die Autorität und Authentität der kanonischen Schriften zu verteidigen,[37] die Einwürfe der Häretiker für sich auszunutzen sucht, zeigt, wie sehr der unmittelbare Glaube bereits der kirchlichen Rhetorik des XVII. Jahrhundert abhanden gekommen war. Eine gewisse „pia fraus" muss man der Beweisführung des Discours vorwerfen, denn der vielbelesene Bischof lässt absichtlich unbeachtet, wie wenig grade die ältere christliche Kirche die Vorstellung hatte, dass die synoptischen Evangelien von Jüngern des Herrn verfasst seien, wie sehr die Authentität einzelner neutestamentlicher Schriften den ersten Jahrhunderten nach Christus zweifelhaft war.

Einer Geschichtsauffassung, welche die menschliche Freiheit ignoriert, und in den Menschen und Völkern nur Spielzeuge des göttlichen Willens sieht, fehlt natürlich jedes Verständnis für Menschenwürde und Menschengrösse. Gott gibt und nimmt die verliehne Herrschaft aus geheimen Gründen, und die „besondren Ursachen", welche die Reiche erheben und stürzen, hängen wieder von den unbekannten Gründen der göttlichen Vorsehung ab.[38] Der Mensch handelt, ohne die Folgen des Handelns vorauszusehen, er glaubt, für sich zu wirken und nützt Andren. So habe Brutus nur der Tyrannei in die Hände gearbeitet, Alexander unwissentlich für die Diadochen gewirkt. Sittlichkeit und Recht sind nach Bossuets Meinung gleichgültig, wenn die Fordrungen der göttlichen Vorsehung in Frage kommen. Cyrus, das Urbild eines plan- und ziellosen Eroberers; ein Mann ähnlichen Charakters, der macedonische Alexander, werden gepriesen, weil sie ihre Stelle in dem Weltplane ausfüllen.

Was keine Beziehung zu jenem einseitigen Plane der Vorbereitung auf das Christentum hat, wird in der antiken Geschichte von Bossuet übergangen. Da fehlen zwei alte Kulturvölker, die Chinesen und Inder, da fehlt so vieles in der römischen und griechischen Geschichte, was keine sophistische Rhetorik in Beziehung zu dem angeblichen Erziehungs- und Erlösungsplane Gottes zu setzen vermag.

Gegen diese Einseitigkeiten und Mängel richtet sich Voltaires „Introduction", die sich dem Thema nach mit Bossuets „Discours" berührt, während der „Essai" nur eine Fortführung des Bossuet'schen Werkes ist und deshalb in diesem nur der naturgemässe Gegensatz der philosophischen und theologischen Geschichtsauffassung, nicht die bestimmte Absicht einer direkten Widerlegung hervortritt.

Wenn Voltaire hier den Namen Bossuets unerwähnt lässt und so gewissermassen eine Antwort ohne Adresse, in Chiffern, die nur dem Kundigen und Eingeweihten verständlich sind, an den Gegner richtet, so hat diese diplomatische Vorsicht in der Rücksichtnahme auf die kirchlichen Kreise und auf die devoten Hofleute ihren Grund. Obgleich von vornherein nur für die Freundin Voltaires, die Marquise du Châtelet, bestimmt, war doch diese Introduction jedesfalls auf alle Schichten der vornehmer gebildeten Welt, die äusserlich noch am Kirchenglauben hing und in Bossuets Rhetorik eine Befriedigung finden mochte, die vulgäre Kapuzinaden und Jesuitenpredigten nicht gewähren konnten, berechnet. Im „Essai" selbst wird allerdings Bossuets Name in polemischer Absicht genannt, aber die Polemik selbst wieder durch ironischhöfliche Komplimente versüsst.[39])

Ich säume nicht, diesen wohlverhüllten und wohlbewussten Gegensatz zu Bossuets „Discours" im Einzelnen hervorzuheben. Wenn Bossuet seine Darstellung mit alttestamentlichen Legenden eröffnet, so beginnt Voltaire damit, die Veränderungen der Erdkugel, Verschiedenheit und Alter der Menschenracen auseinanderzusetzen. Dem theologischen Standpunkt des Bischofs tritt der naturwissenschaftliche des Philosophen gegenüber. Wenn ferner Bossuet den jüdischen Monotheismus in schroffen Gegensatz zu dem heidnischen Polytheismus stellt, so hebt Voltaire die Übereinstimmungen zwischen der jüdischen und den heidnischen Religionen hervor. Recht geflissentlich weist er darauf hin, dass der jüdische Jehova nur eine Lokalgottheit, wie die anderswo verehrten Götter, nicht der ewige, allmächtige Gott sei. Die Schattenseiten der von Bossuet hochgepriesenen Theokratie werden in einem folgenden Abschnitt einer grellen Beleuchtung ausgesetzt. Bossuet preist von den orientalischen Heidenvölkern vor Allem die Egypter und stellt sie in chronologischer Folge den Andren voran; Voltaire weist auf das höhre Alter der andren Nationen hin und beurteilt den egyptischen Volkscharakter mit sichtlicher Antipathie. Vor Allem tritt der Gegensatz zum „Discours" in den Abschnitten über Moses, die ältre jüdische Geschichte, die Art des Jehovakults hervor, in denen Voltaire mit der Miene frömmster Devotion die vernichtendste Kritik übt.

Während Bossuet die jüdische Kultur sehr überschätzt, hat Voltaire von derselben äusserst geringschätzige Vorstellungen und weist namentlich stets darauf hin, wie sehr die Israeliten durch die überlegne Kultur der andren orientalischen Völker beeinflusst worden sind. Von feiner Beobachtungsgabe zeugt es, wenn Voltaire die sinnlich-materielle Richtung des jüdischen Volkes selbst in dessen Gebeten ausgeprägt findet. Im bewussten Gegensatz zu Bossuet werden die heidnischen Religionen sehr günstig beurteilt, und treffend die äusserliche Anbetung der Götzenbilder von den inneren Seelenvorgängen, welche dieser Anbetung zu Grunde liegen, geschieden. Freilich die Mythen, Lügen und Wunder jener Religionssysteme werden mit ebenso unerbittlicher Logik zerstört, wie die des Judentums.

Selbstredend ist in Voltaires Darstellung nirgends von einem unabänderlichen Plane der göttlichen Regierung, dem Geschick und Glück der Menschen und Völker widerstandslos unterworfen ist, die Rede, die Völker sind hier selbst die Urheber ihrer Geschicke, sie entwickeln sich nach ihren natürlichen Anlagen, nach örtlichen und ethnographischen Bedingungen.

Nur in einem Punkte nähern sich Voltaire und Bossuet. Das römische Weltreich, das beiden als Vorbild der Monarchie Ludwigs XIV erschien, wird hier wie dort verherrlicht, doch erscheint es dem kühlen Verstande des Philosophen als Träger der Kultur, dem gläubigen Gefühle des Priesters als ein Medium des göttlichen Erziehungs- und Erlösungsplanes. Darum legt Voltaire, wo er vom Verfall und Untergange Roms spricht, wieder im Gegensatz zum „Discours" seinen Nachdruck auf die „causes particulières", die Bossuet nur in untergeordnetem Sinne anerkennt. Eine Stelle am Schlusse dieser beiden Abschnitte (a. O. X. 116) sieht sogar wie eine Ironisierung von Bossuets fatalistischer Prädestinationstheorie aus.[40])

Auch gegen die unselbständige Nachbetung antiker und mittelalterlicher Überlieferungen, von der Bossuets Discours sich keineswegs freihält, tritt Voltaire im vorletzten Abschnitt der Introduction auf.

In dem „Essai" selbst kann dagegen von einer absichtsvollen Polemik gegen den Discours und von einer Widerlegung im Einzelnen nur im Anfange die Rede sein. Hier hebt Voltaire tadelnd hervor, dass Bossuet alles in der Welt nur der Juden willen geschehen lasse, dass er auch die römische Geschichte, obwohl er für sie ein tiefres Verständnis zeige, in die Schranken seines theologischen Systems zwänge, dass er von den Arabern wie von einer Barbarenhorde spreche, dass er alte Kulturvölker, wie Inder und Chinesen, übergehe, dass er endlich bei Karl dem Grossen stehen bleibe. Zweck des „Essai" ist es nun, die Lücken des „Discours" zu ergänzen und die Darstellung bis auf die neueren Zeiten fortzuführen.

Aus dem ersten Grunde beginnt der „Essai" mit den Chinesen und Indern, und beurteilt deren Kultur und Litteratur mit sichtlicher Sympathie. Ausser dem offen ausgesprochenen Gegensatz zu Bossuet finden wir hier auch eine Polemik gegen Montesquieus „Esprit des lois" der 6 Jahre vor Veröffentlichung des „Essai" (1754) erschien. Im Widerspruch mit diesem sucht er den Despotismus der chinesischen Regierung in Abrede zu stellen. Der entscheidende Grund dieser auch in den „Lettres Ind. Chin. Tart.", in den „Fragments histor. s. l'Inde" in der Schilderung der Verbannung der Jesuiten aus China, in dem Artikel „la Chine" des „Dict. phil." u. a. O. hervortretenden chinesisch-indischen Sympathien, ist natürlich der Hass gegen Juden- und Christentum. Dieser erklärt wohl auch die übertriebene Vorliebe für den Mohamedanismus, die bei dem Dichter des „Mahomet" sehr auffallend und zweifelerweckend ist.

Mit schlecht verhehlter Absichtlichkeit stellt Voltaire die Lichtseiten des Muhamedanismus den Schattenseiten des Christentums gegenüber. Während die Araber vor und zur Zeit Muhameds als edelmütig und gastfrei, als Freunde der Wissenschaft und Kunst, ja als tolerant gepriesen werden, erscheinen die Christen der ersten Jahrhunderte als niedrig, fanatisch, verfolgungssüchtig, sobald sie zur Herrschaft gelangen, als Fälscher von Schriftstücken, als berechnende Erfinder zahlreicher Legenden und Lügen. Während Muhamed wegen seines Mutes und Hochsinnes dem Alexander gleichgestellt, und um seiner Mässigung willen über den macedonischen Helden erhoben wird, erscheint Constantin I als berechnender Heuchler und kalter Despot. Auch seiner Indignation gegen den Fanatismus und die Brutalität des jüdischen Volkes gibt Voltaire hier den beredtesten Ausdruck.

Wie die Araber, so werden auch die Türken gepriesen. Die bei der Eroberung Constantinopels ihnen zugeschriebenen Grausamkeiten sind nach Voltaire nur christliche Erfindung, mit besonderer Wärme wird die Toleranz und Bildung Mahomeds II gerühmt. Der Despotismus der türkischen Sultane wird, wie der chinesische, beschönigt. Mit aller Schärfe wird dagegen auf die Verkommenheit der Griechen und ihrer Regenten hingewiesen.

Wie die Zeit, in welcher der Muhamedanismus siegreich vordrang, in Voltaires Darstellung als die glückliche Periode der Kultur und Aufklärung erscheint, so ist die weltbeherrschende

Macht des Papsttums ihm der Grund alles geistigen und sittlichen Verfalles. Für die kraftvollen Papstgestalten, wie Gregor VII und Innocenz III hat Voltaire zwar einiges objektive Verständnis, oder hält es für gut, sich der Tradition der katholischen Kirche anzuschliessen, dagegen giesst er die volle Schale seines Zornes über Bonifaz VIII, über Aeneas Sylvius und die Päpste in der Zeit des Schisma aus. Freilich ist sein Hass kein blinder, und dadurch motivirt, dass die päpstliche Gewalt die Feindin der staatlichen und bürgerlichen Ordnung war. Höhnisch bemerkt er in dieser Hinsicht: „Die Päpste sprachen als Herren der Welt und konnten nicht Herren im eignen Hause sein". Indessen fällt es dem nüchternen Verstande Voltaires garnicht ein, alles gehässige Geschwätz über einzelne Päpste ungeprüft zu wiederholen. So stellt er den gegen Bonifaz VIII gerichteten Vorwurf offener Gottesleugnung entschieden in Abrede. Der Hass gegen das Papsttum hat indessen wohl in erster Linie die ungünstige Beurteilung des vielgefeierten Charlemagne,[41]) die warme Verteidigung der Templer, die Bewunderung der einst in den Staub gezogenen Jeanne Darc hier veranlasst.

Von den weltlichen Gegnern der mittelalterlichen Päpste werden nur diejenigen mit besonderer Sympathie beurteilt, die zugleich als fortschreitende Aufklärer erscheinen. So wird die politische Thätigkeit Friedrich's II in Neapel und Sizilien, so die Neuerungen und staatlichen Umwälzungen Philipps des Schönen gerühmt, dagegen die Ottonen und Heinrich IV, hier, wie in den „Annales de l'Empire" mit befremdender Kühle beurteilt. Von dem ziemlich allgemeinen und nicht immer gerechten Verdammungsurteil, das Voltaire über das Papsttum ausspricht, werden natürlich ₊diejenigen Kirchenfürsten ausgenommen, welche Vorkämpfer und Begünstiger des politischen und wissenschaftlich-künstlerischen Fortschrittes waren, namentlich Alexander III und einige sonst unwürdige Päpste des XVI. Jahrhunderts. Es ist somit nur der bittergehasste, unablässig und schonungslos in allen Gestalten und bis in alle Schlupfwinkel bekämpfte Fanatismus, der in seinen Trägern, dem Papsttum und der Inquisition, gebrandmarkt wird. Wie dieser Fanatismus, der in den Religionskriegen und Ketzerverfolgungen des Mittelalters und der Neuzeit wütete, stets, bald mit glühendem Hasse, bald mit eisigkaltem Spotte vernichtet wird, so gilt er auch da als Feind der Aufklärung und Kultur, wo er die religiöse Hülle abwirft. So werden einmal die Grausamkeiten in den Kriegen zwischen Ludwig XI und Karl dem Kühnen mit sichtlicher Entrüstung geschildert.

Verbreitung der Humanität und Aufklärung, der Liebe zu Kunst und Wissenschaft ist in Voltaires Geiste das Endziel aller geschichtlichen Entwicklung. Interessen, welche diesem Ziele entgegenstreben, scheinen ihm kein Bürgerrecht in der Geschichte zu haben. Die mittelalterlichen Zeiten, bemerkt er, (s. die sub 3 angef. Stelle) müsse man nur kennen, um sie verachten zu lernen, und nur der Wissensdrang motiviere ihr Studium.

Wie die Einleitung zum Essai gegen Bossuets Discours sich richtet, so zeigt der Essai selbst (in der Schilderung der Gallier und Germanen a. a. O. X, 123, 124) eine polemische Beziehung zu Mezerays kritiklosen Übertreibungen in dem ersten Teile seiner Geschichte Frankreichs, und vor Allem zu Montesquieu und Rousseau. Die einseitige Hervorhebung der physischen Einwirkungen und örtlichen Verhältnisse, durch die der Verfasser des „Esprit des lois" uns stellenweis auf die Abwege des Naturalismus und Materialismus führt, wird am Schluss des Essai kritisiert (a. a. O. 521) und in andrem Zusammenhange eine unhaltbare Behauptung der „Lettres persanes" mit zugespitzter Schärfe zurückgewiesen. Wenn Voltaires Geschichtsauffassung in der Kultur das Glück der Menschheit, in Wissenschaft und Kunst deren höchste Güter erblickt, wenn er dem Despotismus, sobald er diese Güter schirmt, seine Huldigung darbringt, so ist ein prinzipieller Gegensatz zu Rousseaus Erstlingswerken „Discours sur les arts et les sciences", „sur l'inégalité parmi les hommes", gegen deren Tendenz sich Voltaire in seiner Korrespondenz mit Rousseau rücksichtsvoll, aber unverkennbar ausspricht,[42]) kaum zu verkennen. Mit Namen wird Rousseau allerdings nicht genannt, weil damals das Verhältnis beider Gegner noch ein ungetrübtes war.[43])

Man kann dem Essai den Vorwurf machen, dass er in Einzelheiten ungenau und flüchtig sei, was übrigens Voltaire selbst zugegeben hat,[44]) dass er allzu einseitig die, an andrer Stelle herabgesetzte,[45]) französische Geschichte berücksichtige und für das Deutschtum, speziell die deutsche Reformation, wenig Verständnis habe. Ebensowenig darf man, wie es bisweilen geschehen, von einem wirklich vorhandenen, aber geflissentlich verhüllten, sorgfältigen und ausgedehnten Quellenstudium Voltaires sprechen, denn der Essai gibt dazu weder direkten noch indirekten Anlass. Die Quellenkritik ist überhaupt die schwache Seite dieses Werkes, und wenn einmal Ranke sagt, die Kritik solle die Spreu vom Weizen sammeln, so sehen wir durch Voltaires skeptische Auseinandersetzungen zwar viel Spreu auffliegen, werden aber die darunter liegenden Weizenkörner kaum gewahr. Unbedingt anzuerkennen ist aber die universale Tendenz des Essai. Da werden Kunst und Litteratur, Verfassung, Recht, Politik ebenso berücksichtigt, wie Kriege und äussre Verhältnisse, da treten die unvergänglichen Rechte der Völker an die Stelle kirchlicher Übergriffe, die selbsttätige Vernunft an Stelle der blindgläubigen Stupidität, Toleranz an Stelle des Fanatismus, Kritik, Wissenschaft, Kunst und Litteratur an Stelle der Tradition, des Dogma der kirchlichen Übungen und der päpstlichen Dekrete! Die neure Geschichtsschreibung, soweit sie nicht wieder in kirchliche Traditionen zurücklenkt, ist daher von Voltaires Essai ausgegangen, wie Hettner treffend bemerkt.

Verschiedne grössre und kleinre Abhandlungen Voltaires suchen die im „Essai" behandelten Fragen und die darin ausgesprochnen Ideen näher auszuführen. Sie gehören den Jahren 1726—1777 an und sind teilweise von sehr relativem Werte. Daher möge eine kürzere Besprechung, als sie dem „Essai" zu Teil geworden, genügen.

Der „Essai sur les guerres civiles de France" (1726, VII. 176 ff.) eine Art historischer Einleitung zu dem epischen Gedicht „la Henriade" ist in der Absicht geschrieben, die Person Heinrichs IV als glänzendes Lichtbild aus dem Dunkel der Frondekriege hervortreten zu lassen, hat sonst aber keine besondre Bedeutung. Die angehängte „Dissertation sur la mort de Henri IV" sucht namentlich den Papst und die Jesuiten von der Mitschuld an Ravaillacs Attentat freizusprechen und dieses als eine Ausgeburt des religiösen Fanatismus, nicht einer berechneten politischen Machination hinzustellen. V. zeigt dabei eingehende Kenntnis der zeitgenössischen Litteratur (vgl. hierüber 29, 25 und ebds. 29, 22 über Clément). Ein andrer Artikel „Le Président de Thou justifié" behandelt gleichfalls einen Abschnitt der französ. Geschichte, hat aber nur die Tendenz, den Geschichtsschreiber gegen die Vorwürfe in Buris „Hist. de la vie de Henri IV" zu rechtfertigen. Von einer umfassenden Kritik des de Thouschen Geschichtswerkes ist keine Rede (s. 26, 240 ff.).

Die Mehrzahl der hier zu erwähnenden Schriften hat es mit religiös-kirchlichen Fragen, namentlich mit der Geschichte des Judentums und der christlich-katholischen Kirche, zu thun.

Schon die „Lettres philosophiques 1733", die bekanntlich aus den Eindrücken des englischen Exiles hervorgegangen und ursprünglich in englischer Sprache geschrieben sind, behandeln neben englischer Verfassung, Philosophie und Dichtung auch die kirchlichen Verhältnisse Englands. Alles, selbst die dem französischen Freidenker so unsympathische Sekte der Quäker wird mit grosser Sympathie geschildert und mit sichtlichem Behagen ausgemalt. V. versäumt dabei nicht, die Sittenstrenge des englischen Klerus gegenüber dem weltlichen Treiben des französischen in ein ebenso helles Licht zu setzen, wie das sachgemässe Wirken der Londoner Akademie gegenüber dem Lobes- und Phrasensystem der französischen (vgl. XXIII. 117). Besonders wichtig sind die Abschnitte über die engl. Philosophie und Verfassung, über Pope (vgl. Parallèle de Horace, Boileau et Pope XXV, 156) und über Shakspere, der damals noch mit grosser Begeisterung von V. beurteilt wurde. Der Enthusiasmus, den damals alles Englische bei den Anhängern freierer politischer und kirchlicher Bestrebungen erregte, lässt auch hier eine schärfere Kritik und rein thatsächliche Würdigung nicht aufkommen (s. a. O. Bd. XXIII, S. 49 ff.). Die Anmassungen, Lügen und Fälschungen des Papsttums erörtert mit Sachkenntnis und Schärfe die Abh.: „Les droits des hommes et les usurpations des Papes" (1739, XXVII, 1 ff.). In derselben Tendenz und namentlich in einem wohlberechtigten Hinblick auf die frühere Grösse Italiens und seinen damaligen Verfall geschrieben, sind der „Discours aux Welches" (1764, XXVI, 70) und die „Epître aux Romains" (1768, XXVII, 363 ff.). Ebenso sucht der „Essai sur les dissensions des Eglises de Pologne" die kirchlichen Zänkereien und Anmassungen als Ursache der polnischen Misere hinzustellen (1767, XXVII, 206 ff.).

Die Artikel: „Appel à toutes les nations" (1761, XXV, 134 f.) und: „Jusqu'à quel point on doit tromper un peuple" (1756, XXV, 21 f.) wenden sich gegen die barbarische Tradition früherer Zeiten auf litterarischem und religiösem Gebiete. In der ersteren Abhandlung ist zwar die Analyse von Shakspéres Hamlet nicht ohne Würdigung der grossartigen Schönheiten des Stückes geschrieben und nicht ohne Anerkennung der Mängel der seelenlosen französischen Tragödie, aber am Schluss weist doch V. auf die Unmöglichkeit hin, die alte Zeit in der tragischen Kunst wieder zu beleben. Die zweite kürzere Abhandlung macht religiöse und abergläubische Gebräuche und Anschauungen zum Gegenstand der Satire.

In den „Dialogues chrétiens" (1760, XXV, 95 ff.) wird der Hass der katholischen Priester gegen die Encyklopädie und alles freie Denken und Forschen, und der Bund der protestantischen und katholischen Orthodoxie zur Ausrottung aller Philosophie und zur Bekämpfung der bittergehassten Toleranz und religiösen Freiheit illustriert. Das Feuerzeichen von Servets Scheiterhaufen weiht diesen Bund ein.

Die „défense de Milord Bolingbroke" (1752) XXIV, 350 ff.

will in Bolingbroke Voltaire selbst rechtfertigen, ihn als gläubigen Katholiken hinstellen und die kirchliche Ketzerspürerei durch die Versicherung einschläfern, dass die an dem alten Testament geübte vernichtende Kritik garnicht mit den dogmatischen Lehren kollidiere. **Die philosophische Vernunft flüchtet sich hier hinter den Deckmantel der äusserlichen Unterwerfung unter die kirchliche Superiorität.**

Der „pétit avis à un jesuite" (1762, 25, 233 f.) ist gegen die geschmacklosen Wundererzählungen jesuitischer Mache, die **den Orden und dessen erlauchte Vorkämpfer als Werkzeuge göttlicher Vorsehung hinstellen sollen**, gerichtet. Veranlasst ist er durch eine **jesuitische Schmähschrift** gegen Voltaire. „Der „Sermon des cinquante" (1762, XXV, 297 ff.), d. h. die in einer fingierten Deistenversammlung gehaltene Predigt, **richtet sich gegen die Fabeln** der jüdischen und griechischen Mythologie, **gegen den Missbrauch des göttlichen Namens zu weltlichen Zwecken, gegen den Prophetismus, die Widersprüche der Evangelien, die Verfälschung der ursprünglich deistischen Lehre Christi und gegen die Trinität. Die „Lettre curieuse de M. R. Covielle"** (1766) spottet der alttestamentlichen Wundererzählungen, Widersprüche und Unwahrscheinlichkeiten und **weist auf den Gegensatz der freien Forschung und der geistlichen Unterwürfigkeit hin (XXVI, 249 ff.).**

Die „Questions sur les miracles" (1765, XXVI, 155 ff.), nominell der Briefwechsel eines „proposant" mit seinem professeur, sind eine **ironische, witzige und vernichtende Kritik des Wunderglaubens der katholischen Kirche und illustrieren namentlich das geistliche Phrasentum in ergötzlichster Weise. Die devote Maske muss natürlich wieder das Mephistoantlitz verstecken und zum Überfluss das pseudonyme Aushängeschild den diplomatischen Philosophen vor Verfolgung sichern. Die „Questions de Zapata"** (1767, XXVII, 1 ff.) haben es ausser mit den neu- **und alttestamentlichen Wundern und Widersprüchen auch mit dem Fanatismus, der Unsittlichkeit und Lügenhaftigkeit des Judentums, mit dem Widersinn einer Bibelkritik, die den Pentateuch** noch von Moses verfasst sein lässt, u. a. Dingen zu thun, die heutzutage in ernüchterter und ermässigter Weise längst von der wissenschaftlichen Theologie anerkannt sind, damals aber noch als grosse Ketzereien galten. Der Form nach sind diese „Questions" Fragen, die ein zum Prof. theol. ernannter Lizentiat an eine Doktorenversammlung richtet. Neben äusserlicher Devotion zeigt diese angebliche Übersetzung aus dem Spanischen wieder die boshafteste Satire und die vernichtendste Ironie.

Das „Examen important de Milord Bolingbroke" (1767, XXVII, 16 ff.), wieder eine pseudonyme Schrift Voltaires, dehnt sich über die gesamte Geschichte des Judentums und Christentums bis zur Machtentfaltung der Päpste aus. Das Christentum ist hiernach nur durch Lüge, Fanatismus, Buhlen mit der überlegnen Philosophie, politische Berechnung Constantins I, Verfolgungs- und Raubsucht zur Weltherrschaft gelangt. Hier wirft Voltaire endlich die in dem „Avis des éditeurs" noch halb vorgehaltene Maske der Devotion ab, um alles zusammenzufassen, was er bisher gegen Wunder und Aberglauben, Fanatismus und Bigotterie, Geschichtsfälschung und Legendensucht, kirchliche Herrschsucht und weltlichen Egoismus frömmelnder Fürsten vorgebracht hatte. Alle späteren Schriften, selbst der letzte vernichtende Stoss, den er in der „Histoire de l'établ. du Christianisme" (1777, 30, 309 ff.) gegen die christliche Kirche zu führen suchte, sind nur abgeschwächte Wiederholungen des „Examen important".

Zur Vervollständigung sei noch auf einzelne Abhandlungen hingewiesen, welche den Gedankengang des „Examen important" mehr detaillieren.

Die „conspirations contre les peuples" (1766, 26, 315) haben zum Teil eine antikirchliche Tendenz, indem sie Akte der päpstlichen Herrsch- und Verfolgungssucht (Albigenserkrieg, Templerverfolgung, Bartholomäusnacht u. a.) vor das Forum der philosophischen Kritik ziehen. Sonst beschäftigen sie sich mit inneren Kriegen und Umwälzungen des Altertums und Mittelalters.

Die „Homélies prêchées à Londres" richten sich gegen

den Atheismus, wie gegen den Aberglauben der jüdischen und christlichen Überlieferung.

Die „Honnêtetés litteraires" (1767, XXVI, 381 ff.) schildern die vielen Verläumdungen und Verfälschungen, denen V.s Name und Schriften ausgesetzt waren, und wenden sich besonders gegen kirchliche Widersacher des scheinbar gläubigen Philosophen. Gleiche Tendenz hat die Abfertigung: „A. Warburton" den heuchlerischen Apologeten der biblischen Überlieferung (1767 27, 195—197), und die schon 1750 veröffentlichte beissende Satire: Extrait du decret de la sacrée congrégation (XXIV, 301), welche V.s unten zu erwähnende „Lettre à l'occassion de l'impôt du vingtième" von dem Vorwurf politischer und religiöser Ketzerei zu entlasten sucht.

Die „Lettre sur les Juifs", die von Desnoiresterres a. O. III, 10 mit Recht gelobt wird (1767, 27, 253 ff.), kritisiert besonders die religiöse Ausschliesslichkeit, den nationalen Hochmut und den niedrigen Bildungsgrad des jüdischen Volkes. Diese Fehler, wie den Aberglauben, Fanatismus und Sittenlosigkeit der im alten Testament geschilderten Juden, erörtert auch die Selbstapologie „Un Chrétien contre six Juifs" (d. h. gegen die unter Firma von Utrechter Juden auftretenden Angriffe des abbé Guénée) (1776). Der „Avis à tous les orientaux" (1767, 27, 286) warnt vor der Herrschsucht des sich überall einnistenden Jesuitenordens, stellt aber auch die Dogmen der Göttlichkeit Christi, der Dreieinigkeit, der Auferstehung Christi und des Abendmahles als Widersinn hin.

Die „Fragments des instructions pour le prince de .." (1767, 27, 197 ff.) richten sich gegen die päpstliche Herrschsucht und Anmassung und predigen Toleranz und vernünftige Regierungsweise.

Die Toleranz, der festeste Ankerpunkt der gesamten Religionsphilosophie, wird auch in den Schriften, die sich auf das Schicksal der Familie Calas und anderer aus Glaubenswut Verfolgter beziehen, in dem „Traité sur la tolérance" (1763, Bd. 25, 408 ff.), in dem „Cri des nations" (1769, 28, 230 ff.)

und in den von Coquerel unter dem Titel: „Lettres inédites de V." herausgegebenen Privatbriefen Voltaires mit überzeugenden Gründen und gewinnender **Beredsamkeit** gepriesen.

Die mehr kritische Abhandlung „Dieu et les hommes" (1769, 29, 1 ff.), richtet sich im Anfange **gegen die ungerechten Kriege**, an denen V.s **Zeitalter so reich war** (vgl. de la paix perpét. 28, 356 ff.), nimmt dann seinen Übergang zu einer scharfen Kritik des **Juden- und Christentums** und zu einer entschiedenen Apologie der anderen orientalischen **Religionen**. Die Juden werden als ein **Räubervolk ohne Kultur** bezeichnet, das anfänglich nicht einmal **in Städten wohnte**, das von den Egyptern und anderen Heidenvölkern **mit Recht geknechtet** wurde. Ihr Moses habe niemals existiert, seine angeblichen Erlebnisse seien den **Bachusmythen nachgebildet**. Die jüdische Religion sei **ein buntes Gemisch aus Anklängen** an heidnische Religionen und abergläubischen **Vorstellungen**, sie sei brutal, grausam und unsittlich, die einzige, welche im Namen des Gesetzes Menschenopfer fordere. **Dagegen seien die anderen orientalischen Religionen moralisch und reindeistisch**, auch das Christentum habe ursprünglich denselben Charakter gehabt, bis es durch **Legenden** und platonische Afterphilosophie entstellt sei. Der Trilog, **ABC (1768, 28,** 85 ff.) richtet sich zum Teil wenigstens (er handelt auch von den Irrtümern Montesquieus, **von den Vorzügen der Neuzeit,** von den Mängeln damaliger Gesetzgebung **und Verfassung)** gegen die Erbsünde, Unsterblichkeit, Theokratie, weltliche und geistliche **Knechtschaft**, fromme Perfidie und Wortbrüchigkeit, Fanatismus und Verfolgungssucht.

Der „Discours de l'Empereur Julien" und das vorhergehende „Portrait de l'Empereur Julien" (1769, 28, 172 ff.) sollen den Verfolger der Christen als aufgeklärten Philosophen, der nur durch den Zwang der Verhältnisse an dem heidnischen Aberglauben festgehalten habe, hinstellen.

Die „Collection d'anciennes évangiles" d. h. eine Sammlung und Übersetzung nicht kanonischer Evangelien mit kritischer Einleitung (1769, 28, 238 ff.) ist bestimmt, den Widersinn der Legendensucht recht ins Licht zu setzen. Die Schrift: „La Bible enfin exliquée", eine Übersetzung alttestamentlicher Schriften mit kritischen Noten und eine skeptische Analyse verschiedener neutestamentlicher Erzählungen (1773, **31**, S. 1 ff.) zieht die Unbegreiflichkeiten, **Wunder und Widersprüche der kirchlichen Überlieferung** vor das **Forum** des gesunden Menschenverstandes.

Die Lettres de Memmius à Cicéron (1771, **29**, S. 222 ff.), wieder eine pseudonyme, angeblich aus dem Russischen übersetzte Schrift V.s. macht dem Kirchenglauben insofern eine Konzession, als sie die Ciceronische **Philosophie unter das christliche Dogma stellt** (s. **29**, S. 223), auch die christliche Religion günstiger als sonst beurteilt. Dagegen wird auch hier der Glaube an die Unsterblichkeit, über den Voltaire in Privatbriefen zu spotten pflegt (s. u. a. Coquerel a. a. O. p. 121) verworfen, der **Atheismus prostituirt**, und der reine **Deismus** zu Ehren gebracht. **Ausserdem** wendet sich die Schrift gegen republikanische **Träumereien, wie sie** der alte Brutus und spätere Römer **gehegt hatten**. Die „Lettre d'un Ecclesiastique" (1774, **30**, 45 ff.) richtet sich gegen das katholische Ordenswesen. Ich habe in dieser langen Liste noch manche Artikel und Abhandlungen, die allzuweit ins theologische oder philosophische Gebiet führen, übergangen, und wende mich zu den Essays welche sich mit dem **Inder-** und **Chinesentum** beschäftigen. Diese beiden **Lieblinge Voltairescher Geschichtsauffassung** werden genauer in den „Fragments historiques sur l'Inde" und in den „Lettres Ind. chin. et tartares" (1773 u. 1776, **29**, 384 ff. u. **30**, 129 ff.) gerühmt. In der ersten Schrift wird die europäische Eroberungspolitik in den aussereuropäischen Erdteilen und die damit verbundenen Gräuel bitter getadelt, die englisch-französischen **Kriege in Ostindien, die Geschichte des General Lally** und dessen Justizmord eingehend geschildert. Daneben sind Bemerkungen eingestreut, in denen das **Brahmanentum** als durchaus sittlicher, toleranter **Deismus** bezeichnet, die jesuitischen Mährchen über Indien zurückgewiesen, dessen historischer Zusammenhang mit den Egyptern bestritten, die

Beziehungen indischer Sagen zu alttestamentlichen Vorstellungen und selbst zu der hellenischen Amphitruo-Herkules-Sage (29, 460) festgestellt und die Lehre von der Seelenwanderung gelobt wird. Ein interessanter Rückblick wird dabei auf die auch den Griechen eigene sinnliche Darstellung religiöser Begriffe, wie den Bachuskult u. a. geworfen (462, 463). Die Kenntnisse der Brahmanen in Astronomie und Mathematik, ihre wohlbegründete Abneigung gegen katholische Proselitenmacherei (401, 407) werden erwähnt. Gelegentlich wird auch die lügenhafte Grosstluerei der jüdischen Überlieferung besprochen und dabei hervorgehoben, dass die alttestamentlichen Bücher weder den Indern, noch den Chinesen, noch anderen alten Kulturvölkern bekannt waren. Ein Überblick über die indische Geschichte bis 1770 schliesst die geistvolle Darstellung. Wie die Inder, so werden in der zweiten Schrift, deren warme Anerkennung in Desnoiresterres' Werke mir durchaus gerechtfertigt erscheint (a. O. III, 10) die Chinesen von dem Vorwurfe des Atheismus freigesprochen, ihre Seelenwanderungstheorie vor dem Richterstuhl der philosophischen Vernunft verteidigt, ihre Gerechtigkeitsliebe belobt, dagegen ihre geistige Stagnation, ihre Unkenntnis der Astronomie und anderer nützlicher Wissenschaften getadelt. Auch ihre Abstammung von den V. so unsympathischen Egyptern wird, wie bei den Indern, bestritten. Ein Streiflicht fällt hier (30, 144) auf die christliche Legendensucht, namentlich wird die Annahme einer Christenverfolgung unter Diocletian grossenteils als fromme Lüge, freilich gegen alle historische Wahrheit, hingestellt.

Inder wie Chinesen werden auch eingehender in dem „Fragment sur l'histoire générale" (1773, 30, 1 ff.) besprochen, in einer Schrift, die ausserdem V.s bekannte Anschauungen über die Fabelsucht alter Überlieferungen, über kirchliche Fälschungen und Legenden, über Ketzerverfolgungen (hierbei wird die Aufhebung des Edikt zu Nantes nicht, wie in der „Défense de Louis XIV" und den „Anecdotes sur Louis XIV" (s. u.) beschönigt, sondern ihre verderblichen Folgen mit aller Schärfe getadelt), noch einmal wiederholt.

Die kritisch-skeptische Geschichtsauffassung wird, ausser im „Essai" noch in den „Remarques" und „nouvelles considerations" (15, 6 ff.) in der Vorrede zur Ausgabe des „Charles douze" von 1748 (15, 1 ff.), im „Pyrrhonisme de l'histoire" (1768, **28**, 31 ff.) näher begründet, und dabei gegen die antike Überlieferung überhaupt, die nicht viel besser, als die Mythologie sei, gegen die Überschätzung des Antiken und Unterschätzung der viel wichtigeren Neuzeit, gegen die Kritiklosigkeit griechisch-römischer Autoren, wie Herodot, Diodor, Curtius, Tacitus, Sueton, Petronius u. a., und neuerer Geschichtsschreiber, wie **Bossuet**, Daniel, Fleury, Maimbourg, Mezeray, Rollin etc. scharfe Waffen gerichtet. Die „**Introduction de l'Abrégé de l'hist. univ.**" (1753, **XXV**, **8 ff.**) enthält das Programm der Voltaireschen Geschichtsschreibung und im Speziellen des „Essai". V. will nicht blos Fürsten schildern, nicht den Stoff chronologisch ohne Beachtung des inneren Zusammenhanges abteilen, und vor allem die Neuzeit berücksichtigen. Die „Notes sur la Motraye" (1733, 15, 5 ff.) verteidigen Voltaires „Charles XII" gegen die kleinliche, aber im einzelnen wohlbegründete Kritik des la Motraye, während der Artikel: „Aux auteurs de la bibliothèque raisonnée" (1732, 23, **46 ff.**) einen Irrtum dieser Voltaireschen Schrift betreffs Hamburgs zugibt.

Der V. besonders unsympathische griechische **Philosoph Plato** (vgl. 29, 71, 90) wird auch in der Satire „Songe de Platon" (1756, XX, **92**) bespöttelt. Die „Défense de mon oncle" endlich, d. h. die Apologie Voltaires und des „Essai" (1767, **27**, 146 ff.) rechtfertigt die geschichtliche und religionsgeschichtliche Kritik V.s, dessen ethnographische und naturwissenschaftliche Vorstellungsweise, wendet sich wieder gegen Warburtons (s. o.) **Verläumdungssucht und** spricht in einem besonderen Abschnitt über **die Hetzereien** gegen bedeutende Schriftsteller, wobei sich V. mit **Racine** zu trösten sucht.

Die naturwissenschaftlichen Anschauungen und Kenntnisse V.s zeigt besonders die Abhandlung „Dissert. sur les changem. arrivés dans notre globe" (1746, XXIV, 129 ff.).

Zur Vervollständigung der litterarischen Seite des Essai dient der „Essai sur la poésie épique" (1726, VIII, 1 ff.), worin Homer mit wirklich kulturhistorischem Verständnis gewürdigt und warm verteidigt wird, wogegen Dante, wie auch anderswo (30, 162), und Milton weniger sympathisch beurteilt werden, Tasso aber wiederum gefeiert ist. Gegen die Unterschätzung antiker Dichtung wendet sich auch die Abh. „Sur les princ. tragédies de Electre" (IV, 212). Die „Vie de Molière" ist weder in sachlicher, noch in ästhetischer Hinsicht bedeutungsvoll, und nur die Kritik der Jugendkomödien Molières anzuerkennen (1739, XXIV, 41 ff.).

Dagegen zeigt die „Parallèle d'Horace, de Boileau (vgl. auch Epîtres à Horace et à Boileau IX, 302, 337) et de Pope" (1761, 25, 156 ff.) ein sehr richtiges Verständnis für wahre Poesie, indem Horatius' Kunst über Boileaus und Popes Künstelei gestellt und auf den gewaltigen Abstand zwischen Oden, Satiren und didaktischen Gedichten und dem Kulminationspunkt aller Dichtung, der Tragödie, hingewiesen wird. Beachtenswert sind in den „Lettres A. S. A. Mgr Le Prince de . . . (Braunschweig-Lüneburg)" (1767, 27, 220 ff.) die absprechenden Urteile über Rabelais, der als blosser Possenreisser hingestellt wird, über die verwandten italienischen und deutschen Satiren, die warme Apologie der christlichen Gesinnung eines Locke, Erasmus, Melanchthon, und die litterarhistorischen Bemerkungen in der „Lettre VII sur les Français". Eine heuchlerisch-kirchliche Affektation V.s berührt in diesen Briefen leider direkt widerwärtig. Andere litterarhistorische Schriften V.s, die mir weniger charakterisierend oder wertvoll zu sein scheinen, übergehe ich.

Die Quintessenz aller dieser Ansichten, Kritiken und Studien geben die im „Dict. phil." (XVI—XIX) gesammelten Artikel V.s, die ursprünglich in der Encyklopädie erschienen waren. Man vergleiche besonders mit dem oben erörterten: Bd. XVI: Abraham, Abus, Adam, Adorer, Alcoran, Allégorie, Amour, Anciens, Ange, Annales, Antiquité, Apocalypse, Apocryphes, Apostat, Apôtres, Arabes, Arianisme, Aristote, Arius,

Arrêts, Art. Astrologie, Astronomie, **Athée, Athéisme, Augure,** Auteurs, Autorité, Avignon, **Babel,** Bachus, Bannisement, Baptême, Bien, Blasphème, **Boeuf.** XVII: Bornes, Brachmanes, Bulle, Catéchisme, Chaine, **Changement, Charles IX,** Chine, Christianisme, Chronologie, **Ciel, Climat, Conciles, Constantin,** Critique, **Croix, Cromwell, Cyrus, Dante, David, Décrétale,** Déisme, Dieu, Dioclétien, **Diodore,** Divinité, Dogmes, Donations, **Droit** canon, Eglise, Elie, **Enfer,** Enthousiasme, Esprit, Eucharistie. XVIII: Évangelie, Evêque, Fable, Fanatisme, Foi, François, **Grégoire VII,** Guerre, **Hérodote, Histoire, Homme, Ignace,** Ignorance, Inquisition, Intolérance, Jephté, Jésuites, **Joseph, Judée, Juifs, Julien, Lettres, Libelle,** Liberté, Lieux, Litterature, **Livres, Locke, Lois (Esprit des).** Bd. XIX: Magie, Mahométans, **Martyrs,** Massacre, Messe, Messie, Miracles, **Moise, Morale, Oracles, Papisme, Parlement,** Paul, Persécution, Philosophe, Philosophie, **Pierre (saint),** Pierre le Grand, Platon, **Poètes,** Politique, Polythéisme, Possédés, Pourquoi, Prêtres, Priviléges, Prophètes, Prophétie, Providence, Quakers, Question, Ravaillac, Religion, Reliques, Resurrection, Rome, Russie, Schisme, Secte, **Sibylle, Socrate,** Superstition, Supplices, Symbole, **Tartufe, Théisme, Théiste,** Théocratie, Théologie, **Théologien, Tolérance, Toutepuissance,** Trinité, Verité, Vision, **Voeux, Voyage de Saint Pierre,** Xavier, Zèle.

Die Korrespondenz V.s, so sehr auch in ihr dessen Schriften häufig erwähnt und charakterisiert werden, gibt uns selten ganz richtige und objektive Vorstellungen.

Die im „Essai" wenig hervortretende deutsche Geschichte wird eingehender in den „Annales de l'Empire" (1754) behandelt, einer Schrift, die auf Wunsch der Herzogin von Gotha (16) schneller, als sonstige Geschichtswerke Voltaires, ausgearbeitet wurde. Die deutsche Voltaire-Kritik ist an diesen Annalen fast schweigend vorübergegangen, Voltaire selbst dachte über sie ganz anders (47), und eine nähere Betrachtung derselben gibt ihm Recht. In Bezug auf Genauigkeit und Objektivität stehen die Annalen allen andern historischen Schriften

V.s voran, und meisterhaft verstand er es, in dieses massenhafte Detail allgemeine politische und religiöse Ideen ungezwungen hineinzutragen, eine meist begründete Kritik an ihnen zu üben und selbst trockene, interessenlose Dinge in anziehendster Form zu schildern.

Die den Annalen vorhergehende chronologische Tabelle und überhaupt die chronologische Anordnung erinnern in ihrer Form an die mittelalterlichen Papst- und Kaiserannalen, der Standpunkt in der weiteren Darstellung ist aber ein völlig moderner und im wesentlichen mit dem des „Essai" übereinstimmend.

Wo er kann, sucht hier Voltaire wieder den Fanatismus und die religiöse Unfreiheit zu geisseln. Als Beförderer und Vorkämpfer des religiösen Fanatismus erscheint Karl der Grosse, der fast nach allen Seiten hin getadelt und am Schluss (a. a. O. 36) noch mit geflissentlicher Antipathie beurteilt wird. Das Verhältnis Karls zum Papste wird mit Recht als eine Wirkung der politischen Notwendigkeit, nicht als eine freie Äusserung religiöser Übereinstimmung aufgefasst (33). Auch der Gesetzgeber und Familienvater wird in Karl dem Grossen getadelt (32, 33), vor allem aber gilt dem grausamen Fanatiker, der in dem „Massacre" zu Verden die Gräuel der Bartholomäusnacht antizipiert (ebds. 32), V.s Kritik.

Die religiöse Unfreiheit wird in Ludwig dem Frommen zur Schau gestellt. Der Schwäche des Königs gegenüber erscheinen selbst die Geistlichen als respektabel und lobenswert (38). Besonders bespöttelt wird Ludwigs Kirchenbusse (38). Natürlich geht Voltaire nicht so weit, die kraftvolle aber gewissenlose Kirchenpolitik auf Kosten des ohnmächtigen Ludwig zu erheben. Der Meineid des Papstes Paschalis, die Tyrannei der Bischöfe gegen Ludwig werden gebührend kritisiert (38, 41).

Auch andere deutsche Herrscher, die dem Papsttum gegenüber schimpfliche Konzessionen machten, wie Rudolf von Habsburg und Albrecht I, werden getadelt (144, 146), dagegen selbständige und kraftvolle „Despoten", wie Otto der Grosse, gerühmt (58 u. 59). Ohne Sympathie beurteilt Voltaire die Kämpfe Ottos III, Heinrichs IV und Friedrich's I mit dem Papsttum, ja seine schon oben erwähnte Vorliebe für Alexander III macht eine unparteiische Beurteilung der Hohenstaufen ihm unmöglich (105). Die meiste Begünstigung erfährt in V.s Kritik Friedrich II, namentlich dessen politische und administrative Thätigkeit (119, 122, 125, 128).

Man darf nicht behaupten, dass V.s Urteil über mittelalterliche Päpste stets ein ungünstiges sei. Ausser Alexander III wird auch Honorius III wegen seiner Friedensvermittelung zwischen Friedrich und den Städten Italiens gerühmt (121), Gregor VII und selbst Innocenz III sachlich beurteilt. An dem Vergehen Gregors gegen Heinrich IV scheint ihm Mathilde von Tuscien die Hauptschuld zu tragen (S. 82). Unwürdige Päpste, wie Leo VIII (63), werden dagegen mit aller Schärfe gegeisselt und alle kirchlichen Handlungen und Ideen mittelalterlichen Charakters, wie die Kreuzzüge Friedrichs I und Friedrichs II (108 u. 109, 122), die Judenverfolgungen (86, 149), die Ausstellung der Häupter des heiligen Paulus und Petrus durch Gregor IX (124), die Templerverfolgung (150) u. a. bitter getadelt.

Mit richtigem Verständnis hebt Voltaire die freieren politischen Bestrebungen, die in den mittelalterlichen Städten und teilweise in den Fürsten ihren Mittelpunkt hatten, hervor (118, 173).

Wie sehr es ihm dagegen an tieferem Verständnis für die deutsche Reformation fehlt, ist schon angedeutet worden, dabei ist aber nicht zu leugnen, dass er die politischen Motive Karls V und Paul's III (229 u. 258) treffend kennzeichnet. Geht man auf Einzelheiten ein, so ist der Kritik Voltaires vielfach beizustimmen und sogar eine bewundernswerte Divination dessen, was später durch eingehende Forschungen erwiesen ist, anzuerkennen. Die Petruslegende wird hier (S. 53) verworfen, das alte Mährchen von Heinrichs II keuscher Entsagung mit Recht bezweifelt (74), das Kreuz Christi, welches sich angeblich in Rom befinden soll, als „fausse relique" bezeichnet (109) und nicht ohne Grund bemerkt, dass der Ort, wo Friedrichs I Asche beigesetzt worden, unbekannt sei [47]) (109). Die Autorschaft des Buches: „De tribus impostoribus" wird Friedrich II abgesprochen (124), Tells Apfelgeschichte ins **Reich der Fabel gesetzt** (148), Albrechts I Lüge, dass der Papst seine Zustimmung zu Adolfs I Absetzung gegeben, erwähnt (144), Heinrichs VII Vergiftung angezweifelt (152), Karl V von dem angeblichen Mordversuche gegen Franz I freigesprochen (246), Wallensteins von jesuitischer Seite teils erfundene, teils übertriebene Verräterei in Abrede gestellt (9, 15, 193, 309), endlich auch der angebliche Meuchelmord Gustav Adolfs bezweifelt (301). In anderen Punkten ist freilich der Irrtum auf Seite des französischen Kritikers. Das selbständige Auftreten der französischen Grossen den Anmassungen Innocenz' IV gegenüber wird ohne rechten Grund beanstandet (125), Petrus von Vineis zu retten gesucht (128), Papst Clemens IV zum Mitschuldigen am Tode Konradins gemacht (134), sehr mit Unrecht behauptet, dass Johann von Böhmen als **Freund** Ludwigs des Bayern und nicht im **feindlichen** Sinne seinen Römerzug unternommen habe [48]) (159), endlich auch **Karls V** Frömmelei in den letzten Lebensjahren als Sage hingestellt (266). Ob der Ehebruch der Gattin Ottos III bloss eine Fabel sei, wie Voltaire meint (24, 69 u. 399), lasse ich aus Mangel an Sachkenntnis und an einschlägigen Quellenstudien dahingestellt, dagegen ist V. wieder im Rechte, wenn er das zarte Verhältnis zwischen Karls Tochter Imma und Eginhard als Mährchen bezeichnet (36).

Wie Voltaire gegen den Fanatismus religiöser Art auch hier ankämpft, so nimmt er sich der Opfer weltlicher Tyrannei gleichfalls warm an. In diesem Sinne tadelt er die brutale Tyrannei Heinrichs VIII von England (227), den Mord der Maria Stuart und Karls I (227, vgl. über letzteren 29, 79).

An verschiedenen Stellen hebt er die inneren Verhältnisse und die politischen Beziehungen geschickt hervor. So die Liebäugelei der deutschen Fürsten mit Frankreich in der Ottonenzeit (59), die militärische Stellung der Bischöfe unter Heinrich II (74), die Fehden der Grossen zur Zeit Heinrichs IV und die damalige politische Isolierung Deutschlands (79), den Ursprung der Archive (108), die Versuche Heinrichs VIII von England, das europäische Gleichgewicht aufrecht zu erhalten (227) u. a.

Charakteristisch für Voltaires politische Auffassung ist es, dass er dem Despotismus **Ottos d. Gr.** gegenüber das „gouvernement mixte de l'Angleterre" preist (59), dagegen wohl nur auf entstellte Quellenberichte zurückzuführen, wenn er die Schlacht bei Morgarten mit den **Thermopylenkämpfen** vergleicht (153).

Dem Selbstlobe Voltaires (in dem Vorworte S. 1), dass diese Annalen weder „sèches" noch „prolixes", sowie, dass sie die „idée générale" hervorheben, kann man beistimmen, auch die Objektivität und Zuverlässigkeit derselben (334) anerkennen, ohne seinem skeptischen **Urteil über die deutsche Geschichte** und über die historische Wahrheit überhaupt **(333, 334 u. 57)** unbedingt beizupflichten.

Die Quellen Voltaires finden sich in dem Werke fast nirgends angegeben, nur für die Zeit Friedrichs II wird (124) Mathäus Parisiensis, für das Ende der Staufenzeit Villani, Guadelfiero, **Fazelli** citiert. An zwei Stellen (S. 69 u. 164) wird für Thatsachen aus **der Geschichte Ottos III und Karls IV** der Jesuit Maimbourg herangezogen, sonst aber sind wir auch über V.s Verhältnis zu älteren Geschichtswerken im Unklaren.

Niemand wird also **Voltaires Werk als Quelle, sei es** auch abgeleitetster Art, für die deutsche Geschichte anführen, gleichwohl verdient **es aus** den angegebenen Gründen und aus nationalen Rücksichten eine hervorragendere Stelle in dieser Abhandlung.

Die Annalen wurden nach Voltaires Angabe (a. a. O. 334) mit vielen Entstellungen **ohne sein Wissen** publiziert, und da sie den Verfasser kaum in religiöse oder politische Differenzen hätten bringen können, so ist an der Wahrheit dieser so beliebten Aussage des diplomatischen Herrn diesmal kaum zu zweifeln.

Ein Nachtrag zu den „Annales de l'Empire" geben die

1753 verfassten „Doutes sur quelques points de l'histoire de l'Empire", die also zugleich mit den Annalen selbst entstanden sein müssen. Voltaire plaidiert hier für die Unechtheit der pipinischen und karolingischen Donationen (XXIV, 396, 398), spricht über das nur nominell befolgte Cölibat der Priester (397), über die Verfassung des mittelalterlichen Rom, das er für eine freie, erst von den Franken, dann von den deutschen Kaisern beschützte Stadt erklärt (396), verteidigt mit schwachen Gründen die Päpste Johann IX und XII, die Gegner Ottos d. Gr., (397), spricht von dem Frankfurter Konzil unter Karl d. Gr., das den Bilderkult verbot (398), bezweifelt die Sage vom Mainzer Hatto (ebds.) und klagt endlich über die Unzuverlässigkeiten der histor. Überlieferung und die Urkundenfälschung (398, 399). Als seine Quellen werden hier erwähnt: Annales Fuldens, Muratori, rer. Ital. script., Goldast, Imp. statuta et rescripta, 1607, Hübner, Geneal. Tabellen, 1737, L. Dufresnoy, Verf. der „Méthode pour étudier l'histoire", und endlich einige Schriftsteller aus der Zeit Karls d. Gr. (396).

Die nächste Fortsetzung des „Essai" ist das „Siècle de Louis XIV", eine Schrift, die Voltaire in seiner Korrespondenz vielfach erwähnt und hochstellt[49]), für die er einen authentischen Wert beansprucht[50]), die aber von der Nachwelt bald vergessen und von der heutigen deutschen Voltaire-Kritik sehr stiefmütterlich behandelt ist. Bei der äusserst langsamen Entstehungsweise dieses Werkes[51]) ist kaum daran zu zweifeln, dass Voltaire sehr sorgfältige und detaillierte Vorstudien machte, und dass er manches aus unmittelbaren Berichten von Zeitgenossen entnahm. Wir dürfen bei der Abschätzung und Beurteilung desselben nicht vergessen, dass Voltaires Jugendzeit noch in die geschilderte Epoche fällt, dass er zwar als Zeitgenosse und aus eigenen Erinnerungen nur die letzten Jahre des „siècle de Louis XIV" kennen und schildern konnte, aber doch der Eindruck der gesamten Regierungs-Denk- und Lebensweise jener Epoche sich ihm fest und treu einprägen musste. Voltaire schildert nun jene Zeit, wie sie in der Vorstellung der gebildeten Hofwelt fortlebte. Ludwig XIV erscheint als der **Beschützer von** Kunst und Litteratur, als **der** Begründer des französischen Ruhmes, als Verkörperung aller politischen **und geistigen Interessen.** Seine Charakterschwächen, seine politischen Fehler, seine kirchliche Richtung, **die zur** Aufhebung des Edikts **von Nantes** führte, sind teils in tiefes Dunkel gehüllt, teils in V.s Darstellung allzusehr **von** dem Glanze militärischer Macht, höfischer Pracht **und Kunstliebe** überstrahlt. Mit gewandter Hand weiss Voltaire auf Ludwigs Haupt alle Lorbeeren aneinanderzureihen, die seine Generäle und Staatsmänner mühevoll unter Dornen gebrochen. **Der** Despotismus Ludwigs konnte den **nicht zurückstossen, der die** Tyrannei der türkischen Sultane geleugnet oder beschönigt hatte. Der Glanz der Siege, der Ruhm der Waffen mochte das Urteil dessen blenden und bethören, der selbst für Ruhm und Glanz so empfänglich. Insbesondere erschien ihm das Zeitalter **Ludwigs XIV als Blüthezeit der Kunst,** Dichtung und Wissenschaft, als eine Wiederkehr jenes mediceischen Zeitalters, **das er so hoch preist und bewundert. Ob es** V.s Zweck war, der Person des damaligen franz. Herrschers, Louis' XV, in seinem grossen Vorfahren zu schmeicheln, und so eine ehrenvolle Zurückberufung **nach Paris, die er so** sehnlich wünschte, herbeizuführen, lasse ich dahingestellt (52).

Der Charakter der Apotheose kann allerdings dem „Siècle de Louis XIV" nicht abgesprochen werden, und zeigt sich **noch** mehr in dem, was V. verschweigt, als was er sagt. Eine völlig gerechte **und** umfassende Beurteilung der **dem** französischen Herrscher entgegenstehenden Personen und Interessen, vor allem seines grossen Gegners, **Wilhelm von Oranien,** ist damit unvereinbar, doch werden die Kriege Ludwigs XIV **und** ihre Veranlassungen zwar mit rhetorischem Schmuck, aber ohne besondere nationale Voreingenommenheit erzählt.

Der Hauptvorzug der Schrift sind die übersichtlichen Betrachtungen der inneren Veränderungen, der Fortschritte der Kultur und Litteratur, überdies enthält dieselbe soviel Details, dass selbst Schlosser der Ansicht war, man könne ihr „mit Vorsicht Thatsachen entnehmen".

Voltaire dachte schon Anfang 1751 daran, dieses zu jener Zeit noch unvollendete Werk ins Deutsche und Italienische übersetzen zu lassen und hatte zu diesem Zweck unseren Lessing ausersehen.[52])

Auch in mehreren kleineren Abhandlungen hat Voltaire das gleiche Thema behandelt und in Einzelheiten näher begründet und ausgeführt.

Eine Einführung und Einleitung zu diesem vier Jahre später erschienenen „Siècle de Louis XIV" geben die „Anecdotes sur Louis XIV" (1748, a. a. O. XXIV, 137 ff.). Charakteristischer Weise wird Ludwig (a. a. O. 139) besonders als Mäcen der Künste und der Wissenschaft gefeiert. Servilismus und Verleugnung der Wahrheit ist es, wenn die Aufhebung des Edikt von Nantes beschönigt, die damit verbundenen Härten als Erfindungen oder doch Übertreibungen protestantischer Schriftsteller angesehen werden (146, 147). Von den Schwächen des französischen Autokraten wird zwar seine Unwissenheit zugegeben, doch seine Ruhmsucht und Eitelkeit in Abrede gestellt (138, 144). Am Schluss werden die finanziellen Missstände, die Folgen der Kriege Ludwigs XIV, berührt.

Im Jahre 1752 gab Voltaire in den „Avertissement sur la nouv. hist. de Louis XIV" und „sur le siècle de Louis XIV" eine Selbstankündigung einer neuen zu Leipzig erscheinenden Ausgabe des Werkes (XXIV 355–357), worin unter mancher Reklame, doch mit Recht als Vorzug des „Siècle de Louis XIV" gerühmt wird, dass es auf die inneren Verhältnisse eingehe, dass es die bisherigen Darstellungen desselben Gegenstandes an sachlichem Wert übertreffe, und dass es vielfach auf Berichte von Zeitgenossen zurückgehe.

V. spricht hier davon, diesen „Essai" vervollständigen zu wollen, und ersucht alle Kundigen um ihre indirekte Beihülfe. Sein Hass gegen den Verleger einer fehlerhaften Ausgabe des Werkes ist begreiflich genug. Das 1753 geschriebene „Supplement au siècle de Louis XIV" (XII, 491 ff.) ist eine sehr scharfe und wohlberechtigte Selbstverteidigung gegenüber einer kleinlichen und boshaften Kritik. Von persönlichen Beziehungen ist sie, wie gewöhnlich V.s Selbstverteidigungen, keineswegs frei, wie denn der Verfasser auch seinen bekannten Streit mit Maupertuis eingehender bespricht.

Die „Défense de Louis XIV" (1769, Bd. 29, 153 ff.) ist eine Apologie sowohl des französischen Herrschers, wie seines Geschichtsschreibers. Ludwig XIV wird hier noch einmal von dem Schimpfe der Protestantenverfolgung insoweit befreit, als, nicht ohne Grund, die ganze Angelegenheit den Aufhetzereien seiner bigotten Ratgeber zugeschrieben wird (vgl. 30, 39 ff.). Den Krieg gegen Holland sucht Voltaire nicht zu rechtfertigen, wie er denn überhaupt der historischen Wahrheit hier mehr Rechnung trägt, als in den „Anecdotes", und die ganze Schärfe und Energie seiner Verteidigung nur gegen die Verläumdungssucht der „Mémoires de Madame de Maintenon" richtet (vgl. 30, 26 ff. u. 29, 414 f.).

Beiträge zu den im „Siècle de Louis XIV" behandelten Fragen geben auch die beiden kritischen Abhandlungen über die Unechtheit des Testamentes des Herzogs von Richelieu (XXIV 279 ff. u. XXVI (1749—1764). Die Unechtheit wird hier in sachlichster Weise, mit vielem Geist und Witz, nachgewiesen, und die geschichtliche Kritik damaliger Zeit wesentlich gefördert und gehoben.

In der kleinen Abhandlung über Dangeaus Memoiren (J. 1769, Bd. 29, 93) zeigt sich Voltaires vernichtender Spott über die mikrologische Geschichtsbetrachtung (S. 94).

Eine gewisse Ergänzung wird dem „Siècle de Louis XIV" durch die Geschichte Peters d. Gr., des berühmten Zeitgenossen Ludwigs, und die oben erwähnte „hist. de Ch. XII, roi de Suède" zu Teil. Das erstere Werk wird von Voltaire selbst wieder vielfach erwähnt und angepriesen[53]), ist aber meines Erachtens schon in die Klasse jener schwachen und rein höfischen Geschichtsmachereien zu setzen, welche ihren Höhepunkt in dem „Siècle de Louis XV" fanden.

Ob die Vorstudien zu dieser „hist. de Russie sous Pierre

le Grand" (1759—1763) wirklich so eingehend und so authentischer Art waren, wie V. selbst mehrfach[54]) behauptet, lasse ich dahingestellt, jedenfalls entspricht die Ausführung der Ankündigung nicht.

Die ganze Tendenz ist eine einseitige und entstellende. Peter I wird als lichtes Gegenstück zu dem ins Grelle gemalten Karl XII[55]) vorgeführt und in ihm nur der friedliebende, auf das Wohl seiner Unterthanen bedachte Regent gefeiert. Nun kann V. freilich nicht ableugnen, dass Peter ungerechterweise den Krieg gegen Schweden vom Zaum brach, aber die eigentliche Schuld wird künstlicherweise auf die Herrschsucht Karls XI und die Rachsucht des aus Schweden vertriebenen Patkul geschoben.[56]) Peter erscheint ferner als die Verkörperung aller geistigen und materiellen Interessen Russlands, ihm, heisst es, verdanke Russland allein sein Emporkommen aus der Barbarei, seine spätere Kulturstellung.[57]) Gewiss war die Bewunderung Voltaires für den nordischen Zaren eine aufrichtige. Unter der Menge der Duodezfürsten erhob sich Peters Gestalt um so imponierender, wie ein Meteor mochte er den Zeitgenossen erscheinen. Zudem war ein neuerungssüchtiger Reformator, der sein Volk aus der Barbarei zu reissen, der Kultur zuzuführen strebte, der mit den kirchlichen Traditionen brach und die Anmassungen der Geistlichkeit kraftvoll zurückwies, ein Mann im Sinne Voltaires. Freilich erscheint Peters Persönlichkeit, wie sie Voltaire darstellt, in einseitigem, fast blendendem Lichte. Die Schattenseiten seiner Regierung und seines Charakters, der gewaltthätige Despotismus, die wilde Leidenschaft, die barbarische Rohheit treten hinter der segensreichen reformatorischen Thätigkeit fast ganz zurück. Doch, wo Voltaire den Apologeten des Zaren macht, ist es nicht ohne Glück und Geschick. So ist der Abschnitt über die Verurteilung Alexeis mit kritischer Schärfe und überzeugender Kraft geschrieben.[58])

Man kann in jenem Geschichtswerke sicher eine Huldigung erblicken, die Voltaire dem russischen Hofe darbringen wollte,[59]) doch möchte ich nicht mit dem verstorbenen Kreyssig behaupten, dass er „seine Bewunderung für den nordischen Helden bis zur verdächtigen Schmeichelei steigere". Mochte es auch Voltaires Streben sein, sich in der Gunst der Zarinnen Elisabeth und Katharina (der zweite Teil des Werkes erschien erst im zweiten Jahre ihrer Regierung) zu befestigen, so wäre bei der letzteren wenigstens, die mehr Deutsche als Russin war, die Verherrlichung des Zaren ein unnötiger, kaum zum Ziele führender Umweg gewesen.

Nicht ohne Bedeutung war die Geschichte Peters des Grossen für Voltaires Zeit durch das sorgfältige Eingehen auf die inneren Zustände und Umwälzungen im russischen Reiche, und mit Recht lehnt es V. von sich ab, ausschliesslich die Schlachten und militärischen Operationen, wie die historischen Details geschildert, wichtigere Dinge aber übergangen zu haben. Auch waren damals die dem Werke angehängten Aktenstücke wohl noch Novitäten.

Die „kritisch-historische Vorrede" jenes Werkes, deren Spitze sich gegen die unkritische, legendenartige Geschichtsschreibung früherer Zeiten, gegen die gewissenlose Publikationsweise der Autoren und das Ausbeutungssystem der Verleger richtet, ist bei aller wohlberechtigten Kritik doch stellenweis nur eine schlecht verhüllte „oratio pro domo".

In den schon 1748 veröffentlichten „Anecdotes sur le czar Pierre le Grand" (XXIV, 171) bespricht Voltaire einige Hauptpunkte der Regierung Peters des Grossen. Sie stehen zu der nachfolgenden: „Hist. de Russie sous Pierre le Grand" in demselben Verhältnis, wie die „Anecdotes sur Louis XIV" zu dem „siecle de Louis XIV". V. spricht hier eingehender und im Ganzen objektiv über Peters holländische Reise, sein Verhältnis zu Le Fort, seine Reformen und Neuerungen, sein Missverhältnis zum eigenen Sohne. Nicht ohne Sophisterei wird der Krieg gegen Schweden, der mit dem Bilde des friedliebenden, für das wahre Wohl der Völker sorgenden Zaren kontrastierte, beschönigt; es heisst (a. a. O. 174), Peter hätte den Schweden wieder nehmen wollen, was diese einst den Russen entrissen hätten. Von den Charakterfehlern Peters wird nur sein Jähzorn hervorgehoben und getadelt. (S. 173).

Das „siècle de Louis XV", die direkte Fortsetzung des „siècle de Louis XIV", ist ein rein offizielles Werk, hervorgegangen aus der Notwendigkeit, der Pflicht eines königl. Historiographen zu genügen, und sehr allmählig, stufenweis, mit längeren Unterbrechungen und nicht ohne Widerwillen[60]) entstanden. Die Person Ludwigs XV, für den übrigens Voltaire eine gewisse Sympathie auch in Wirklichkeit hatte,[61]) wird hier, gerade wie dort Ludwig XIV, zum Mittelpunkte dessen, was geschieht, ihre Schwächen werden noch weit mehr verhüllt. Doch ist Voltaires wahre Meinung nicht überall verdeckt, zum Beispiel lässt er eine gewisse Parteinahme für das vom König verbannte Parlament durchblicken. (XIII, 193.)

Wenngleich einzelne Schilderungen, z. B. die des Tages von Fontenay, rhetorischen Glanz haben, wenngleich die Thatsachen sehr geschickt gruppiert sind, so trägt die Schrift doch die Spuren des inneren Unbehagens und geistiger Ermattung, nur in dem Hasse gegen kirchliche Anmassungen und dogmatische Zänkereien erkennen wir den ganzen Voltaire wieder.

Das „siècle de Louis XV" hat seine Bedeutung darin, dass ein hochbegabter Zeitgenosse, der den bestunterrichteten Kreisen so nahe stand, Tagesgeschichte schreibt, wenn schon in „freiwillig-gouvernementaler" Manier.

In der an das „siècle de Louis XV" sich anschliessenden „Histoire du Parlement de Paris" wirft sich Voltaire zum Anwalt ständischer Vorrechte gegenüber der fürstlichen Autokratie auf, und sucht richtigere historische Vorstellungen über die alten Volksparlamente und die einer späteren Zeit zu verbreiten. Vielfach ist übrigens die mit logischer Schärfe, historischer Sachkenntnis und politischem Sinn verfasste Schrift nur eine Wiederholung dessen, was Voltaire bereits in früheren Schriften erörtert hatte.

Dem Gegenstande nach schliessen sich an diese beiden Werke eine grosse Anzahl kleinerer Abhandlungen und Denkschriften, von denen ich nur die wichtigeren kurz erwähnen und charakterisieren will.

Die Préface de l'Antimachiavell (1740, a. a. O. XXIV, 85) lobt den fürstlichen Gönner Voltaires, Friedrich den Grossen, in einer beinahe verdächtigen Weise, wenngleich wohl damals V.s Urteil über die rein menschlichen Eigenschaften des preussischen Prinzen weniger kalt und frostig war, als in den „Comm. historique" (a. a. O. 30, S. 196, 197) und in den „Mémoires pour servir à la vie de M. de V." (25, 50). Dieselbe Tendenz zeigt ein in der „Nouv. bibliothèque" wahrscheinlich von Voltaire selbst veröffentlichter Artikel über Friedrichs Anti-Machiavell (ebds. 89—92), der hier noch über Fenelons Télémaque gestellt wird.

Der „Panégyrique de Louis XV" (1748, Bd. 24, 158) ist rein höfisch und servil, und gewiss nimmermehr in der Absicht geschrieben, dem Könige nicht vorgelegt zu werden, wie V. selbst (Comm. hist. a. a. O. S. 203) glauben lässt. Ein gewisser Schein der Objektivität, die V. an der angeführten Stelle des „Comm. hist." für sich in Anspruch nimmt, ist allerdings der Abhandlung nicht abzusprechen.

Ähnliche servile Tendenz haben auch die Artikel: „Des embellissements de Paris" (1749, Bd. 24, 137), eine Lobrede des damaligen Regierungssystems, die „Lettre à l'occasion de l'impôt du vingtième" (1749, ebds. 186), die ebenfalls auf eine Verherrlichung der bestehenden Zustände hinausläuft, und der „Panégyrique de S. Louis" (XXIV, 191, im J. 1749), an dessen Schluss die Bourbonen und Ludwig XV selbst gefeiert werden.

Kritischen Charakters ist dagegen der Nachweis der Fälschung des dem Kardinal Alberoni zugeschriebenen Testamentes (1753, Bd. 24, 379).

Im Interesse der russischen Politik, und speziell seiner Gönnerin Katharina II, die in dem „Lettre sur les panégyriques" (1767, Bd. 27, 104 ff.) gefeiert wird, geschrieben, ist V.s „Discours aux confédérés catholiques" (1768, Bd. 27, 358), d. h. an die polnischen Magnaten.

In das Zeitalter Ludwigs XV gehören auch ihrem Inhalte nach zum Teil die „Fragments hist. sur l'Inde" (1773, Bd. 29, 384), insofern sie den Justizmord des französischen General Lally in scharfer Weise besprechen.

Die „Eloge funèbre de Louis XV" (XXX, 49, J. 1774) beansprucht keinen historischen Wert, ebensowenig das komische Gedicht: La guerre civile de Genève (1768, IX, 1), das selbst Desnoiresterres, der aufrichtige Bewunderer Voltaires (a. a. O. VII, 97) ziemlich tadelt. Die historische Veranlassung desselben darf ich als bekannt voraussetzen.

Der Bericht über den Tod Ludwigs XV geht sehr auf medizinische Details ein, scheint aber seine Spitze gegen den Glauben an eine göttliche Vorherbestimmung zu richten (vgl. XXX, S. 56).

An die 1769 zuerst veröffentlichte „Histoire du Parlement" schliesst sich die Abhandlung: Les peuples aux parlements (1771, Bd. 29, 206), in welcher der englische Parlamentarismus gefeiert, das damalige französische Parlament aber wegen seiner Verfolgungssucht und religiösen Borniertheit getadelt, und dagegen die Regierung gelobt wird. Mit der Regierung suchte sich Voltaire namentlich wieder zu befreunden, seitdem Ludwig XVI den Thron bestiegen und sein Minister Turgot das Zeitalter der politischen Reformen begonnen hatte. Eine Reihe von Denkschriften aus den Jahren 1775 bis 1777 nimmt sich der gedrückten Bauern und der provinziellen Freiheiten (namentlich der des Ländchens Gex) an und sucht, ebenso, wie die schon 1770 veröffentlichten: Requête à tous les magistrats du royaume (29, 164) und „Nouv. requête au roi", die Krone gegen die Vorrechte der Geistlichkeit und zu Gunsten des Bauernstandes (s. auch „Supplice des serfs de St. Claude" 1771, 29, 199) zu gewinnen. Voltaire dachte schon damals (1775) an eine Aufhebung aller feudalen Zustände (s. XXX, 118).

Bei aller warmen Anerkennung dieses selbstlosen überzeugungs- und urteilsvollen Eintretens für schwerbedrängte Interessen und der wohlberechtigten Verehrung für Turgot, darf man der Lobpreisung des gutwilligen, aber beschränkten

Ludwig XVI in den „édits de S. M. Louis XVI, pendant l'administr. de Turgot" den Vorwurf einer übertriebenen Schmeichelei nicht vorenthalten.

Am Schluss mögen hier noch einige satirisch-polemische Schriften Voltaires erwähnt werden, obgleich sie mehr von persönlichem, als allgemeinem Charakter sind.

Mit dem bekannten Gegner V.s, Fréron, und seinem intriguanten Vorgehen gegen V.s Stück „L'Ecossaise" hat es der schneidend scharfe Artikel „A Messieurs les Parisiens" (1760, IV, 373) zu thun; ein anderer Gegner, Le Franc de Pompignan, wird durch die Satire: Relation du voyage de M. Le Franc de Pompignan (1763, XXV, 314) zu Tode getroffen, und als dessen Bruder, Jean George, Bischof von Puy, ihm zu Hilfe eilte, wurde diesem in der „Instruction pastorale etc." die Lehre gegeben, dass es einem Geistlichen übel ergehen könne, wenn er sich in Dinge mische, die über sein Amt, wie über seine Begabung hinausgehen (1763, XXV, 400). Der Artikel: „Extrait de la gazette de Londres, du 20. Févr. 1762" (XXV, 196), also zu der Zeit geschrieben, wo die französische Seemacht von der englischen daniedergeworfen war, schildert in ironischer Weise die Gleichgültigkeit und den Eigennutz der Geistlichkeit gegenüber öffentlichen Unglücksfällen. Mit gleicher Ironie behandelt die fingierte Ordonnanz des türkischen Muphti gegen das Lesen profaner Bücher (u. d. T.: de l'horrible Danger de la lecture — 1765, XXVI, 143), die Verfolgungssucht der Geistlichkeit gegen alle nicht kirchlichen und freigeistigen Schriften. Für die Encyclopädie, den Mittelpunkt aller freieren Geistesrichtung und alles nützlichen Wissens, sucht der Artikel „De l'Encyclopédie" (1774, XXX, 69) den neuen Herrscher Frankreichs und dessen Hof zu interessieren.

Der Passus des Dict. phil. „Les Pourquoi" geisselt die widersinnigen kirchlichen und politischen Zustände des „ancien régime" und sucht diese Tendenz in geschickter Weise zu verdecken, indem er andere Unbegreiflichkeiten früherer Zustände in die satirische Kritik hineinzieht.

Der ausgedehnten Schriftstellerei V.s lässt sich der Vorwurf einer gewissen Zweiseitigkeit nicht ersparen, denn bald erscheint er in ihr als bahnbrechender Vorkämpfer der kirchlichen und politischen Umwälzung, bald als Schmeichler und Bewunderer des alten Regime und als heuchlerisch-devoter Katholik. Die Maske des Tartuffe verschmähte V. selten, wo er mit seinem Namen und seiner Person für die Sache des Fortschrittes eintrat.

Voltaire als Dichter.

(Voltaire-Studien II, 1.)

a. Tragödien.

Der grosse deutsche Kritiker, der im vorigen Jahrhundert gegen die französische Tragödie in seiner „Hamburgischen Dramaturgie" zu Felde zog und vor allem den Einfluss und die Bedeutung Corneilles zu vernichten suchte, musste sich konsequenterweise auch gegen den hervorragendsten aller Nachahmer Corneilles, gegen Voltaire, richten. Denn offenbar nicht Racine, den V. so hoch preist und bewundert, sondern der in dem Kommentar so vielfach und so kleinlich angegriffene Corneille ist Voltaires eigentliches Vorbild. Die Einflüsse, welche daneben auf Voltaires tragische Dichtung wirken, sind so hoch nicht anzuschlagen. Die antike Dichtung hat nur den „Oedipe" und „Oreste" beeinflusst, und auch da wird man aus V.s Kritik des Sophocleischen „Οιδίπους βασιλεύς" am besten erkennen, wie heterogen sein poetisches Glaubensbekenntnis ist. Wie wenig Maffeis und der italienischen Tragödie Vorbild auf den Geist der „Merope" einwirkte, hat Lessing mit meisterhafter Schärfe nachgewiesen, und V. selbst in dem Briefe des pseudonymen Lindelle angedeutet.

Höher konnte man Shaksperes Einfluss anschlagen, aber wie günstig auch V. in Folge der Eindrücke seines englischen

Aufenthaltes und der richtigen Erkenntnis der Schwächen des französischen Tragödienschema von dem englischen Dichter denken mochte, wie sehr er auch Dezennien lang an der Bedeutung Shaksperes festhielt, die **Unmöglichkeit einer Wiederbelebung** der alten, britischen Dichtkunst inmitten der modernen, französischen Bildung und Verbildung, hat er selbst ausgesprochen.[1]) Seine „Mort de César" ist trotz äusserer Anlehnung an das englische Vorbild und trotz der technischen Vervollkommnung desselben, doch nur ein verblasstes, modernisiertes Abbild des ersten Teiles von „Julius Cäsar". Von einer Nachahmung Racines kann kaum die Rede sein. Schon das geflissentliche Zurücktretenlassen der Liebe,[2]) das Übergewicht der heroischen und gewaltthätigen Regungen über die zarten und duldenden Gefühle, die unnatürlich mannhafte Handlungsweise der weiblichen Charaktere, das **Übermass der Rhetorik**, die unwahren, rein **konventionellen Tiraden** der Liebelei und Galanterie, — das alles deutet in V.s Tragödien auf Corneilles Vorbild. Die Komödien schliessen sich ebenfalls an diejenigen Dichtungen Corneilles, welche ein Abbild der gesellschaftlichen Verhältnisse von Paris geben sollen. Von einem naheliegenden Zurückgehen auf Molière ist wieder wenig zu spüren, und besonders verrät ein gewisser Pessimismus in der Beurteilung des weiblichen Charakters den direkten Einfluss der angegebenen Corneilleschen Stücke. V selbst dachte in Wirklichkeit vom Weibe weniger pessimistisch, als es nach seinen Gesellschafts-Komödien scheinen möchte.[3]) Die Kritik, welche V. in dem Corneille-Kommentar übt, ist meist auf sprachliche Dinge beschränkt, überdies durch Lobeserhebungen paralysiert und kann ebensowenig, wie u. a. eine Stelle im „Ingénu"[4]) gegen unsere **Meinung von der Nachahmung** Corneillescher Dichtungen in V.s Stücken sprechen.

Der Einfluss Corneilles ist denn auch schon in der ersten **Tragödie V.s**, dem „Œdipe", wenigstens in der späteren Bearbeitung desselben, kaum zu verkennen. Wiederum ist es kein Widerspruch, dass V. in der „Lettres sur Œdipe" (1719) den Corneilleschen „Œdipe" fast ebenso tadelt, wie den

Sophocleischen. Hatte er doch ursprünglich das griechische Vorbild so mechanisch und äusserlich nachahmen wollen, dass sein Stück nur eine Kopie desselben geworden sein würde,⁵) und hatte er doch schwerlich erst seitdem seine Ansichten über die Schwächen der Sophocleischen Dichtung sich gebildet. Viel gewonnen hat die Dichtung durch die Corneille-Manier keineswegs. Es unterliegt keinem Zweifel, dass der „Œdipe", so wie ihn V. ursprünglich entworfen, auf dem französischen Theater eine Unmöglichkeit gewesen wäre, doch die Charakteristiken des renommistischen und rhetorischen Königs, des servilen Priesters, der über Liebe spitzfindig reflektierende Jocaste, lauter Merkmale der Corneille-Nachahmung, bringen unserem modernen Geschmack zwar das antike Sujet näher, aber rauben dem Stücke noch mehr von dem poetischen Wert und dem tragischen Interesse. War es ein Fehler, eine Tragödie im antiken Geschmack ganz ohne Liebe und mit Chören schaffen zu wollen, so ist es doch eine noch schwerere Versündigung gegen die dramatische Poesie, einen lächerlichen und völlig sinnlosen Statistenchor auftreten zu lassen, und der alternden Jocaste einen halbverwelkten Johannistrieb für Philoctète, den Auserkorenen ihrer Jugendzeit, anzudichten. Wie sehr die Dame auch ihre Liebe zum Philoctète in sophistischen Parallelen von der weiblichen Zärtlichkeit für Œdipe und der pflichtmässigen Treue gegen Laios zu scheiden weiss, Interesse wird Niemand an den Mysterien ihres schon erkalteten Herzens gewinnen können. Zudem ist dieses Verhältnis zu Philoctète mit der Haupthandlung gar nicht verbunden.

Wenn V. an dem Sophocleischen Stücke zu tadeln hat, dass der tragische Abschluss künstlich hinausgeschoben werde, so ist das in seiner Dichtung kaum anders und überdies hinkt die Katastrophe so langsam nach, dass sie in uns kaum noch einen tragischen Eindruck zurücklässt.

Wie Voltaire auch als Dichter nie den angeborenen kritischen Sinn verleugnete und diesem selbst seine Eitelkeit mit geflissentlicher Affektation opferte, so hat er auch mit scharfer Sonde alle Grundfehler und mehr vereinzelten Schwächen seines „Œdipe" herausgefunden und in ein fast zu grelles Licht gestellt.[6]) Das Hauptgebrechen aller französischen Tragödien, das starre Festhalten an der missverstandenen Aristotelischen Doktrin sucht er dagegen zu rechtfertigen.[7]) Man kann freilich behaupten, dass in dem einfacheren Plan dieser halbantiken Dichtung das Einheitsschema des Ortes und der Zeit sich unschwer einfügen lässt.

Mit den unläugbaren Schwächen dieser Erstlingsdichtung will freilich der Beifall, den sie damals bei den Zuschauern und noch später bei Kritikern, wie Laharpe, fand, sich nicht reimen. Indessen der gewandte Versbau, die zahlreichen Sentenzen, die pomphafte Rhetorik, der mysteriöse historische Hintergrund, endlich auch die nicht zu verkennende antikirchliche Tendenz in einer schon der Freigeisterei zueilenden Zeit,[8]) vielleicht sogar die ungeschickte Art der gegen die Tragödie gerichteten Angriffe,[9]) machen dieses Missverhältnis zwischen Bedeutung und Erfolg begreiflich. Zudem war das Zeitalter in Hinsicht der Dichtkunst ein epigonenhaftes, das von dem Ruhme und der Nachwirkung der klassischen Periode zehrte.

Natürlich konnte der Ruhm des neu auftauchenden Tragödiendichters dem sittenlosen, aber hochbegabten Herzog von Orleans, welcher damals Frankreichs Geschicke lenkte, nicht verborgen bleiben und mit schlecht erkünstelter Bescheidenheit weiss auch Voltaire den Beifall und das Ehrengeschenk des hohen Herren zu Gunsten seiner Dichtung und seiner Person und zum Nachteile seiner Gegner auszunutzen. Der Beifall des Hofes blieb ja immer das Hauptziel Voltaires, und so fasste er denn sieben Jahre später den Plan, jene Dichtung vor der Königin aufführen zu lassen.[10]) Auch des Dichters nächste Angehörige blieben von der Wirkung des Stückes nicht unberührt, und nach Wagnières Angabe soll V.s Vater, der dem aufstrebenden Schöngeist und Wüstling zürnte, sich nach Aufführung des „Œdipe" wieder mit dem hoffnungsvollen Sohne verständigt haben.[11])

Einen erheblichen Fortschritt gegenüber dem „Œdipe"

bekundet die zweite tragische Dichtung Voltaires „Marianne" eben nicht. Als eigentliche Tendenzdichtung religiösen Charakters kann sie nur in demselben Grade und mit demselben Rechte, wie „Œdipe" betrachtet werden, mag auch V. selbst andeuten, dass er in derselben seinem frühzeitig hervortretenden, später so stark entwickelten, Hass gegen das Judentum Ausdruck gegeben habe.[12]) — Die Charakterzeichnung und Sprache verrät wieder den Einfluss Corneilles, namentlich ist er in den weiblichen Charakteren wahrnehmbar. Das gewohnte Schema der französischen Tragödie: Liebe, Eifersucht, und in Folge der letzteren Intriguen, ist in wenig genialer Weise durchgeführt. Ein auffallender Mangel an Handlung war der Todeskeim der Dichtung und macht es erklärlich, warum das „Parterre" nicht begeistert wurde, selbst nach Umänderung des Stückes, während die „Logen" und, bei Gelegenheit einer höfischen Aufführung, auch die Königin von Frankreich durch die sentenziösen Stellen und die Rührszenen sich befriedigt fühlten.[13])

Die beiden männlichen Hauptcharaktere, Sohême und Hérode, erscheinen als verzeichnet. Der erstere ist ein unnatürlich edler Mensch, ein idealer Tugendheld, wie sie in rhetorischen Prunkstücken häufig sind, Hérode, dessen Auftreten mit dem dritten Akt, nachdem wir hinreichend darauf vorbereitet sind, eine dramatische Feinheit ist, zeigt am Schluss eine plötzliche, nicht genügend motivierte Reuigkeit und ist auch sonst in seiner Verbrechernatur nicht klar gezeichnet. Die „Vertraute" in dem Stück ist eine jener vulgären Tragödien- (und Komödien-) Figuren.

So wenig auch die Wirkung der „Marianne" sich mit der des „Œdipe" vergleichen lässt, so bemächtigte sich bald der buchhändlerische Schwindel des Stückes, und schon am 20. August 1725 (also kaum 1½ Jahr nach der ersten Aufführung [6. März 1724]) hat V. über das Erscheinen dreier fehlerhafter Ausgaben der „Marianne" zu klagen.[14])

Eine Umarbeitung, die V. bis zum Mai 1725 mit dem Stücke vornahm und die eine ästhetische Verbesserung auf

Kosten der historischen Überlieferung enthielt,[15]) bewirkte die wohlwollendere Aufnahme desselben, so dass der Dichter später schreiben konnte: „J'ai vu tomber Mariamne et je l'ai vue se relever".[16]) Unbestrittener Vorzug des Stückes sind wieder die formvollendeten Verse.[17])

Zu den bekanntesten Tragödien V.s gehört der am 11. Dezember 1730 aufgeführte „Brutus". Vollendet war das Stück schon im Dezember 1729 und bereits damals war nach V.s Angabe der Erfolg desselben durch Intriguen bedroht.[18]) Deshalb wurde die Aufführung noch verschoben. Die Wahl des Stoffes, die gelegentliche Verherrlichung altrömischer Tugend und Selbstentsagung,[19]) der pointierte Gegensatz zwischen dieser und der höfischen Diplomatie und Schweigsamkeit in den Personen des Brutus und des Arons, dies und manches andere mag auch hier wieder auf **Corneilles Vorbild** hindeuten, die Tendenz des Stückes ist aber eine entschieden **monarchische** und so von der Sympathie Corneilles für aristokratische Sonderbestrebungen durchaus **verschieden**. Dagegen ist es wieder im Sinne Corneilles, wenn zuletzt die Reize der schönen Tullie, Tochter des Tyrannen Tarquin, **doch mächtiger sind**, als die republikanische Festigkeit des Titus, Sohnes des Brutus. Die Liebe in ihrer realen Gestalt, fast von allem unweiblichen Heroismus und rhetorischen Prunk befreit, kommt hier einmal zu dem Rechte, das ihr in Werken der tragischen Kunst durchaus gebührt.[20])

Ein gewisses Missverhältnis zwischen der dichterischen Intention und der politischen Richtung V.s ist in dem Stücke unverkennbar. **Der Plan der** Tragödie brachte es mit sich, dass die Charakterstärke des Brutus gerühmt, dass in dem Helden des Stückes der Republikaner und Patriot auf Kosten **des Menschen und Vaters** verherrlicht werden musste. Aber V.s höfische und monarchische Gesinnung tritt nichtsdestoweniger deutlich hervor. In der Schilderung, die (I, 2) Arons von dem römischen Volke entwirft, erkennen wir die Antipathie des feingebildeten Hofmannes Voltaire gegen die **naturwüchsige** Leidenschaft, wie gegen den wetterwendischen

Wankelmut der Masse. Wie schön und verlockend weiss derselbe Arons (II, 2) die Hofgunst und das Hofleben zu schildern, wie preist Messala, ganz im Sinne V.s, die Vorzüge des aufgeklärten Despotismus! Und auch Brutus muss doch zu Gunsten der gemässigten, gesetzlichen Freiheit und gegen den ungestümen, republikanischen Despotismus deklamieren (IV, 7). Unwillkürlich trägt denn auch der Politiker Voltaire in der Sympathie des Lesers den Sieg über den Dichter davon. Wir wenden unser Mitleid den Opfern der republikanischen Tyrannei zu, wir billigen oder entschuldigen doch den Abfall des Titus von der starren Doktrin, und Brutus selbst, der Held des Stückes, würde uns weit unsympathischer sein, als der glatte Arons und der gewissenlose Messala, wenn er nicht gegen den Schluss des Stückes hin ein Gefühl für Recht und Menschlichkeit verriete, das uns den abstrakten Tugendhelden wieder näher bringt. Wir begreifen so V.s Sympathie für ein echt anti-republikanisches Stück, für den Julius Cäsar des Shakspere, das er in der Vorrede zum Brutus trotz seiner „Unregelmässigkeit und Rohheit" mit sichtlicher Wärme rühmt.

Natürlich darf man von Voltaires Tragödie noch weniger ein treues historisches Kolorit erwarten, als von der Dichtung seines grösseren Vorgängers. Voltaires Arons, Titus und Messala sind geschmeidige Hofmänner oder liebende Kavaliere im Geiste des siècle de Louis XV, Tullie eine Versailler Hofdame, in welcher die angeborene weibliche Zartheit und Gefühlsinnigkeit noch nicht durch höfische Unnatur erstickt worden ist, Brutus und seine Parteigenossen sind schroffe, unhöfische Aristokraten, wie sie das Zeitalter der Fronde und auch die Zeit Ludwigs XIV kannte. Wer einmal versuchen wollte, sich bei der Lektüre des Voltaireschen Stückes in die einfacheren geselligen Formen des republikanischen Rom zu versetzen, dem wird die Liebesszene zwischen Titus und Tullie und namentlich der famose Theatercoup des Schlusses sogleich die höfische Anschauungsweise des modernen Frankreich ins Gedächtnis rufen. (A. IV, 3).

Ebensowenig, wie man in Brutus antiken Geist wiederfindet, kann man auch Spuren einer Nachahmung Shaksperes entdecken. Und doch entstand gerade der Brutus in einer Zeit, wo der Eindruck des englischen Lebens und Wesens und der Einfluss der Shakspereschen Tragödie in Voltaire am wirksamsten waren. Es ist ja das Verhältnis Voltaires zu Shakspere eine vielumstrittene und sehr verschieden beantwortete Frage. Gewiss ist es sehr äusserlich, wenn man, mit A. Lacroix, die Schrift: Appel à toutes les nations de l'Europe und das Jahr 1761 als Grenze der Shakspere-Bewunderung Voltaires annimmt, und dann mit ihm oder mit Prölss[21]) Voltaire aus purem Neid oder aus der kleinlichen Furcht, durch die vorübergehende Shakspere-Strömung der akademischen Kreise von Paris selbst hinweggeschwemmt zu werden, zu dem gehässigsten Verkleinerer Shaksperes werden lässt. Immerhin ist zuzugeben, dass noch lange Zeit nach der Rückkehr aus England Voltaire dem grossen britischen Dichter eine warme Sympathie entgegentrug und dass nur sein entschieden und einseitig französischer Geschmack ihn hinderte, in Shakspere mehr zu sehen, als einen phantasiereichen, grossartig angelegten, aber durch den Mangel aller feineren und höfischen, namentlich aller französischen, Bildung doch nur zum Volksbelustiger und Spassmacher entwickelten Barbaren. In späterer Zeit, und zwar erst in den letzten drei Jahren seines Lebens, ist diese Sympathie für Shakspere durchaus in eine Abneigung verwandelt, an der das Gefühl genau so viel Anteil hat, als der Verstand, und die allerdings zumeist in der Erkenntnis ruht, dass Voltaires eigenes Dichten, trotz aller theoretischen Neuerungssucht, doch in praxi wesentlich identisch war mit dem von ihm selbst verspotteten französischen Tragödienschema. Unmöglich hätte nun die Wirkung der englischen Eindrücke eine so nachhaltige, wenn auch äusserliche und eingeschränkte, Sympathie für Shakspere hervorrufen können, wenn nicht Voltaire deutlich erkannt hätte, dass jene britische Tragödie eine wünschenswerte Ergänzung aller Mängel und Einseitigkeiten der französischen bot. Das hat er doch in den „Lettres sur les Anglais", in dem „Appel à toutes les

nations" offen ausgesprochen. Wie aber Voltaire seiner ganzen
Geistesrichtung nach immer wieder die moderne Kultur zu
verherrlichen und hoch über alle vermeintliche Barbarei früherer
Zeiten zu heben sucht, wie dieses Streben ihn zu ungerechter
Verkennung der antiken Dichtung (mit Ausnahme Homers)
verleitet,²²) so konnte er auch nie ernstlich daran denken,
Shakspere, das Kind einer barbarischen Zeit, über die Dichter
des verfeinerten siècle de Louis XIV, Corneille und Racine,
zu stellen oder gar ihn als den Lehrmeister und Vorbildner
der dramatischen Kunst zu betrachten. Der Dichter und der
Kritiker Voltaire, der Franzose und der Philosoph waren lange
Zeit betreffs Shakspere geteilter Meinung. Der anglisierende
Philosoph und der vom nationalen Vorurteil nicht geblendete
Kritiker hielten es mit Shakspere, während der völlig französisch denkende und empfindende Dichter an die Tradition
des klassischen Zeitalters sich anlehnte, später trug eben in
der Beurteilung Shakspere's der patriotische Dichter den Sieg
über den kosmopolitischen Philosophen davon.

Die auf den „Brutus" folgende Tragödie „Eriphyle" spielt
in V.s Korrespondenz der Jahre 1731—1732 eine grosse Rolle,
und zwischen den Zeilen zu lesen, wenn auch nicht bestimmt
ausgesprochen ist, dass V. sich einen bedeutenden Erfolg von
derselben versprach. Am 30. Juni 1731 war das Stück in
seiner ursprünglichen Form fertig und, wenn wir V.s ver-
traulicher Angabe unbedingt glauben dürfen, so hat er „Eriphyle", die damals schon vollendete „Mort de César" und
den „Charles XII" in drei Monaten geschrieben, oder doch
zu Ende geführt.²³) Die Umarbeitung des Stückes, über die
er sich selbst ausführlich äussert,²⁴) scheint ihn vom September 1731 bis Februar 1732 beschäftigt zu haben,²⁵) und
zuerst aufgeführt wurde „Eriphyle" am 3. Februar 1732 auf
einem Privattheater. Hier soll das Stück gefallen haben,
doch ahnte V. selbst den wahrscheinlichen Misserfolg auf
der öffentlichen Bühne (7. März 1732) voraus, und schiebt,
wie jeder unglückliche dramatische Autor, den Grund desselben — auf die Schauspieler.²⁶) In der That war die

Aufnahme eine sehr laue, und das Publikum fühlte darin sehr richtig.

Der Einfluss, den hier Shakspere geübt haben mag, war ein ganz äusserlicher und sehr unglücklicher. Er bestand darin, dass Voltaire, wie später in der Sémiramis, ein Gespenst, nämlich den Schatten des verstorbenen Königs Amphiaraos von Argos, auf die Bühne führte. Wenn nun schon die Gespenstererscheinung allein inmitten der modischen Herren auf der Bühne den Erfolg der Sémiramis später in Frage stellte und den vernichtenden Spott Lessings hervorrief, wie lächerlich musste hier die Wirkung sein, wo mit dem gespenstischen Schatten noch eine plötzliche Sinnesverwirrung des Alcméon, des totgeglaubten Sohnes der Eriphyle, in Folge derselben ein Muttermord, und noch eine unglückliche Hineinziehung des Oedipus-Orakels verbunden ist. Die Steigerung des Tragischen macht dieses selbst wirklos und das oft angeführte Wort: „Vom Erhabenen zum Lächerlichen ist nur ein Schritt", liesse sich auch hier anwenden.

Der wirklich tragische Charakter der Eriphyle, ihr Konflikt zwischen der Pietät gegen den dahingesunkenen Gatten, der hohen Politik, die sie zur Gemahlin des Gattenmörders bestimmt und der Liebe zu dem verschollenen Sohne geben einzelnen Szenen des Stückes ein wirklich dramatisches Interesse. Unleidlich aber wirkt wieder die stereotype Figur der „confidente", die sich hier übermässig breit macht, der pseudo-antike Statistenchor, die trockene Staatsweisheit des Polémon, Ratgebers der Eriphyle, und selbst der unpoetische und wortreiche Erzieher Alcméons. Die einzige anziehende Figur der Eriphyle kann zwar Voltaires Selbstverherrlichung[23]) einigermassen rechtfertigen, doch nimmermehr das Stück zu einem dramatischen Meisterwerke erheben. Schon, dass der Zufall allein den dramatischen Knoten entwirrt, ist so undramatisch, wie möglich.

Der Einfluss Corneilles ist in diesem Stücke noch sichtbarer, als in den früheren. Eriphyle gehört völlig in die Klasse jener Heroinen des Corneille, die allein das Gefühl der Kindesliebe zu Weibern macht. Der Konflikt zwischen hoher Politik und weiblichem Gefühle, der Sieg der ersteren über das letztere, die frostigen politischen Deklamationen, die unnötige Steigerung des Dramatischen, der Bombast der Redeweise, der unvermittelte Kontrast zwischen perfider Schurkerei und hingebendem Edelmute, alle diese Merkmale deuten doch auf Corneillesche Schule hin. Und wie wenig der für Shakspere sich begeisternde und den Schematismus der französischen Tragödie verspottende Voltaire noch von der Tradition sich freizumachen wusste, zeigt allein die Figur jener geschwätzigen, superklugen „confidente". [29])

Die „Eriphyle" macht einen gewissen Abschnitt in Voltaires Entwicklung zum Tragödiendichter. In ihr und den vorhergehenden drei Tragödien (von der fragmentarisch erhaltenen Artémire sehe ich dabei ganz ab), finden wir alle Mängel der französischen Tragödie, namentlich der Corneilleschen, wieder. Die Stücke spielen ausschliesslich in vornehmen Kreisen und legen daher der Entwickelung menschlicher Gefühle den Zwang der Etikette an; der Stoff ist aus der griechisch-römischen Geschichte gewählt, aber völlig modern und französisch zugeschnitten. Die Liebe wird zur Galanterie, die Liebhaber werden zu Galanen, die Weiber zu Heroinen, die Männer entweder zu doktrinären Bösewichtern oder zu abstrakten Tugendhelden. Der Einfluss des Antiken und des Shakspereschen ist ebenso äusserlich und eingeschränkt, wie verunglückt, und nur in der Theorie sucht Voltaire die überlieferte Künstelei durch Veredlung und Vereinigung mit hellenischer Kunst und britischer Genialität umzugestalten. Der Kritiker Voltaire befindet sich aber in fortwährendem Widerspruch mit dem Dichter.

Erst mit „Zaïre" wird Voltaire zum Reformator der tragischen Dichtkunst auch in praxi. Von da ab wird endlich der Bannkreis des Höfischen und Aristokratischen durchbrochen, werden echt menschliche Gefühle und Gegensätze uns vorgeführt, wird der enge Horizont der griechisch-römischen Sage und Geschichte zur Weltgeschichte erweitert und werden gerade

moderne Verhältnisse anfangs geflissentlich zum Gegenstande
der Dichtung gemacht. Da zeigt sich der philosophische Freisinn ohne ängstliche Verhüllung oder halbdurchsichtige Maske
wenigstens in der Auffassung religiöser Fragen, da wird endlich der wahrhaft tragischen Dichtungsweise Shaksperes ein
der Corneille-Manier fast ebenbürtiger Einfluss zugestanden.
Es war nicht Voltaires Verschulden, dass hier die Ausführung
weit hinter der Tendenz zurückblieb, dass von einer kongenialen
Nachbildung Shakspercscher Motive und Schöpfungen nirgends
die Rede sein kann, dass doch der französische Geschmack
und die Corneille-Nachahmung wieder die anderen Vorbilder
zurücktreten liess. Die Thatsache aber, dass Voltaire in
der Zaïre, Alzire, Mort de César, Sémiramis u. a. Tragödien
auch als Dichter das durchzuführen suchte, was er früher nur als
theoretischer Kritiker erstrebt hatte, bleibt dadurch unbeanstandet.

Der ungünstige Erfolg der „Eriphyle" war die Ursache[30])
der schnellen Entstehung der „Zaïre", die Ende Mai 1732
begonnen und schon Ende Juli vollendet wurde.[31]) Nicht so
schnell gab zwar V. sein Stück verloren, er suchte vornehme
Gönner für dasselbe zu interessieren, eine andere Schauspielertruppe zu gewinnen, Verbesserungen anzubringen.[32]) Erst,
als er ein Vierteljahr sich mit diesen erfolglosen Bemühungen
herumgequält hatte, kam er auf den naheliegenden Gedanken,
die verlorene „Eriphyle" durch ein besseres und erfolgreicheres
Stück, durch die „Zaïre", in Vergessenheit zu bringen. Aber
so ganz konnte seine Eitelkeit sich in die Niederlage nicht
finden, noch am 25. Juni 1732 bessert er an der unverbesserlichen „Eriphyle".[33]) V. schildert uns, wie er mit ganzem,
vollem Herzen sich der Dichtung der Zaïre hingegeben, wie er
an Stelle der Galanterie die Liebe gesetzt, wie er hier die
Corneille-Manier zu Gunsten der Racineschen Dichtungsweise
aus Rücksicht auf die Zuschauer aufgegeben habe.[34]) Die
letztere Stelle ist deswegen von Bedeutung, weil sie uns zeigt,
wie damals V. auch in der Theorie mehr zu Corneille, als
zu Racine hielt. „Die Kenner", sagt er, „welche mehr Ge-

fallen finden an der zarten Anmut Racines, als an der Kraft
Corneilles, schienen mir den Kunstfreunden zu gleichen, welche
die Naktheiten Correggios dem keuschen und vornehmen Pinsel
Raphaels vorziehen. Das Publikum, welches die Schauspiele
aufsucht, neigt sich heutzutage mehr zu dem Geschmack
Correggios. Zärtlichkeit und Gefühl ist erforderlich, und gerade
dies wissen die Schauspieler am besten darzustellen". Sonach
hat also Voltaire, der „in dem Alter der heftigsten Leiden-
schaften" glaubte, „dass die Liebe nicht für das tragische
Theater geeignet sei", dass „diese Schwäche ein reizender
Fehler sei, der die Kunst des Sophocles erniedrige", —
aus Rücksicht auf das Publikum und die Schauspieler eine
Liebestragödie geschaffen. Demnach hat denn an dieser „aus
voller Empfindung des Herzens" gedichteten Tragödie der
Diplomat und Kritiker Voltaire ebensoviel Anteil, als der
Dichter, und es ist so begreiflich, wenn wir, mit Lessing zu
reden, in der „Zaïre" den „Kanzleistyl, nicht den Naturlaut
der Empfindung" wiederfinden. Ein richtiges Dichtergefühl
leitete ja Voltaire, wenn er „zur Seite der Liebe noch alles
setzte, was die Menschen achtungswertestes haben, Ehre,
Abstammung, Vaterlandsliebe, Christentum, Muhamedanismus"
u. s. w., aber einen mehr als französischen Geschmack verrät
wieder die Wendung: „J'ai cherché du moins à couvrir cette
passion de toute la bienséance possible". Die Liebe
allein wird ja nie eine Tragödie ausfüllen, nie das einzige
dramatische Motiv sein können, und sie ist das nicht einmal
in Shaksperes „Romeo and Juliet", wo der Konflikt des Partei-
haders und der Familientradition der Liebe ein wirkungsvolles
Relief gibt, aber nichts ist unglücklicher und undramatischer,
als den Naturlaut echt menschlicher Empfindung wieder durch
den Zwang der höfischen Etikette einengen zu wollen.

Immerhin ist zuzugeben, dass der Dichter Voltaire bei
der Ausführung dieses Planes den einseitig französischen Kritiker mit fortriss,[35]) und dass so eine Tragödie in 22 Tagen
zu Stande kam, für die ursprünglich 6 Monate gerechnet
waren.[36]) Dass sich Voltaire aus Gründen, die er nicht näher

angeben will, mit der Aufführung beeilte, d. h. dass er den Misserfolg der „Eriphyle" durch den wahrscheinlichen Erfolg der „Zaïre" möglichst rasch auslöschen wollte, ist sehr begreiflich, ebenso, dass der selbstbewusste Dichter nicht genug in vertrauten Korrespondenzen diesen Erfolg feiern kann und uns noch bis ins Jahr 1733 hinein davon unterhält. Die rasche Abfassung des Stückes bedingte jedoch Verbesserungen des einzelnen, mit denen V. vom November 1732 ab beschäftigt ist. Zwei Kritiken parodistischer Natur, durch welche das italienische Theater zu Paris die Konkurrenz der „Zaïre" abzuschwächen suchte, hatten keinen Erfolg.[37])

Als besonders neu und original wird nicht nur von Voltaire selbst, sondern auch von späteren Kritikern gerühmt, dass er in der „Zaïre" zuerst Franzosen auftreten lasse und näherliegende Zeiten schildere. Indessen auch die Griechen und Römer, welche die Helden der älteren französischen Tragödie und der Erstlingswerke Voltaires sind, unterscheiden sich von modernen Franzosen wenig oder garnicht, und neuere Zeitverhältnisse (V. will übrigens nach eigener Angabe nur das Zeitalter des heiligen Ludwig schildern) hatten auch Racine und Corneille, wenn schon in durchsichtigstem französischen Gewande, vorgeführt. Die eigentliche Bedeutung der „Zaïre" liegt einmal in dem Zurückgehen auf Shaksperes „Othello", dann in der unfranzösischen Neuerung, eine Sklavin zur Hauptperson zu machen und ihr menschliches Gefühl über höfische Rücksichten triumphieren zu lassen. Im ferneren Hintergrunde hören wir auch schon hier die später so machtvolle Stimme des Vorkämpfers der Humanität und Toleranz, des Vertilgers der Glaubenswut und des Fanatismus.

Der Charakter der Zaïre, der Heldin des Stückes, ist auch der am besten gezeichnete. An die Frauengestalten Racinescher Dichtung erinnernd, zeigt sie auch mädchenhafte Anmut im Verein mit heldenhafter Liebesstärke, wie Shaksperes Desdemona. Auf sie dürfte man Lessings Verdikt nicht unbedingt anwenden, desto mehr trifft es den Charakter Orosmans. Der gehört wieder ganz in die Reihe der verliebten Heroen

Corneillescher Dichtung, schon ein Vergleich mit Shaksperes
Othello würde ihn lächerlich machen. Bei aller momentanen
Wildheit und aufbrausender Leidenschaft ist er ein aufgeklärter
Modekavalier des XVIII. Jahrhunderts, stets in rhetorischem
Phrasenschmuck prunkend, peinlich formell, nie die strengen
Gebote höfischer Etikette verleugnend. Der „Wohlanstand"
der französischen Liebe, den Voltaire in den beiden „Epîtres
dédicatoires" der Zaïre dem englischen Geschmacke mundgerecht zu machen sucht, hat wieder alles im voraus verdorben.
Voltaire, klug wie immer, zieht zwar hier geistreiche Parallelen
zwischen der englischen und französischen Dichtungsweise und
Geschmacksrichtung, vermeidet es aber, sich über das Verhältnis seiner Dichtung zum „Othello" näher auszusprechen.
Wenn er anderswo, bei Erwähnung jenes Meisterwerkes, es
barbarisch und geschmacklos nennt, dass Othello die Gattin
umarmt, bevor er sie mordet, so weiss ich zwar nicht, ob
dieser Shakspersche Zug so ganz „den Irrgängen des menschlichen Herzens abgelauscht" ist,[38]) und ob V. in seiner Ver-
werfung so völlig irrt. Bei der theatralischen Darstellung,
namentlich wenn sie mit dem Realismus eines Rossi oder
seines Nachäffers Morisson gegeben wird, macht gerade jener
Zug einen höchst verletzenden Eindruck. Dagegen ist unbedingt zuzugeben, dass die klägliche Manier, in der Orosman
es dem Othello nachzuthun sucht, kaum mehr einen tragischen
Eindruck hinterlässt.

Die „Zaïre" kann in mehr als einer Hinsicht als ein
Vorläufer von Lessings „Nathan" betrachtet werden, mag auch
die religiöse Tendenz der über alles Dogmatisieren erhabenen
Humanität weniger klar ausgesprochen sein. Wie im „Nathan"
sind die Christen blindgläubig oder fanatisch, nur Nerestan
zeigt, wie der Tempelherr, angeborene Seelengrösse. Dagegen
erinnert Orosman in seiner milden Duldsamkeit, die nur aus
politischem Zwange zur grausamen Härte wird, wie in seinem
sentimentalen Anfluge stark an Saladin. Zaïre ist eine zweite
Recha, Fatime ganz die Daja Lessings, nur leidenschaftlicher
und heissblütiger. Der Muhamedanismus wird hier, ganz in

der Anschauungsweise Voltaires,[39]) zur Religion der Toleranz und Bildung (selbst Corasmin wird nicht zum Fanatiker), das Christentum zum Kultus der Bigotterie und Rohheit. Zu solcher Einseitigkeit konnte zwar Lessing nie gelangen, doch bleibt auch seinem „Nathan" der Vorwurf nicht erspart, dass er in der Form wenigstens die Vertreter des Judentums und des Muhamedanismus vor denen des Christentums bevorzugt.

Mehr als „Zaïre" verdankt eine französische Tragödie völlig entgegengesetzten Charakters, die „Mort de César", dem Vorbilde Shaksperes. Dieses Stück, obwohl zuerst 1735 aufgeführt, ist gleichwohl älteren Datums als „Zaïre", denn schon am 30. Juni 1731 war es nach V.s Angabe vollendet und schon am 19. August d. J. hatten zehn jesuitische Lobredner zu Gunsten der neuen Dichtung sich ausgesprochen.[40]) Leider dachte der Hof anders, er fand keinen Gefallen an den „mœurs stoïques et dures", die freilich in V.s Dichtungsweise bedeutend gemildert sind, und deswegen wohl wurde die Aufführung so lange verschoben.

„Jules César" ist eine Tragödie ohne Liebe, wie sie von V. theoretisch als die zweckentsprechendsten hingestellt werden, und wieder hat V. (in der Vorrede der ersten Ausgabe von 1736) Gelegenheit, über die galanten Manieren der Corneilleschen und Racineschen Helden zu spotten. Darin möchte man ihm noch eher beistimmen, als in der Verurteilung des englischen Vorbildes und in der beinahe komischen Entschuldigung der „trop de férocité" seines eigenen Stückes. Denn der Hinweis auf die historische Überlieferung würde hierin den Dichter nicht rechtfertigen, wenn nicht instinktiv V. das wahrhaft Grossartige und Dramatische dem verkannten Vorbilde entlehnt hätte. Shaksperes „Julius Cäsar" ist ihm doch nur ein „ouvrage monstrueux", in Shaksperes Stücken soll man mehr die „grossièreté de ce temps", als das „génie de l'auteur" wiederfinden. Das englische Stück zu übersetzen, hielt V. damals noch für inopportun, er „dichtete daher seinen Julius Cäsar im englischen Geschmack", d. h. er stahl dem Shakspere einige wirksame Szenen ab und gab dem

Gestohlenen ein französisches Aussehen. Wenn Hettner (a. a. O. 229) es für einen Fehler Voltaires erklärt, dass seine „Cäsartragödie mit dem Tode des Helden abbreche und mit der berühmten Rede ende, dass die Knechtschaft nicht siegen solle über die Freiheit", so ist das in der Sache kaum zutreffend. Denn V.s Stück endet in Wirklichkeit mit dem Entschlusse der von Antonius bearbeiteten Menge, an Cäsars Mördern Rache zu nehmen, und eröffnet uns so die Perspektive alles dessen, was wir in den letzten Akten der Shaksperesehen Tragödie auf der Bühne sich abspielen sehen. Wie man auch mit der herrschenden Shakspere-Ästhetik es rechtfertigen mag, dass der Held eines Stückes schon im dritten Akte stirbt und nur als Geist durch die folgenden Akte hindurch fortlebt und fortwirkt, so ist es sicher das Natürliche und Richtige, eine Tragödie mit dem Tode des Helden und dessen unmittelbarer Nachwirkung zu schliessen. Es ist auch völlig unrichtig, dass Shakspere in der Fortführung des Stückes bis zur Schlacht von Philippi „tiefblickenden Geschichtssinn" kundgegeben habe, denn diese Entscheidungsschlacht hing von politischen Verhältnissen ab, die mit dem Attentat auf Cäsar garkeine oder nur eine höchst lockere Verbindung hatten, vielmehr zeigt sich darin, dass der Begriff einer in sich geschlossenen dramatischen Dichtung dem Shakspere ebensowenig immer verständlich war, wie seinem grossen Zeitgenossen, Lope de Vega.

Muss man freilich in dieser Änderung eher eine technische Verbesserung als Verschlechterung des Originales erblicken, so ist im übrigen der Vergleich zwischen Shakspere und Voltaire — kaum möglich. Selbst die Rede des Antonius ist trotz aller Shakspere-Entlehnungen und Anklänge völlig verblasst, die Charaktere sind beinahe alle zur Unkenntlichkeit entstellt. Cäsars Charakter ist schwankend wie eine Wetterfahne. Bald gewaltthätig und despotisch, bald zu schwächlicher Milde geneigt, freigeistig, wie ein aufgeklärter Franzose, und doch ganz in römischen Vorstellungen erwachsen, stets phrasenreich, rhetorisch und renommistisch, so ist er nicht bloss ein verblasstes Abbild des unsterblichen Römerhelden, wie der englische „great Julius", sondern ein widerwärtiges Zerrbild. Da, wo er in pomphaften Worten das römische Reich unter seine Erben verteilen will, erscheint er wie ein Autokrat à la Louis XIV und fällt ganz aus seiner historischen Rolle. Die historischen Voraussetzungen des Stückes bleiben dem Leser völlig unklar, weder die Notwendigkeit von Cäsars Diktatur, noch das Wesen der „liberté" sind hinreichend beleuchtet.

Brutus ist halb ein sentimentaler Träumer, halb ein fanatischer Doktrinär. Besser sind die Figuren der Verschworenen und vor allem die des Antonius, freilich in engster Anlehnung an Shakspere, gezeichnet.

Die monarchische, antirepublikanische Tendenz des Stückes ist am Schluss so klar ausgesprochen, dass es kaum begreiflich wird, wie die französische Regierung durch den Censor Crébillon die Aufführung desselben auf dem Théâtre français hindern liess.[41]) Mit richtigerem Blicke wählte Napoléon I den „Julius Cäsar" als Prunkstück des Erfurter Kongresses aus.

Ein grober Fehler der Voltaireschen Tragödie erinnert wieder an die oft nachgeahmte Corneillesche Dichtungsweise. Indem Brutus hier als Sohn Cäsars hingestellt wird, und dieses Verhältnis ihm auch bekannt ist, wird das Tragische durch das Übertragische gesteigert und dadurch zum grossen Teile wirkungslos. Einen anderen Fehler wird man dem französischen Geschmacke zugute halten, nämlich den, dass die Römer wieder zu Franzosen in der Toga werden, — sind doch selbst Shakspares Römer mehr Engländer, als Römer. Der Erfolg des Stückes war wohl bei der ersten Vorstellung im „collège d'Harcourt" kein glücklicher,[42]) und die diplomatische Absicht V.s, eine Tragödie ohne Frauen und ohne Liebe, voller Tugend und Sittenstrenge[43]) durch die heranwachsende Jugend verherrlicht zu sehen, schlug somit fehl. Schlimmer war es noch, dass eine fehlerhafte Ausgabe des Stückes bald erschien und dass der abbé Desfontaines eine hämische Kritik übte. Diese Unglücksfälle werden natürlich wieder in verschiedenen Briefen V.s aus dem Jahre 1735 mit unermüdlichem Wiederholungseifer durchgesprochen, und dabei vor allem die unfranzösische Form des „Jules César" vornehmen Höflingen mundgerecht gemacht.[44])

Eine um 2 Jahre spätere Dichtung Voltaires „Adélaïde du Guesclin", aufgeführt am 18. Januar 1734, aber schon April 1733 im Entwurf fertig, dann verändert,[45]) ist besser, als der Erfolg, welchen sie hatte. Der historische Hintergrund, der Kampf der Grossen gegen die französische Krone im Beginn des XV. Jahrhunderts, ist geschickt gewählt,[46]) treffend ist auch die Zeichnung des Hauptcharakters, in dem Liebe und Dankgefühl sich streiten. Dagegen ist der Held und Liebhaber, Vendôme, weniger dramatisch. Bald zeigt er sich als wilder Barbar, bald als nobler Kavalier, einmal spielt er der untreuen Adélaïde gegenüber sogar den Blasierten. Es fehlt allerdings dem ganzen Stücke an Handlung, und schon aus diesem Grunde hätte Voltaire den historischen Hintergrund mehr ausmalen sollen. Die Umarbeitung der „Adélaïde", die unter dem Titel: „Le duc de Foix" erschien, hatte ebensowenig Erfolg. Wenngleich die Tragödie unverkennbar im Corneilleschen Geschmack ist, so sind die Fehler und Übertreibungen desselben meist vermieden worden.

Von hoher Bedeutung in Voltaires dramatischem Schaffen ist „Alzire", eine religiöse Tendenzdichtung im Sinne der Humanität und Aufklärung.[47]) Nach den früheren theatralischen Misserfolgen ist es begreiflich, dass V. selbst kaum mehr auf einen durchschlagenden Erfolg dieser Tragödie rechnete. Überdies fühlte er sich selbst dem Stoffe nicht völlig gewachsen. „Le sujet", schreibt er am 10. Januar 1736 an M. Berger, einen Bewunderer des neuen Stückes, „en est beau, mais c'est un fardeau de pierreries et d'or que mes faibles mains n'ont pu porter et qui tombe à terre en morceaux". Und am 19. Januar d. J. sagt er sogar in einem Briefe an M. de Cideville: Il y a des gens, qui promettent l'immortalité à certaine tragédie que je vous envoie; pour moi, je crains les sifflets." Desto fleissiger feilte er bis zum letzten Augenblick an der „Alzire", noch am 22. Januar, also wenige Tage vor der Aufführung, ist er mit der Korrektur beschäftigt, und desto freudiger[48]) war nachher der Triumph.

Die eigentliche Absicht V.s, die Gräuel der Heidenbekehrung zu geisseln und die gewaltsame Unterdrückung friedlicher Naturvölker in ein gehässiges Licht zu setzen, durfte nicht unverhüllt hervortreten, daher denn am Schluss des Stückes diejenige Lehre des Christentums, welche dem Humanitätsprinzip verwandt ist, die Feindesliebe, verherrlicht wird. Die Sympathie V.s aber für das naturwüchsige Heidentum, welche er auch sonst kund gibt,[49]) und seine Antipathie gegen das verfolgungssüchtige Christentum ist in der ganzen Tragödie, und selbst an jener diplomatischen Schlussstelle deutlich ausgesprochen. Ein dramatischer Fehler bleibt es immer, dass der intolerante, fanatische Guzman, dieser Tendenz zu Liebe, am Schluss plötzlich seinen Charakter ändert, dass der alte Alvarez, im Widerspruch mit dem Zeitgeist, zu einem Philanthropen des XVIII. Jahrhunderts wird. Auch Alzirens Charakter ist innerlich unwahr und verrät wieder in etwas die Fehler der Corneille-Manier. Durch ihre Flucht mit Zamore fürchtet sie, an „gloire" einzubüssen, und in unnatürlichem Heroismus bittet sie den Geliebten, nicht durch Übertritt zum Christentum sein und ihr Leben zu retten, trotzdem ihr selbst eine Überzeugung von der Wahrheit der christlichen Lehre anerzogen ist. Sonst ist ihr weibliches Gefühl, das sich z. B. in dem Mitleid mit Guzmans Tode naturgetreu äussert, weder durch Rhetorik, noch durch die höfische Etikette verunstaltet worden, und man kann sie deshalb der Zaïre und Adélaïde an die Seite stellen. Überhaupt setzt der Dichter Voltaire auch in diesem Stücke die dramatische Liebe wieder in alle Rechte ein, die ihr noch jüngst der Kritiker entzogen hatte. Wahrscheinlich ist es, dass der idealere Verkehr mit der Marquise du Châtelet, welcher auch das Stück gewidmet ist, hierin auf den Dichter einen Einfluss übte, den früher der Umgang mit einer du Noyer und Livry nur teilweise und in eingeschränkterem Sinne zu bewirken vermochte. Von

Corneillescher Unnatürlichkeit ist in dem Stücke doch weniger, als in irgend einem früheren, zu spüren und überhaupt lässt sich die „Alzire" in Bezug auf Tendenz, Ausführung und Wahl des historischen Stoffes der „Zaïre" vergleichen.

Zwei Tragödien V.s, die beide im Jahre 1736 entstanden, aber deren Aufführung aus nicht völlig sicheren Gründen erst in den Jahren 1741—1743 stattfand, sind: „Le Fanatisme ou Mahomet, le Prophète" und „Mérope".[50]) Soviel auch gerade über diese beiden Stücke geschrieben ist, wir können uns hier kurz fassen, da die Tendenz und Charakterzeichnung im „Mahomet" allzuklar am Tage liegt und über „Mérope" nach Lessings eingehender Kritik[51]) kaum mehr etwas Neues zu sagen ist.

Dass in „Mahomet" nicht nur der „falsche Prophet" und der Muhamedanismus, sondern die Heuchelei überhaupt und vor allem der Katholizismus gegeisselt werden soll, hat V. selbst in einem Briefe an César de Missy, Prediger der französischen Gesandtschaft in England, ausgesprochen[52]) und in der Vorrede heisst es sehr bezeichnend, dass das Stück gegen die Ravaillac und Jacques Clément geschrieben sei.[53]) Natürlich sucht Voltaire in dem bekannten Widmungsschreiben an Benedikt XIV sich unter dieser Maske als „grand admirateur de la vertu" hinzustellen, dem Katholizismus in der Person des „vicaire et imitateur d'un Dieu de paix et de verité", des „chef de la véritable religion" geflissentlich zu huldigen und durch den Vergleich zwischen seinem „Mahomet" und dem von Ludwig XIV beschützten „Tartuffe" sein Stück als ein sehr ungefährliches und regierungsfreundliches gelten zu lassen. Meint er doch sogar in der angeführten Vorrede, wenn „Mahomet" zur Zeit Heinrichs III und Heinrichs IV geschrieben wäre, hätte er beiden Monarchen das Leben gerettet! Natürlich liessen sich weder Regierung noch Geistlichkeit über die Tendenz des Stückes täuschen, die erstere legte, trotz V.s gegenteiliger Versicherung,[54]) der Aufführung des „Mahomet" vermittelst der Censur alle Schwierigkeiten in den Weg, und auf den Rat seines Gönners, des Premierminister Fleury, zog V. das Stück zurück; die letztere, in der Person des abbé Desfontaines, bekämpfte den „Mahomet" wie einst die jesuitische und jansenistische Clique den „Tartuffe". „Mahomet" ist, trotz seiner freigeistigen Tendenz, ganz eine Dichtung im Geiste Corneilles. Unwahrscheinlichkeit und Unnatur, Bombast der Redeweise, Übertreibung des Tragischen, eine unwahre, mit dem Charakter des Liebenden kontrastierende Galanterie, ein fast tragikomischer Abschlus, sind die Kennzeichen dieser Tragödie. Wie wird ein Mahomet, ein Schurke mehr noch aus Doktrin, als aus schlimmer Gemütsart, seinem politischen Gegner die Karten zeigen, wie wird er selbst seinem Vertrauten Omar gegenüber noch mit seinem Lug- und Trugsystem renommieren! Wie wird der alte Zopire sich seinen Feinden gegenüber so unklug und renommistisch benehmen und sich selbst somit dem sicheren Untergange preisgeben! Wie sollen wir die gewaltige Wirkung erklären, die ein Schuft gewöhnlichster Art nicht nur auf arglose Gemüther, wie Séide und Palmire, sondern auf das gesamte arabische Volk übt! Wie endlich die modische Galanterie mit seiner gemeinen Sinnlichkeit vereinen, wie uns begreiflich machen, dass Mahomet im Augenblick des höchsten Triumphes durch den Anblick von Palmires Leiche zur Verzweiflung und zum offenen Bekenntnis seiner Schurkereien getrieben wird! Und echt Corneillisch ist es, dass er selbst in diesem Momente noch an die Rettung seiner „gloire" denkt! Hypertragisch ist es wieder, dass der blindgläubige Séide zum Vatermörder wird, ohne es zu ahnen, völlig undramatisch, dass hier ein glücklicher Zufall den Mahomet aus den Händen der rebellischen Menge rettet.

Der religiöse Fanatismus, gegen den V.s Stück sich richtet, tritt am meisten in den edlen, menschlich fühlenden Charakteren hervor, in Zopire, dem treuergebenen Verteidiger des alten Glaubens, in Séide und Palmire, frommen Gemütern, die nur durch Mahomets Schurkerei irregeleitet sind. Mahomet selbst und sein Vertrauter Omar sind kalte, berechnende Heuchler und ihr Fanatismus ist nur Mittel zum Zweck. Es ergibt sich also daraus, dass der Begriff „Fanatisme" hier, wie auch in V.s kritischen Essays, nicht nur die unchristliche Verfolgungssucht, sondern jede Art des kirchlichen Glaubens in sich schliesst. Wer noch zweifeln wollte, dass in Mahomet und seinen Anhängern Paulus und die Apostel Christi gemeint sind, der vergleiche hier die Schilderung des Emporkommens der muhamedanischen Sekte mit dem Karrikaturbilde, das von der Ausbreitung des Christentums in V.s religionsgeschichtlichen Abhandlungen entworfen wird![55]) Wer ferner in Mahomet und dem Muhamedanismus mehr als ein diplomatisches Aushängeschild sieht, der erkläre den Widerspruch zwischen der sympathischen Beurteilungsweise der muhamedanischen Religion in V.s historischen Schriften und der absichtlichen Verzerrung derselben in der Tragödie! Tendenziös mag ja auch die erstere Auffassung sein, aber die offenbare Übereinstimmung zwischen der sonst an Juden- und Christentum geübten Kritik und der hier vom Muhamedanismus entworfenen Schilderung kann nimmermehr eine zufällige sein!

Es wäre interessant, eine Parallele zu ziehen zwischen der Aufnahme, die „Tartuffe" und „Mahomet" im kirchlichgesinnten Frankreich fanden! Wie damals, so war auch dem „Mahomet" gegenüber die Regierung schwankend oder feindlich gesinnt, Hof und Geistlichkeit zum grossen Teile Gegner der Dichtung, während der Papst sich mit kavaliermässiger Diplomatie benahm, gerade wie einst die Kurie durch den Kardinallegaten Chigi den „Tartuffe" sanktionieren liess. Wenngleich aber die Tendenz des „Mahomet" nicht bloss die kirchliche Heuchelei und blindgläubige Frömmigkeit trifft, wie die des „Tartuffe", sondern bis in die innersten Grundvesten der katholischen Kirche dringt, so war doch Voltaire in Übereinstimmung mit der religiösen Anschauung der vornehmen Welt, während Molière nur vereinzelte Parteigenossen in derselben fand. Die Kühnheit des Stosses, der im „Tartuffe" gegen die kirchliche Heuchelei geführt wird, ist im „Mahomet" und der ihn einleitenden Vorrede durch diplomatische Kunstgriffe mancherlei Art sehr abgeschwächt worden.

Die Fehler der Corneille-Nachahmung treten noch greller in Voltaires „Mérope", einer sehr unselbständigen Bearbeitung der Maffeischen „Mérope" hervor. Indem ich mich für die Beurteilung der zahlreichen Schwächen und vereinzelten Vorzüge dieser beiden Tragödien, für das Verhältnis V.s zum Italiener und für die von Lindelle-Voltaire an dem letzteren geübte Kritik ganz auf Lessings Erörterungen berufen kann, scheint mir nur der oben erwähnte Gesichtspunkt einer Erörterung würdig. „Mérope" ist fast nur eine zweite Auflage der „Eriphyle", und zu den dort hervorgehobenen Grundfehlern liesse sich noch das undramatische, gekünstelte Hinausschieben der Katastrophe hinzufügen. Dagegen fehlt glücklicherweise die mysteriöse Gespenstererscheinung, die Sinnesverwirrung Alcméons, die Deutung des Orakels. Die trockene Staatsweisheit des Eurycles und die vorlaute Geschwätzigkeit der „confidente" treten weniger unangenehm in den Vordergrund, und von echt dramatischem Interesse ist die Volksszene des Schlusses. Sonst aber treten auch hier die Überladung und Übertreibung in Form und Charakteristik, die prunkhafte Rhetorik, das Übermass des Leidenschaftlichen und das Fehlen der zarten, anmutvollen Gefühle hervor.

Der Erfolg des am 20. Febr. 1743 aufgeführten Stückes war so durchschlagend,[55]) dass die auffallend spärliche Erwähnung der Mérope in V.s Correspondenz d. J. 1743 befremdend erscheint. Auch in dem „Commentaire historique" wird sie nur gelegentlich und kurz erwähnt.[56])

Von „Mérope" wenden wir uns zur „Zulime", einer Nachahmung des Racineschen „Bajazet"[57]) und der Corneilleschen „Ariane", übrigens mehr im Geiste Corneilles, als Racines geschrieben. Die Neuerung V.s bestand darin, dass er an Stelle der „leidenschaftlichen" Liebe eine „zärtliche" treten liess,[58]) und dass er seine alte theoretische Ansicht über die Fehler der Theaterliebe,[5b]) soweit es ging, praktisch durchzuführen suchte. Mit besonderer Hingebung hat er an dem Sujet kaum gearbeitet,[59]) auch den geringen Erfolg des Stückes, trotz der Protektion hoher Gönner, vorausgeahnt.[60]) Als Hauptfehler der „Zulime" bemerken wir zuvörderst die unnötige Steigerung des Tragischen und die Häufung der dramatischen Effekte. Dass eine liebende Tochter den Vater verlässt, um dem Geliebten zu folgen, ist gewiss sowohl tragisch, wie in der menschlichen Natur begründet,[61]) aber hypertragisch und widerwärtig ist es, wenn dieselbe Tochter gewaffnete Hände gegen diesen Vater treibt und selbst vor dessen Mord nicht zurückschaudert (V, 2). Dann ist es dramatisch verkehrt, ausser diesem Konflikt der Liebe und Pflicht, auch noch den Gegensatz der Nation und Religion, der Dankbarkeit und der ehelichen Verpflichtung, der weiblichen Selbstentsagung und der Pflicht als Gattin, des Stolzes und der Liebe, der Politik und der fürstlichen Würde (V, 3) u. s. w. zur Steigerung des Tragischen hineinzuziehen, da diese verschiedenen Motive nur das Interesse zerstückeln und schwächen können. Und, wie wenig der kritische Dichter sich auf die tragische Wirkung verstand, zeigt wohl am besten die halbkomische Entschuldigungsrede, welche er der „amour en nos brûlants climats" (V, 1) durch den prosaischen Mohadir halten lässt. Der Theoretiker, der die „intrigue amoureuse" für eine leidige Notwendigkeit der meisten dramatischen Dichtungen erachtet und den Tragödien ohne Liebesintrigue den Vorzug einräumt, hat hier einmal den Dichter Voltaire so recht von dem tragischen Kothurn herabgestürzt. Was soll überhaupt dem Dichter jener sophistische Unterschied zwischen der „zärtlichen" und der „leidenschaftlichen" Liebe! Eine Liebe ohne „Leidenschaft" mag ja in den Romantheorien eines Backfisches oder eines schüchternen Liebenden denkbar sein, in Wirklichkeit möchte sie kaum existieren und in einer Tragödie zum mindesten würde sie ein Unding sein! V.s Zulime selbst zeigt auch, wie unsinnig das Voltairisch-Condorcetsche Sophisma war, und ein Blick in die psychologischen Meisterwerke Racines bekundet das Verkehrte einer Berufung auf „Iphigénie, Bérénice" und anderen Tragödien desselben Dichters.[62]) Zulime ist eben so leidenschaftlich und extravagant, wie möglich, und wenn auch die feine Schilderung ihrer bewegten Seelenkämpfe und moralischen Verirrungen dem Racine abgelauscht sein mag, so zeigt ihr ganzes Benehmen wieder die heroische, mehr doktrinäre, als reale Leidenschaft der Corneilleschen Frauencharaktere. Der Schluss ist namentlich ein ganz irrealer Theatereffekt, fast an moderne Bravour-Opern erinnernd. Man mordet sich nicht, indem man vorher stylgerechte Deklamationen hält, man lässt als Vater nicht eine Tochter so gleichgültig hinsterben, bloss weil das tragische Dekorum es so fordert.

Kein dramatischer Charakter darf unsere moralische Verachtung erregen, namentlich wenn er uns überdies noch Sympathie einflössen soll. Aber Ramire und Atide werden durch das heuchlerische Spiel, welches sie fünf Akte hindurch mit der liebenden Zulime treiben, höchst unsympathisch und alle generösen Reflexionen, alle doktrinäre Selbstentsagung können uns nimmermehr aussöhnen.[63]) In Wirklichkeit mag das alles durch die verzweifelte Situation der vor Zulimes Rache bangenden Sklaven entschuldigt werden, in eine Tragödie gehören ein so niedriges Heuchlerspiel, so kleinliche Ausflüchte und Kunstgriffe nimmermehr.

Es ist nicht Zweck dieser Bemerkungen, ein Verdikt über eine Tragödie abzugeben, die im einzelnen reiche Schönheiten, tragische Situationen und dramatische Effekte hat, für den Nachweis der Corneille-Nachahmung auch in der „Zulime" waren sie erforderlich.

Weit höher, als die eben besprochenen Tragödien muss man Voltaires „Sémiramis" stellen, die am 29. August 1748 aufgeführt, seit Ende Juni d. J. eingeübt[64]) und in den Jahren 1746—1748 entstanden ist.[65]) Ursprünglich war die Dichtung nach V.s Angabe für den preussischen König und das Berliner Theater bestimmt, da „sie für ein Volk der Sybariten nicht geeignet sei".[66]) In der That ist dieses Stück wesentlich verschieden von der herrschenden tragischen Dichtungsweise und es lässt nach verschiedenen Seiten die Nachahmung des Shaksperoschen „Hamlet" erkennen. Was Voltaire selbst in der dem Stück nachträglich angehängten „Dissertation sur la tragédie ancienne et moderne" sagt, trifft wenig oder garnicht zu. Diese „Dissertation", deren Zweck es ist, die französische Tragödie auf Kosten der antiken zu erheben, stellt die „Sémiramis" als eine im antiken Geschmack gedichtete, nebenbei streng moralische und die göttliche Vergeltung preisende Tragödie hin. Die moralische Seite der „Sémiramis" wird auch in einem Privatbrief von Voltaire hervorgehoben.[66a]) Wir glauben, V. beabsichtigte, dadurch die wahre, echt rationalistische Tendenz des Stückes zu verbergen. Denn von den Personen desselben ist nicht nur der gewissenlose Azur, sondern sind auch die edelgesinnte Azéma und der weltkluge Otane Rationalisten; Ninias glaubt zwar an eine göttliche Vergeltung, doch ist sein militärisches, gerades Wesen am wenigsten durch eine reflektierende Ethik oder durch dogmatische Gesichtspunkte bestimmt. In Sémiramis selbst ist der Glaube an die göttliche Rache zu einem echt heidnischen Aberglauben geworden, den V. keinesfalls feiern konnte. Es bleibt somit als einziger Vertreter der religiösen Gesichtspunkte und der ethischen Tendenz nur der Priester übrig, dessen zwar würdige, aber doch diplomatisch kluge Haltung, keineswegs mit der von uns angenommenen Tendenz der Tragödie in Widerspruch steht. Die angeblich strenge Moral des Stückes ist aber eine so unmenschliche, dass die Möglichkeit, V. habe dieselbe noch preisen und verherrlichen wollen, ganz undenkbar ist. Manche Züge der Dichtung lassen in dieser Hinsicht keinen Zweifel übrig. So die Verspottung der „prodiges", die geflissentlich übertreibende Schilderung der göttlichen Vergeltung (III, 2), die man zwar als Selbstentäusserung des freigeistigen Dichters auffassen könnte, aber doch richtiger als einen diplomatischen Kunstgriff echt Voltairescher Art deuten wird. Antik ist aber die Tragödie in keiner Weise und V. glaubte wohl nur, durch den angekündigten Wetteifer mit den griechischen Tragöden seine Dichtung mehr zu empfehlen, als durch ein offenes Eingeständnis der Shakespere-Entlehnungen. Deshalb wird auch Shakesperes Hamlet in der erwähnten „Dissertation" ziemlich kurz abgethan.⁶⁷) Wenn es nach Lessings Besprechung der „Sémiramis" ⁶⁸) scheinen möchte, als habe V. nur, wie in der „Eriphyle", eine Geisterszene dem englischen Dichter sehr ungeschickt entlehnt, so zeigt sich doch die Benutzung „Hamlets" auch in der Charakterzeichnung und Anlage des Stückes. Das Verhältnis der Sémiramis zu Azur, an den sie das gemeinsame Schuldbewusstsein lange Zeit fesselt, ist dem des königl. Paares in „Hamlet" verwandt, Ninias kommt durch die Mordthat der Mutter in ein ähnliches moralisches Dilemma, wie Hamlet. Auch die biedere, unvorsichtige Geradheit seines Charakters, die Abneigung gegen alles höfische Wesen deuten auf das englische Vorbild hin. Otane, der lebenskluge, welterfahrene Hofmann, der in den peinlichsten Verhältnissen etwas Liebenswürdiges und Angenehmes zu sagen weiss, ist dem Polonius Shakesperes keineswegs heterogen. Von einer kongenialen Nachbildung der **Figuren Hamlets** und Ophelias oder einer Wiederaufnahme der Grundidee des „Hamlet" kann selbstredend in einer französischen Tragödie nimmermehr die Rede sein. Der gesunde, vom poetischen Hauch umflossene Realismus, den alle Charaktere, selbst die beiden Liebenden bekunden, die völlig unfranzösische Manier der Rede und Dichtungsweise, zeigen wieder den segensvollen Einfluss des Shakspereschen Genius. Ist es Zufall, dass Lessing eine wirkliche Kritik dieser Dichtung nicht gegeben hat, und würde er ihr gegenüber das Verdammungsurteil, das er sonst über Corneille und seinen Nachahmer Voltaire gefällt hat, aufrecht erhalten haben??⁶⁹)

Wir dürfen zwar neben Shakspéres Nachahmung auch die hemmende Einwirkung Corneillescher Eigentümlichkeiten nicht übersehen. Unklarheit und Spitzfindigkeit der Charakteristik ist auch hier gelegentlich zu finden. **Sémiramis, als** rabulistische Dolmetscherin des eigenen Herzens, unterscheidet wieder zwischen ihrer mütterlichen Liebe zu Ninias und den zärtlichen Gefühlen einer Liebenden, um bald darauf von ihrer zärtlichen Liebe zu dem jugendlichen Helden zu sprechen. Im Unklaren bleibt ferner der Leser, ob der Priester, als er dem Ehebunde der Sémiramis mit ihrem unerkannten eigenen Sohne zuzustimmen scheint, in Unkenntnis der wahren Sachlage handelt, oder ob er von seinem vergeltenden Gotte dennoch eine Entwirrung des Rätsels hofft.

In Corneilles Manier ist auch das **Tragische des Schlusses** übertrieben worden, indem Ninias unwissentlich zum Mörder der eigenen Mutter wird. Von diesen Mängeln abgesehen, ist aber „Sémiramis" die vollendetste der früheren und späteren Tragödien **Voltaires**, und einen hohen Grad des kritischen Verständnisses zeigt zum mindesten die treffende Art und Weise, in der Shakspere von ihm nachgeahmt und nicht nachgeahmt wird.

Der Erfolg der Dichtung war, auch ausser der momentanen Störung, die das Erscheinen des Gespenstes bekanntlich in der Aufführung hervorrief, kaum ein besonders glänzender. V.s Schweigen hierüber in der „Correspondance" ist bezeichnend. Natürlich hatte der diplomatische Dichter wieder alles gethan, um sich den Erfolg zu sichern, er hatte hohe Gönner für sich interessiert, das Stück sorgfältig gefeilt und gebessert und sogar eine Claque angeworben.[69a]) Aber Intriguen und Chikanen waren ihm hinderlich. Das unfranzösische und fremdartige der Dichtung teilte zudem die kunstsinnigen Kreise der Hauptstadt in zwei feindliche Heerlager, ähnlich, wie acht Dezennien später Victor Hugos „Hernani". Eine Parodie machte den Dichter vollends besorgt und trieb ihn zu ängstlichen und kleinlichen Versuchen, dieselbe aus der Welt zu schaffen.[70]) Man gab später das nicht mehr zugkräftige Stück auch an zwei „jours extraordinaires", wo das Theater zur Einöde wurde, und V. selbst wünschte endlich eine Sistierung der Vorstellungen, um die neubearbeitete[71]) Tragödie auf dem neuen Theater zu Fontainebleau wieder rehabilitieren zu können.

Schon in der nächsten tragischen Dichtung, dem „Oreste" (1750), an der V. von August bis November 1749 arbeitete,[72]) ist die Einwirkung Shaksperes leider durch die verfehlte Nachahmung des Antiken wieder verdrängt worden. Die der Tragödie vorausgeschickte „Epitre à la Duchesse de Maine" spricht gewissermassen das Todesurteil im voraus. Wenn V. richtig fühlt, dass er nie den Zauber der antiken Redeweise nachahmen könne, wozu dann überhaupt mit einem **Sophocles** wetteifern, dessen Grösse in den formalen Schönheiten vor allem lag? Wenn er mit Recht vor einer sklavischen Nachahmung der Mängel der antiken Tragödie warnte, wozu den grössten ihrer Fehler, die Verkennung des Weibes und das Zurücktretenlassen der Liebe geflissentlich adoptieren? Wenn er mit Recht die „galante" Liebe, der französischen Tragödie auch beim Racine tadelt, wesshalb die wahre, echt menschliche Liebe, die er selbst in „Zaïre" zu schildern versucht, **und ihre Bedeutung für das Drama verkennen?** Wozu ferner durch treffende Hervorhebung der Vorzüge der Sophocleischen Electra den Abstand zwischen seiner Dichtung und der griechischen noch fühlbarer machen (s. Diss. s. les princ. trag. anciennes et modernes a. a. O. IV), oder durch die Deklamation gegen die „détracteurs de l'antiquité" seine frühere Kritik (s. A. 22) kritisieren?

„Oreste" fiel, trotzdem V. durch die affectierte Lobrede der Crébillonschen „Electre" deren Anhänger auch für sein Stück **zu stimmen suchte, und er fiel mit Recht.** Sophocles' Meisterdichtung ist hier noch mehr verzerrt, als Shaksperes „Julius Caesar" in der „Mort de César. Der Mangel an Handlung, den der Wohllaut antiker Rhythmik und die tiefen Betrachtungen der Chöre uns vergessen lassen, tritt hier aufs fühlbarste hervor. Der Charakter der beiden Schwestern ist in seinem Gegensatz treu dem Sophocles nachgebildet worden, **aber** mit endlosem Wortaufwand und in langweiligen **Dialogen!** Clytemnestre, Oreste, Egisthe verlieren alles, indem sie den Zauber **griechischer Form, der selbst** Verbrecher adelt, einbüssen. Ueberhaupt mischt sich hier das Sophocleische allzu sehr mit dem Corneilleschen, und in der grausigen Umarmung Corneillescher Rhetorik und Hypertragik wird die hellenische Anmut und Feinheit erstickt. Ich will nicht mit längeren Ausführungen dessen, was der Freund antiker Dichtung beim ersten Anblik wahrnehmen muss, ermüden und auch die näheren chronologischen Details dieser pseudo-antiken Tragödie übergehen.

Zwei Jahre nach „Oreste" wurde „Catilina ou Rome sauvée" aufgeführt (24. Februar 1752), eine Tragödie, die zugleich oder noch vor „Oreste" entstanden war, und an der V. von August 1749 [73]) bis Ende 1751 gearbeitet hatte. Condorcet in seinem „Avertissement" bemerkt, man interessiere sich in Stücken dieser Art nicht für eine Person oder eine Familie, sondern für ein grosses historisches Ereignis[74]) Damit deutet er aber, ohne es zu wollen, die Hauptschwäche jener Tragödie an. In der That fehlt hier eine Hauptperson und ein Hauptinteresse. Bald wenden wir uns den politischen Deklamationen Catilinas zu, bald fesselt der Seelenkampf Aurélies, der Gattin Catilinas, unser Interesse, bald tritt Cicero mit seiner selbstlosen Tugend, seiner patriotischen Energie in den Vordergrund, bald wieder der diplomatische, mysteriöse César, der sich erst am Schluss des Stückes als vaterlandsliebender Held entpuppt. Bald begeistern wir uns für die ruhmvolle Republik, bald wird uns die Perspektive auf den Untergang dieser innerlich abgestorbenen Verfassungsform und auf Caesars Alleinherrschaft eröffnet. Mit Recht tadelt ja Condorcet (a. a. O. 239) die historischen Details der englisch-spanischen Tragödien und hebt hervor, dass nur in V.s Stück „unité et raison" sich fände, aber diese „unité et raison" liesse sich höchstens mit den Worten Homers: „Οὐκ ἀγαθὸν πολυκοιρανίη, εἷς κοίρανος ἔστω" wiedergeben, und mit diesem mehr angedeuteten, als klar durchgeführten Gedanken steht die Verherrlichung der bestehenden Senatsherrschaft in unlösbarem Widerspruch. Die antirepublikanische Tendenz kann zwar hier ebensowenig zweifelhaft sein, wie in „Brutus" und in der „Mort de César"[75]), und die Notwendigkeit erst der Herrschaft Ciceros, dann im ferneren Hintergrunde der Autokratie Cäsars, wird ja stellenweis deutlich ausgesprochen, wozu aber dann den ganzen republikanischen Phrasenkram noch prunkvoll verkünden? Wenn Condorcet ferner uns glauben lässt, dass in V.s Dichtung das historische Kolorit treuer gewahrt sei, als in Shaksperes „Julius Caesar" oder in den spanischen Geschichtsstücken, so trifft das wieder kaum zu. Nicht das damalige republikanische Rom schildert uns V., sondern etwa ein Zeitalter, wie das der Fronde, wo eine Anzahl von „souverains" um die höchste Gewalt ringen, wo ein Caesar die Rolle Turennes übernimmt, und wo die Regierung selbst durch Parteihader geteilt wird.[76])

V. selbst will, seiner „Préface" zufolge, ein Stück ohne „déclaration d'amour" und ohne „intrigues galantes" schaffen, und die Tugendgestalt des emporstrebenden Cicero der Jugend vorführen (a. a. O. 239). In dem einen Punkte hat er das Richtige getroffen, denn der Konflikt der Aurélie zwischen Vater- und Gattenliebe, ihr Tod als einzige Lösung dieses Dilemma, geben einzelnen Szenen wirklich ein tragisches Interesse. Dass er den Cicero auf Kosten der geschichtlichen Wahrheit idealisiert, kann die damalige geschichtliche Überlieferung, welche noch nicht durch Drumann-Mommsensche Kritik geläutert war, und die dichterische Notwendigkeit rechtfertigen, aber ein gewaltiger Fehler ist es wieder, durch Catilinas Worte (II, 1) das reale Bild des rhetorischen Helden zu zeichnen, den Cicero selbst die „gloire" als treibendes Motiv ankündigen und für Caesars Alleinherrschaft als römische Kassandra bangen zu lassen. Diese echt Corneillesche „gloire"! Zu ihrer Verkündigung einen sich der Tugendheld Catilina, der Politiker Caesar, der Intriguant Catilina; ja selbst Aurélie muss über die „gloire" reflektieren!

Geht man die Hauptcharaktere des Stückes durch, so bleibt es uns unklar, warum dasselbe nicht nach dem mit geflissentlicher Sympathie und plastischer Schärfe gezeichneten Cicero genannt worden ist. Wenn sich beim „Oreste" die Titelbezeichnung dadurch erklärt, dass diese Tragödie in keiner Weise als Konkurrenzstück der Crébillonschen „Electre" erscheinen sollte, so ist die Bezeichnung „Catilina ou Rome sauvée" teils irreal, teils undramatisch. Catilina selbst kann uns nicht einmal die Sympathie abnötigen, welche wir grossen

Verbrechernaturen entgegenbringen. Es ist zwar zu billigen, dass die geistige und politische Bedeutung des historischen Catilina sehr gehoben, dass ihm edlere und liebende Gefühle angedichtet werden, aber seine Heuchelei dem Cicero und dem Caesar gegenüber, sein Hinschmelzen vor den Thränen Aurélies, sein unentschlossenes Zaudern, sein ewiges Renommieren, sein niedriger Plan, den Nonnius in der Weise für seine Rettung zu opfern, wie Schillers Leicester den Mortimer, machen ihn zum tragischen Helden wenig geeignet. In Cicero tritt die uneigennützige Tugend und das eigene Verdienst der gewissenlosen Verderbtheit Catilinas und dem bornierten Geburtsstolze des Clodius gegenüber, aber seine allzu wortreiche Rhetorik und seine unkluge Diplomatie, die dem Catilina die Karten zeigt und dem Caesar zuletzt das Heil der Republik preisgibt, sind eben allzu irreal, um dramatisch wirksam sein zu können. Und eine allzugrosse Versündigung an der historischen Wahrheit ist es doch, dass jener Cicero als der unerschrockene, nie verzagende Vaterlandsretter, Cato als ein zwar selbstloser, aber unentschlossener Diplomat erscheint. Caesars Charakter ist sehr schwankend. Bald der zukünftige Beherrscher Roms, bald der phrasenreiche Republikaner, bald von verzehrendstem Ehrgeiz beseelt, bald mit einer Generalsstellung zufrieden, die ihm der Emporkömmling Cicero anweist, bald zwischen Catilina und Rom in kleinlichster Diplomatie lavierend, bald der grossherzige Befreier Roms, so kann uns sein Bild kein sympathisches Interesse geben. Und doch ist „Catilina" nur der Vorläufer der „Mort de César", denn Caesars Souvränität, mit deren Ausmalung die spätere Tragödie anhebt, ist am Schluss deutlich angekündigt.

Wenn auch „Catilina" keinen Erfolg auf der Bühne hatte, so war daran am wenigsten die Corneille-Nachahmung, ein nicht unwesentliches Gebrechen des Stückes, schuld, sondern das unfranzösische, allzu herbe und leidenschaftliche desselben. Eine unfreiwillige Selbstironie war es aber, dass derselbe Voltaire, der in der Theorie sich immer von den „intrigues amoureuses" seines Meisters losriss, doch als

Dichter wieder dem Zauberbanne Corneillescher Unnatur verfallen musste.

Eine am 20. August 1755 zuerst aufgeführte, in der Zeit von Mitte 1754 bis dahin 1755 entstandene ⁷⁷) Tragödie Voltaires ist: „L'Orphelin de la Chine". Die Tendenz dieses Stückes ist von Voltaire in der an den Herzog von Richelieu gerichteten Widmungsepistel und auch in der „Correspondance" absichtlich verschleiert worden und ergibt sich nur aus dem Essay V.s, das sich eingehender mit den Chinesen beschäftigt: „Lettres Indiennes, Chinoises et Tartares". In dieser Schrift wird wiederholt der Gedanke ausgesprochen, dass die ursprüngliche Religionsform der Chinesen der von V. so hochgepriesene moralische Deismus gewesen sei, welcher später erst durch priesterliche Tradition verunstaltet worden sei, und diese religiöse Anschauung wird in dem „Orphelin de la Chine" in der Gestalt ihres Vertreters, des Mandarinen Zanti, verherrlicht. Ausdrücklich hebt Zanti hervor, dass sein Deismus „von dem Bonzen verkannt sei", und Gengis-Chan bemerkt am Schluss des Stückes, dass Zantis Tugenden seine eigene barbarische Leidenschaft überwältigt hätten. Nebenbei könnte das Stück auch den Sieg der viel gepriesenen chinesischen Kultur über die Barbarei der tartarischen Sieger feiern sollen, keinesfalls aber darf die kluge Politik des Gengis-Chan als eigentliche Leitidee der Dichtung aufgefasst werden, wie das nach V.s Widmungsbriefe (a. a. O. 299) beinahe scheinen möchte.

Sonach ist der „Orphelin de la Chine" ein sehr verschleiertes Tendenzstück; daneben ist er vielfach wieder im Corneilleschen Geiste gearbeitet. Hypertragisch ist es, dass Zanti seinen eigenen Sohn zu opfern sucht, um den Sprössling des hingemordeten Chinesen-Herrschers, jenen Orphelin de la Chine, auf dem die Zukunft des Landes ruht, zu retten. Hypertragisch ebenfalls, dass Idamé zuletzt mit ihrem Gatten sterben will, nur um jenen „Orphelin" zu beschirmen. Hochtragisch ist freilich jener Konflikt der Mutterliebe und des weiblichen Gehorsams, der Ehre und der Pflicht gegen Gatten und Sohn. Aber ebenso undramatisch ist es, dass ein Zufall, nämlich die plötzliche, ungenügend motivierte **Sinnesänderung** des Tartaren, jenen Konflikt endet.

Gengis-Chan, der ruhmreiche Besieger der Chinesen, ist einer von jenen kalten Politikern Corneillescher Phantasie, die zwei schönen Augen gegenüber all ihre Politik und selbst ihre „gloire" vergessen. Seine Humanität die alle Kulturdenkmäler und Einrichtungen der Besiegten schont, ist doch nur Ausfluss einer klugen Politik (II, 5) und all' seine **kriegerische Grösse** und fürstliche Würde, gibt er dahin, um die schöne Idamé aus den Armen eines anderen zu reissen. Ein solcher Charakter ist zum Helden einer Tragödie (und das ist er **thatsächlich** in dem „Orphelin de la Chine") wenig tauglich, und all sein momentaner Edelmut, seine Sehnsucht nach Liebe und Freundschaft, seine innere Unbefriedigung inmitten kriegerischen Ruhmes, so psychologisch fein auch diese wechselnden Gefühle vom Dichter geschildert sind, vermögen unsere verlorene Sympathie und Achtung ihm nicht wiederzuerwerben. Viel konsequenter handelt in dem Stück der stoische und naturwüchsige Octar, aber offenbar konnte es nicht V.s Absicht sein, ihm auf Kosten Gengis-Chans des Lesers Sympathie zu gewinnen.

Endlich ist hier der Titel so ungeschickt wie möglich gewählt. Wie kann ein unmündiges Kind, das in dem Stücke zwar viel erwähnt wird, aber dessen Geschick doch eigentlich ohne Einfluss auf die tragische Entwickelung bleibt, zum Helden einer Tragödie werden? Freilich würde V. in Verlegenheit gekommen sein, wenn er eine der Hauptpersonen zur Titelfigur des Stückes hätte machen sollen, denn Gengis-Chan war allzu undramatisch, und Zanti wie Idamé, die hierzu mehr geeignet scheinen, treten zu sehr hinter ihm zurück!

Der Erfolg des Stückes hätte kein günstiger sein können ohne die hohe Protektion und die besonders gute Besetzung; und V. selbst machte sich keine grossen Hoffnungen. Vielmehr

spottete er über die beiden letzten Akte, namentlich über die
Selbstmordszene des fünften, und nannte den Gengis-Chan einen
„Arlequin poli par l'amour".⁷⁸) Nur die Darstellung der
Idamé durch Mlle Clairon scheint der Tragödie zum Erfolge
verholfen zu haben.

Charackteristisch für die Beurteilung des Menschen und
Politikers Voltaire ist übrigens die servile Verherrlichung des
Herzogs von Richelieu und die affektierte Anpreisung der
Königs- und Vaterlandsliebe in jener Widmungsepistel.

In einer ähnlichen Stimmung wie der „Orphelin de la
Chine" wurzelt die in Prosa geschriebene kleine Tragödie
„Socrate", welche den Tod des athenischen Weltweisen und
die letzten Gespräche mit seiner Frau und seinen Kindern
verherrlicht. Da hier die Polemik gegen Fanatismus und
Glaubensverfolgung, sowie gegen richterliche Willkür offen da-
lag, und überdies der reine Deismus am Schluss ausdrücklich
gepriesen wird, so suchte der diplomatische Dichter in der
„Préface" sein Stück für eine Uebersetzung aus dem Englischen auszugeben und in der Schilderung des angeblichen
Verfassers, M. Thomson, sich selbst zu charakterisieren. Von
einem dramatischen Werte kann in dieser Reihe von lose
verbundenen, nur durch die Tendenz zusammengehaltenen,
Dialogen kaum die Rede sein, wenn gleich nicht das allzu
Familiäre und Unaristokratische, wie V. in der „Préface"
fürchtet, den Hauptfehler des Stückes ausmacht.

Aufgeführt wurde dasselbe nicht, entstanden ist es nach
V.s mysteriöser Andeutung schon im Jahre 1755 oder 1757.⁷⁹)
Es war das erste und einzige tragische Stück, in welchem
V. persönliche Gegner (besonders den bittergehassten Je-
suiten Nonotte) auf die Bühne brachte.

Eine Tragödie V.s, die nach den vielen Misserfolgen und
lauen Aufnahmen seiner Stücke wieder eine durchschlagende
Wirkung hatte, war „Tancrède", aufgeführt in Théâtre français am 3. September 1760, aber schon früher entstanden und
auf des Dichters Privattheater in Tourney gegeben.⁸⁰) V.
selbst findet mit seinem treffenden kritischen Sinn die Fehler

des Stückes heraus, er tadelt die „langen Erzählungen" und die Sorglosigkeit des Versbaues. Erstere sind der Hauptfehler des Stückes und machen einzelne Szenen fast ungeniesbar. Der Vorzug desselben liegt hauptsächlich darin, dass die Schilderung der Liebe frei von aller modischen Galanterie und Rhetorik ist und dass der Charakter des Helden, bis auf ein gelegentliches Renommieren mit der „gloire", alle Mängel der Corneilleschen „héros" abgelegt hat. Das Ritterliche und Ideale in dem Stücke, der glücklich gewählte und treffend gezeichnete historische Hintergrund, sind gleichfalls Lichtseiten, die nicht nur damals den auffallenden Erfolg der Tragödie bewirkten, sondern auch der ästhetischen Kritik gewisse Reserve auferlegen. Denn ausschliesslich bewundern darf eine objektive Kritik auch den „Tancrède" nicht, und zwar hat sie sich gegen die Merkmale der Corneille-Nachahmung auch in dieser Dichtung zu wenden. Es ist zwar Corneillisch und hypertragisch, dass ein missverstandener Brief den Tod Tancrèdes und seiner Geliebten verursacht, aber wahrscheinlich und selbst tragisch ist es eben nicht. Tancrède, ehe er dem trügerischen Scheine glaubte, würde doch mit eigenen Augen gesehen haben! Dem falschen, doch echt Corneilleschen „point d'honneur" entsprechend, entsagt Aménaide sogleich der Liebe zu Tancrède, als dieser ihre Treue in Zweifel zieht, trotzdem es ihr nur ein Wort kosten würde, diesen Zweifel zu lösen. Und wie wird ferner der Vater und der zukünftige Gatte (Orbassan) auf einen schwachen Verdacht hin, ohne weitere Prüfung, die Aménaide opfern, zumal die Unvorsichtigkeit ihrer angeblichen Konspiration mit dem Landesfeinde diese selbst unwahrscheinlich macht? Aber im Geiste Corneillescher Dichtungsweise lagen solche Theatereffekte nur allzusehr, ebenso wie das galante Anerbieten eines Gottesurteils, das Orbassan seiner Braut, ohne für sie tiefere Liebe zu empfinden, macht. Allzu mysteriös und unwahrscheinlich ist auch Tancrèdes Benehmen seinen Siegesgenossen gegenüber. Doch vielleicht haben dem damaligen Geschmacke eben jene undramatischen Übertreibungen am meisten zugesagt? — Der Triumph der

Dichtung wurde leider dem Dichter dadurch vergällt, dass einigen Wendungen im Anfange der an die Pompadour gerichteten Widmungsepistel von Seiten eines neidischen Höflings ein böswilliger Sinn untergeschoben, und dadurch die Gunst der hohen Dame, die sich ohnehin mehr den Gegnern Voltaires, als diesem zuwandte, völlig in Missgunst verwandelt wurde.[81])

Das Jahr 1762 und die Übersetzung der ersten Hälfte[82]) des Julius Caesar von Shakspere machen wieder einen merklichen Abschnitt in Voltaires dichterischer Entwickelung. Hatte sich V. mit der „Sémiramis" den Shakspere „vom Halse geschafft", wie Göthe mit dem Götz v. Berlichingen, und bekundet in dem „Orphelin" und dem „Tancréde" nur die Wahl des romantischen Stoffes noch eine gewisse Einwirkung der Shakspereschen Tragödie, so wird mit den „Observations sur le Jules César de Shakspere" (a. a. O. V, 216—218) bereits jene Kritik eingeleitet, die in den „Lettres à l'Académie" (1776) und in der Vorrede zur „Irène" später an Verkennung und Herabwürdigung des grossen Briten alles wünschenswerte leistete. Der Shakspereschen Tragödie, die willkürlich mit der spanischen zusammengeworfen ist, wird hier nur eine historische Bedeutung zuerkannt, ihre Wirkung dadurch erklärt, dass Spanier und Engländer nie etwas Besseres gekannt hätten, sonst ist sie „souvent basse, grossière et barbare, restée dans une enfance grossière", und hoch erhaben über ihr steht die vollendete Tragödie Racines da. Den Gedanken einer Verschmelzung des spanisch-englischen mit dem französischen Klassizismus hat V. hier definitiv aufgegeben. Kein Wunder, dass seine späteren Tragödien entweder zu Tendenzstücken oder zu schwächlichen Abbildern jenes Pseudo-Klassizismus werden, dass sie auf der Bühne noch weniger Wirkung hatten, als die früheren und zum Teil garnicht für die theatralische Aufführung geeignet sind.

Schon die nächstfolgende der Tragödien V.s „Saul" (1763), eine angebliche Übersetzung aus dem Englischen, ist ausschliesslich ein nüchternes Tendenzstück und von vornherein für das Theater unmöglich. Was der Kritiker Voltaire in früheren und späteren Schriften über den Fanatismus, den Aberglauben, die Herrschsucht und Unsittlichkeit des jüdischen Volkes gesagt hat, ist hier nur in poetische Prosa mit ironischer Anführung aller Bibelstellen übersetzt und an Samuel, einem ehrsüchtigen Fanatiker, wie an David, einem abstrakten Scheusal von Habgier, Heuchelei, Blasphemie, Ausschweifung, Unmenschlichkeit illustriert worden. Hätte sich V. nebenbei mehr auf die dramatische Wirkung verstanden, so würde er in „Saul" die milde Humanität diesen Zerrbildern gegenübergestellt haben, wie das jüngst E. Mohr in seinem Trauerspiel „König Saul" (Leipzig 1881) nicht ohne Erfolg gethan hat; aber sein Saul ist bei aller sentimentalen Milde doch nur ein abergläubischer, halbverrückter Schwächling. Wie sehr V. durch diese einseitigen Übertreibungen seinem Zwecke der Humanitäts- und Toleranz-Verherrlichung schadete, wie er in dem Leser mehr Unwillen gegen den philosophischen Autor, als gegen die barbarischen Juden zurücklässt, bedarf keiner Ausführung. Die raffinierte Frivolität, das direkt Gemeine einzelner Szenen, z. B. der durch Davids Intervention glücklich abgewendeten Ohrfeigen- und Raufszene zwischen den beiden Konkubinen, berührt uns geradezu ekelhaft. Ein dramatischer Fehler ist endlich auch der verschwenderische Personenüberfluss und das Fehlen einer eigentlichen Hauptperson.

„Olympie", aufgeführt am 17. März 1764 zu Paris und in dem Jahre 1761 in 6 Tagen entstanden,[83]) wurde zuerst im März 1762 auf V.s Privattheater in Ferney mit grossem Erfolge gegeben[84]), dann im März 1764 zu Schwetzingen, im pfalzgräflichen Hoftheater, wiederholt. Nach V.s Andeutungen war auch die endliche Vorstellung im Théâtre français eine erfolgreiche.[85]) Von der Bedeutung, welche der Dichter jener Dichtung beilegte, gibt die Korrespondenz der Jahre 1761, 1762 und 1764[86]) eine genauere Vorstellung, und dass V. von vornherein sie für die öffentliche Aufführung bestimmt hatte, kann nach einer brieflichen Mitteilung[87]) kaum zweifelhaft sein. Natürlich fehlte es dabei an diplomatischer Einwirkung auf hohe Kreise und Theaterkoryphäen nicht. Die Tendenz der „Olympie" wird schon durch V.s Schreiben an d'Alembert vom 25. Februar 1762[88]) angedeutet, und ergibt sich aus einzelnen Stellen der Tragödie fast zweifellos. In den Mysterien und deren Priestern wollte V. den Geheimkultus der deistischen Philosophen des XVIII. Jahrhunderts verherrlichen, der, wie jene Mysterien von den Königen verfolgt, durch Kriegsgreuel und Barbarei bedroht wurde. In dem „Hiérophante" sollte der ehrgeizigen, fanatischen Priesterschaft der katholischen Kirche das Lichtbild eines frommen Gottesverehrers entgegengehalten werden, der sich in politische Dinge nur mischt, um Versöhnung zu stiften, der aber die Rechte Gottes und seiner Kirche mutvoll gegen fürstliche Willkür verteidigt und das Gesetz höher stellt, als die Macht. Dieser Tendenz sind in der „Olympie" alle dramatischen Gesichtspunkte aufgeopfert. Das Tragische ist hier einfach grässlich, der Held des Stückes, jener galante Liebhaber Cassandre, ist ein Mörder und Verbrecher, der uns trotz Voltaires sophistischer Apologie[89]) und trotz seiner späteren Reue keine Sympathie einflössen kann. Antigone hingegen ist ein heuchlerischer, kalt berechnender Politikus, dem selbst die Liebe zum politischen Mittel wird und dessen sentimentale Reflexionen am Schluss des Stückes unsere Verachtung nur wenig mildern. — Wie sehr hier V. wieder die schlimmsten Fehler der Corneille-Manier nachgeahmt, stellenweis übertrieben und durch tendenziöse Hineinschmuggelungen entstellt hat, bedarf wohl eines näheren Nachweises nicht.

Die folgende Tragödie „Le Triumvirat" erschien 1764 als angebliches Werk eines jungen Jesuiten.[90]) V. selbst hoffte von diesem „drame barbare" nicht viel und scherzt gelegentlich darüber zu seinen in die „conspiration" eingeweihten Vertrauten.[91]) Übrigens ist die Tragödie weder „barbare" noch „peut-être dans le goût anglais", sondern ganz im Geschmack der Corneilleschen Übertreibung und Rhetorik. Der Plan V.s „la plupart des personnages de ces temps atroces",

d. h. die Hauptpersonen des Stückes hassenswert (odieux) erscheinen zu lassen,⁹²) richtet sich selbst. Den abschreckenden Porträts des Antoine, Octave und der grell gezeichneten Fulvie stehen in unvermitteltem Kontraste die Lichtbilder des „jeune Pompée", der Julie und des Aufide gegenüber. Wie eine Hauptperson, so fehlt ein Hauptinteresse, denn hinter den politischen Händeln des Antonius und Octavius treten die Herzensangelegenheiten der Fulvie und Julie sehr zurück. Die verzeihende Milde des Octavius könnte uns sympathisch berühren, wenn sie nicht ausschliesslich das Resultat einer berechnenden Politik wäre. So lässt sie nur den Charakter des späteren Kaisers in einem schwankenden Lichte erscheinen. Aufgeführt wurde die verfehlte Tragödie am 5. Juli 1764, sie existierte schon Anfang Juni desselben Jahres.⁹³)

Hatte Voltaire dieses Stück von vornherein ziemlich preisgegeben, so versprach er sich von den „Scythes" grossen Erfolg. Diese Dichtung war bereits Dezember 1766 fertig, aber den Vertrauten V.s nur fragmentweise bekannt. 1767 wurde sie dann mehrfach auf dem Privattheater zu Ferney aufgeführt, auch wiederholt (zum Teil ungenau) gedruckt, und nach vielen Bemühungen und Hin- und Herschreiben V.s endlich zwar am 26. März d. J. im Th.-Fr. mit geringem Erfolg gegeben, aber doch bald ad acta gelegt.⁹⁴) Das Stück soll nach V.s Angabe die „opposition des mœurs d'un peuple libre aux mœurs des courtisans" schildern,⁹⁵) und überhaupt alle Theatereffekte und Übertreibungen zu Gunsten des Einfachen und Natürlichen opfern.⁹⁶) Auch hier soll die vom Dichter untergelegte Tendenz nur die wahre verschleiern. Wenn auch V., wie wir bereits sahen, eine gewisse Sympathie für einfache Naturvölker hatte, wenn er auch zu den dramatischen Anschauungen der „égalité et liberté" sich herabliess und den höfischen Feudalismus bekämpfte, so konnte es ihm nie einfallen die ungeschminkte Naturwüchsigkeit, fast in Rousseaus Manier, auf Kosten der höfischen Kultur zu verherrlichen. Doch er selbst deutet in einem Briefe vom

15. Mai 1767 an, was er mit dieser Dichtung beabsichtigt. Darin sagt er, die „Scythes" würden mehr in „Scythie", als in Paris gespielt. Und so schildert er dann in Sozame, dem aus Persien verbannten und in Scythien aufgenommenen Höfling, sich selbst. Wie Sozame war auch er, erst von einem Cyrus, d. h. Ludwig XIV, protegiert, dann von Cambyses, d. h. dem Herzog von Orléans, aufgegeben, endlich unter Smerdis', d. h. Ludwigs XV, Regierung zum freiwilligen Exil gezwungen, von falschen Höflingen angefeindet worden, und erst in „Scythie", d. h. Ferney, zur Ruhe gekommen. Auch dorthin verfolgte ihn ja der Neid und die Falschheit höfischer Kreaturen. — Im Übrigen ist diese Tragödie eine tiefempfundene Dichtung, fast im Geist Racines. Wenn in den „Scythes" die zunehmende Altersschwäche des mehr als 70 jährigen Dichters wenig bemerkbar wird, so zeigt sich bei den folgenden fünf Tragödien, dass neben dem überwiegenden und absorbierenden Einfluss der theologisch-philosophischen Interessen und des grossen Kampfes für die Glaubensfreiheit, auch die erloschene geistige Frische seinem dichterischen Schaffen hinderlich ist. „Sophonisbe", die erste dieser greisenhaften Schöpfungen, wurde schon 1769 unter dem Pseudonym „Lantin" von Voltaire als angebliche Umarbeitung einer Mairetschen Tragödie herausgegeben, im Juni 1770 nochmals umgearbeitet und gedruckt, und endlich am 15. Januar 1774 auf dem Théâtre-Français gegeben.[97]) Die Bedeutungslosigkeit des Stückes war hier, wie beim „Don Pèdre" die Ursache der Pseudonymität und des heimlichen Versteckspielens mit den vertrauteren Freunden. Die „Pélopides", als Konkurrenzstück der Crébillonschen Tragödie „Atrée et Thyeste" bestimmt, aber von V. selbst bald preisgegeben und somit nie aufgeführt, sind im Anfange des Jahres 1771 entstanden.[98]) Mehr Wert, als auf die vorhergehenden Dichtungen legte V. auf die gleichfalls nie aufgeführte Tragödie „Les lois de Minos". Sie ist schon Ende 1772 entstanden, bereits im Januar 1773 von d'Alembert mit ungünstigen Bemerkungen an V. zurückgesandt,[99]) am 19. März d. J. Frie-

drich dem Grossen, wohl als Dankesschuld für dessen Beitrag zum Voltaire-Monument, gewidmet, im Februar wider V.s Willen und im März in rechtmässiger Ausgabe gedruckt worden.¹⁰⁰) Der Dichter will diese Tragödie in acht Tagen gedichtet und in acht Tagen revidiert haben¹⁰⁰ᵃ) und eine Aufführung derselben hatte er sicher beabsichtigt.¹⁰¹)

„Don Pèdre", gleichfalls unaufgeführt, wurde von Voltaire dem d'Alembert unter vielen, fast ekelhaften Schmeicheleien als Werk eines jungen, dem Mäcen Voltaire befreundeten, Autors gewidmet, und ist bald nach den „Lois de Minos" gedichtet worden.

„Irène" endlich, im Januar und Februar 1778 entstanden¹⁰²) die letzte, unmittelbar vor des Dichters Scheiden vollendete Tragödie, wurde wohl weniger ihrer Bedeutung wegen, als um den „vieux malade de Ferney" bei seinem Grabesgange nach Paris eine Huldigung darzubringen, zur Aufführung zugelassen. Seien mir nach diesen chronologischen Details noch wenige kurze Bemerkungen ästhetisch-kritischer Natur vergönnt!

Sophonisbe*) ist ein rhetorisches Prunkstück im Sinne Corneilles. Der Held Massinissa wird in seinem politischen Handeln und Denken durch die schönen Augen seiner Jugendgeliebten Sophonisbe geleitet, Scipion und Lélie sind zwei berechnende Politiker, die uns kalt lassen und nur gelegentlich daran erinnern, dass auch in der öden Brust des Staatsmannes das menschliche Gefühl nicht völlig erlöschen kann. Sophonisbe, wie so viele Frauengestalten Corneilles, ist mehr von männlichen, als von weiblichen Gefühlen, mehr von Rach-

---

*) Noch vor „Sophonisbe" gab V. die, in der Correspondenz des Jahres 1769 mehrfach erwähnte Tragödie „les Guèbres", als angebliches Werk eines anonymen Autors heraus. Sie sollte in dem alten Perserkultus den philosophischen Deismus V.s verherrlichen, die verfolgungssüchtigen Priester an den Pranger stellen, und den aufgeklärten Despotismus als Bollwerk der „tolérance" hinstellen. Die dramatische Handlung wird aber durch tendenziöse Reflektionen erstickt und hinter dem politisch-religiösen Grundgedanken tritt das Tragische zurück.

durst, Ehrgefühl und politischer Klugheit, als von der Liebe zu Massinissa und zärtlicher Rücksicht für ihren Gemahl Syphax geleitet. Die Vertrauten der Sophonisbe spielen wieder eine ungebührlich sich vordrängende Rolle. Das historische Kolorit ist nur äusserlich gewahrt, und Lélie, wo er von seinem „empereur", das ist Scipio, spricht, fällt ganz aus der Rolle. Ein grossartiger historischer Stoff ist hier zwar streng nach akademischen Regeln (was V. in der Vorrede besonders rühmt), aber ohne inneres Leben und tragische Wirkung behandelt.

Die „Pélopides" zeigen doch nur, wie unglücklich Voltaires Hand war, wenn er antike Stoffe zu behandeln suchte. Die Fehler der antiken Tragödie, namentlich die seelenlose Auffassung des Weiblichen, sind zwar getreu nachgeahmt, aber sonst die grossartige Einfachheit antiker Dichtungsweise durch die übertreibende und prunkvolle Corneille-Manier verdrängt worden.

Die „Lois de Minos" richten sich gegen die abergläubische und fanatische Barbarei, die durch Menschenopfer den Göttern gefallen will, und die einer ehrgeizigen Priesterherrschaft sich unterwirft, welche an dem Eigennutze der Grossen ihre Stütze, an dem aufgeklärten, wohlwollenden Königtum aber ihre Schranke findet. Der abergläubischen, grausamen Religion wird das Lichtbild eines einfachen, mit den Lastern der Kultur unbekannten Deismus gegenübergestellt, der nicht durch Menschenopfer und Altäre, sondern durch Werke der Tugend und durch Liebe zur Gerechtigkeit sich bethätigt. Wieder muss hinter der edlen und tiefen philosophischen Tendenz auch in dieser Dichtung das eigentlich Dramatische und Tragische zurücktreten. Besonders in Akt II und III ist ein Mangel an Handlung und Beweglichkeit sehr fühlbar, und schon d'Alembert in dem angeführten Briefe macht auf die „longueur" des zweiten und teilweise auch des dritten Aktes aufmerksam. Nicht ohne Absicht war das Stück wohl Friedrich II gewidmet, und dieser in dem oben citierten Schreiben besonders auf die politische Tendenz der „Lois de

Minos" aufmerksam gemacht worden. Denn wenn auch Friedrich nicht, wie der König des alten Creta, und wie die Herrscher Frankreichs, an dem Adel (schon d'Alembert [a. a. O.] bemerkt, dass die „amateurs de l'ancien parlement, qui ne valait pourtant guère mieux, que le moderne" Missfallen an der tendenziösen Dichtung finden würden) ein Hemmnis seiner autokratischen Regierungsweise fand, so ist doch sein politisches Streben in den Schlussworten des 3. und 5. Aktes begeisterungsvoll geschildert. Wie immer, wusste auch hier der Hofmann Voltaire mit der Bekämpfung des Priestertums und des Feudaladels eine Verherrlichung des Absolutismus geschickt zu vereinen. „Don Pèdre," schildert einen wahrhaft tragischen, des grössten Dichters würdigen Stoff, nämlich den Kampf Peters des Grausamen von Kastilien, mit seinem Bruder Enrique Trastamare. Hätte Voltaire die grossen Tragödiendichter Spaniens mehr gekannt und geschätzt, so würde ihr Genius vielleicht die eigenen Dichterschwingen beflügelt haben, aber, indem er wieder zu der alten, abgelebten Corneille-Manier zurückkehrte, verdarb er im voraus alles. Der ehrgeizige Prätendent Trastamare wird hier zum liebenden Ritter, die edle, gefühlvolle Léonore kann dem Ehrgeiz einer politischen Vermittelungsrolle nicht widerstehen, der rauhe Don Pèdre wird mehr durch Léonorens Bitten und Seufzer, als durch die Staatsraison gelenkt. Die stereotypen Figuren der schwatzhaften Vertrauten und des diplomatischen Ratgebers fehlen nicht. Die politisch-kirchliche Tendenz der Tragödie gipfelt in der Bekämpfung des Feudalismus und der kirchlichen Prärogative, und in zweiter Linie wird auch das chevalereske französische Rittertum in Guesclins Person gefeiert. Seiner politischen Meinung nach steht der Dichter auf dem Standpunkt der durch ständische Rechte beschränkten Monarchie.

„Irène" erhielt bei V.s Anwesenheit in Paris (1778) einen unverdienten Triumph (am 16. März d. J.), ist aber doch nur ein Muster des französischen Tragödienschema, speziell der

Corneilleschen Art. Der Held Alexis, ein ehrgeiziger Kronprätendent, wird nur durch Ruhmsucht und Liebessehnsucht geleitet, die von ihm geliebte Kaiserin Ostrom's mehr durch Ehr- und Pflichtgefühl, als durch Liebe bewegt. Sie ermordet sich, noch ehe die widerstreitenden Gebote der Gattenpflicht und der Liebe zum Gattenmörder eine solche Lösung des Konfliktes fordern, bloss weil ihre Ehre den Tod gebietet. Ihre Vertraute Zoé ist unleidlich geschwätzig und vorlaut. Eine antikirchliche Tendenz und eine Wendung gegen den französischen Absolutismus ist hier nicht zu verkennen. Denn die grelle Schilderung des autokratischen und orthodoxen Byzantinismus wirft ihren Reflex auf die damaligen französischen Zustände. Der Gegensatz zu dem kirchenfreundlichen Absolutismus führt den Dichter konsequenterweise auch hier zur Verherrlichung des parlamentarischen Systems. Diese zeitgemässe Richtung sicherte der „Irène" natürlich den Beifall der freier denkenden Hofkreise. — Der byzantinischen Korruption wird (ähnlich wie in den „Scythes") die rauhe Sittlichkeit eines Naturvolkes gegenübergestellt, ohne dass die barbarischen Gebräuche desselben verschwiegen werden.

Mit der „Irène" können wir unsere Darstellung schliessen, denn die letzte Tragödie V.s, der „Agathocle" ist mehr ein Entwurf, als ein im Detail ausgeführtes Stück.

Bei den Schwächen der Voltaireschen Tragödien ist es begreiflich, dass sie schon damals wenig Erfolg hatten und heute meist vergessen sind. Sein angeborener kritischer Sinn war ihm als Dichter hinderlich, und seine höfische Anschauungsweise machte es ihm unmöglich, sich ganz in die Anforderungen der Bühne und in die Intentionen der Schauspieler hineinzudenken. Daher seine ewigen Klagen über Akteure und Aktricen in vertraulichen Briefen und daneben wieder die erzwungenen und affektirten Huldigungen, die er u. a. der Clairon entgegenbringt. Jeder verunglückte Autor ist ja der instinktive Feind der Schauspieler, und der in „Bühnenfiascos ergraute" Dichter unserer Zeit und unserer Nachbarstadt könnte sich stolz auf den grösseren Vorgänger berufen! Die hohe Protektion, die V. stets für seine Dichtungen erwarb, konnte auf die Schreier und Applaudeure im Parterre nicht viel einwirken und selbst die Claque regte oft vergebens die Hände. Was Wunder, dass eine Zeit, die den Funken des Genies wenig von dem Glanze der Routine zu scheiden vermochte, einen Crébillon neben, ja selbst über Voltaire stellte! Man begreift auch in dieser Zeit die Kritiken eines Desfontaines und Fréron, die in Wirklichkeit nicht einmal solche Karrikaturbilder der Kritik waren, wie V. aus ihnen machte! — Die sehr verschleierte oder ganz unterdrückte freigeistige Tendenz der meisten Tragödien, eine „dira necessitas" des nach hoher, ja selbst frommer Protektion strebenden Dichters, blieb in weiteren Kreisen unverstanden und war doch dem König, der Pompadour und den Hofkreaturen nur missfällig. Der Zauber der Form, der Wohllaut der Verse, der Tiefsinn der Sentenzen, die Genialität mancher Entwürfe, konnten wieder nur von den philosophisch gebildeten oder kunstsinnigen Kreisen, nicht von den breiteren Schichten der Gesellschaft gewürdigt werden. Das Originale aber der V.schen Tragödien, das Zurückgehen auf Shakspere, der freilich sehr unvollkommene Bruch mit der Theatertradition, das Hineinziehen fremdartiger und unaristokratischer Sujets fand nicht einmal den ungeteilten Beifall der hochgebildeten Verehrer des Dichters. Der kritisch-satirische Sinn befähigte V. weit mehr zum Komödien- als zum Tragödien-Dichter, und so wird man über seine komischen Dichtungen, denen wir uns jetzt zuwenden, im allgemeinen günstiger urteilen.

b. Komödien, epische und lyrische Dichtungen.

(Voltaire-Studien II, 2.)

Wir haben in dem vorhergehenden Abschnitt öfters darauf hingewiesen, dass Voltaire in der Tragödie eine Reform anstrebte, indem er die „intrigues amoureuses" und die galanten „déclarations d'amour" als Theoretiker wenigstens zu beseitigen suchte. Eine gleiche Reform suchte er auch in der Komödie anzubahnen, und sie gelang ihm in praxi weit besser. Noch in Molières Meisterwerken fällt uns der romantische Charakter der Liebesepisoden, eine Konzession an den Geschmack jener Periode, die den Übergang von der Tragödie zur Tragikomödie und Komödie wiederspiegelt, öfters sehr überraschend auf, und ebenso können wir die Schwankungen zwischen halbtragischer Komödie und possenhafter Farce, namentlich in den Dichtungen der späteren Epoche, bei ihm konstatieren. Gegen beide Eigentümlichkeiten der Molièreschen und nachmolièreschen Komödie lehnt sich Voltaire auf. In dem „prologue" zu dem kleinen Stücke „l'Echange" richtet er seine Kritik gegen die ernste Komödie, wie gegen die Farce, und in der „Préface" zur „Nanine" spottet er der „intrigues romanesques", die, so meint er, aus der Komödie in die Tragödie (historisch liegt in der französischen Dramatik die Sache umgekehrt) übergegangen seien. Die Komödie soll nach jenem Prolog ein Abbild der „simple nature" sein, wie diese, solle auch sie den Übergang des Rührenden und Leidenschaftlichen zum Lachenerregenden wiederspiegeln, doch letzteres der eigentliche Endzweck der komischen Dichtung sein.[1])

Wenn nun Voltaire der Meinung war, dass er mit der Durchführung dieser Theorien etwas Neues und Originales, von dem bisherigen Komödienschema Abweichendes, schaffen könne,[2]) so war er in einem unbewussten Irrtum. Denn zum

Abbild der Natur und (wie das meist auch in V.s Komödien) der Gesellschaft hatte auch P. Corneille die Komödie erheben wollen, bevor er zur Nachahmung der spanischen Komödie überging. Und wie Voltaire in der Tragödie zuletzt wieder ganz in die Spuren des Meisters einlenkte, die er niemals völlig verlassen hatte, so machte er auch Corneilles Übergang zu spanischen Vorbildern mit. Schon in seiner „Princesse de Navarre" finden sich Anklänge an den spanischen Geschmack, seine „Comédie Fameuse", ist nur eine Überbersetzung des Calderonschen: „En esta vida todo es verdad y todo mentira". Original in V.s komischen Dichtungen kann nur, gerade wie in seinen Tragödien, der Anschluss an die englische comedy sein, doch wählt er hier, dem Zeitgeschmack Rechnung tragend, nicht das Vorbild Shaksperes, sondern das eines Wycherley. („La Prude", eine verfeinernde Übersetzung des „Plain Dealer", erschien 1747.) Eine andere Eigentümlichkeit des Dichters ist die karrikierte Zeichnung seiner persönlichen Gegner und überhaupt das Hineinziehen von Personen und Verhältnissen der Gegenwart oder der nächsten Vergangenheit[3]), und hierin möchte man allerdings eine Einwirkung Molières erkennen. Im wesentlichen wird man aber auch in dem Komödiendichter Voltaire nur den treuen Anhänger und Schüler Corneillescher Eigentümlichkeiten erblicken.

Die erste Komödie V.s, „L'Indiscret", aufgeführt im Th.-Fr. am 1. August 1725, ist in der Zeit vom August 1724 bis Juli 1725 entstanden.[4]) Es ist ein leichtes, aber gewandtes, lebendiges und witziges Stück. Psychologisch fein und auf treuer Beobachtung der Wirklichkeit ruhend, ist es, wenn der insdiskrete Damis zuletzt aus einem unvorsichtigen Schwätzer zum gemeinsten Renommisten wird. Auch die allzugrosse Leichtgläubigkeit, welche seine Geliebte Hortense zeigt, wird man bei schärferer Beobachtungtungsgabe für das Weibliche öfters in der Wirklichkeit finden. Alle anderen Figuren des Stückes sind gleichfalls mit unverkennbarer Treue und Naturwahrheit gezeichnet, namentlich die wechselnde Stimmung einer Liebenden treffend geschildert. Nicht so günstig kann man über die dreiaktige, in Prosa geschriebene Komödie „les Originaux" (1732) urteilen. Hier ist der Abschluss höchst unwahrscheinlich, die Figuren des abergläubischen Präsidenten und der halbverrückten Präsidentin sehr **outriert**, auch die des M. du Cap Vert zu **grell** gezeichnet. Im Übrigen sind die gesellschaftlichen Verhältnisse von Paris, **namentlich die** Schattenseiten des ehelichen Lebens vornehmer Kreise, sehr scharf und treu porträtiert. Doch begreift man, bei der übertriebenen Zeichnung dreier Hauptpersonen, warum das Stück **nur auf einem Privattheater** Aufnahme fand.

Die gleichfalls dreiaktige, in Prosa abgefasste Comödie „L'Echange" ist zuerst 1734 auf der Privatbühne der Marquise von Cirey unter anderem Titel, dann in der „Comédie **italienne"** 1761 aufgeführt worden und wahrscheinlich nicht lange vor der ersten Aufführung entstanden.[5]) Der Prolog zeigt uns neben der schon angeführten dramaturgischen Bedeutung auch die höfische Sinnesart Voltaires[6]). Interessant ist darin auch eine Stelle, die sich gegen das Schreckliche und Trauervolle in der englischen Tragödie, also doch vor allem **in der** Shaksperschen **richtet**, und den Beweis dafür gibt, wie sehr V.s französischer Geschmack nie volle Befriedigung **an den** damals von ihm noch bewunderten Briten **finden** konnte.[7]) Köstlich ist hier die Zeichnung des naturwüchsigen, launischen Backfisches Gotton und der Dialog zwischen ihr und der bevormundenden Gouvernante. Sonst richtet sich das Stück gegen den Hochmut, die Eitelkeit und die Prunksucht **des** Adels.

„L'Enfant prodigue", aufgeführt am 10. Oktober **1736** im Th.-Fr., **und** dann ungefähr dreissigmal wiederholt[8]), ist schon vor 10. März d. J. zu Cirey aufgeführt und vor 22. Januar enstanden.[9]) **Hier schlägt der Dichter den** ernsteren **Komödianten an und streift stellenweis bis ans Tragische.** Man könnte diese Komödie das Evangelium vom verlorenen Sohn in Alexandriner übersetzt nennen. Der Gegensatz des abstossenden, hochweisen, titelsüchtigen und gewissenlosen président und seines liebenswürdigen, bescheidenen, leichtfertigen, aber gutherzigen Bruders, der durch eigene und fremde Schuld ins Elend gerät, ist trefflich gezeichnet. Sehr auf Kenntnis des weiblichen Herzens beruht es, dass V. gerade diesen verlorenen Sohn das Herz eines einfachen, unter Druck gehaltenen Mädchens (Lise) fest an sich ketten und selbst im tiefsten Elend noch besitzen lässt, während der ältere, scheinbar wohlerzogene, und wohlsituierte Bruder nur Antipathie erregt. Euphémon père und Rondon sind zwei Spiessbürger, nur von materiellen Interessen geleitet und ohne Verständnis für die Rechte der Liebe und des menschlichen Herzens und für die Fehler der leichtlebigen Jugend. Bei Euphémon, dem edleren von beiden, bricht aber doch das menschliche Gefühl und die väterliche Liebe durch die rauhe Schale hindurch.

Eine bittere Satire auf das weibliche Geschlecht ist die Figur der baronne de Croupillac, einer mannstollen, ihrer weiblichen Würde völlig vergessenden Kokette. Marthe, die Dienerin Lises, ist eine jener stehenden Comödienfiguren, die stets im rechten Augenblick zu reden und bei Liebesintriguen auch zu handeln wissen.

Die nicht aufgeführte Komödie „L'Envieux", gedichtet im Jahre 1738, hat lediglich persönliche Beziehungen. V. schildert in ihr sein Verhältnis zur Marquise du Châtelet, natürlich im idealsten Lichte,[10]) entwirft in Ariston ein sehr schmeichelhaftes und unwahres Porträt seiner selbst und sucht vor allem in dem verleumderischen Zeitungsschreiber Zoïlin, den abbé Desfontaines, den undankbaren Gegner des Dichters und Verfasser jener Kritik der „Mort de César", an den Pranger zu stellen. Der Schluss, namentlich die Entlarvung Zoïlins, erinnert an Molières „Tartuffe", ist aber um vieles wahrscheinlicher. Sehr witzig geschildert ist die unreife Eitelkeit und kopflose Willfährigkeit in Nicodon, Zoïlins Neffen.

Die „Princesse de Navarre", ein am 23. Febr. 1745 bei Gelegenheit eines Hoffestes aufgeführtes „Comédie-Ballet", ist arm an Handlung, desto reicher an Wortgepränge. Die Tendenz dieses Stückes, wenn überhaupt von einer solchen die

Rede sein kann, ist die Verherrlichung französischer Ritterlichkeit und Galanterie in der Person des duc de Foix. In Don Morillo und seiner Tochter wird der Provinzialadel, eine Zielscheibe des höfischen Witzes, karrikiert.

„Nanine", aufgeführt am 16. Juni 1749 und gedichtet wahrscheinlich schon im Jahre 1748,[11]) richtet sich gegen das adlige Standesgefühl und redet den Heiraten mit bürgerlichen Mädchen das Wort. Wenn freilich am Schluss diese Doctrin nur als Ausnahmefall hingestellt wird, welcher durch besondere geistige und moralische Vorzüge gerechtfertigt sein müsse, so zeigt sich darin, ausser der begreiflichen Rücksichtnahme auf vornehme Gönner und Freunde, auch der aristokratische Sinn V.s, der nie mit theoretischen Gleichheitsideen völligen Ernst machte. Die Komödie zeigt eine treffende Kenntnis des menschlichen Herzens und grosse psychologische Feinheiten. So ist es vortrefflich durchgeführt, wie der Comte, während er nur Nanines Charakter zu verehren glaubt, unbewusst von heftiger Liebe zu ihr ergriffen, wie in der Baronesse die Eifersucht auf Nanine mächtiger ist, als die Rücksicht auf Würde und Stellung, wie die alte Marquise, bei dem Gedanken einer Ehe ihres Sohnes mit jener Baronesse sofort für ihren mütterlichen Einfluss fürchtet, wie in ihr der naturgemässe Gegensatz der einfachen Sitten des Landadels zu der Korruption der hauptstädtischen „noblesse" sich auch gegen die zukünftige Schwiegertochter richtet.

Auch der Einfluss, den der adlige Kastengeist bei verschiedener Geistes- und Charakteranlage ausübt, ist in dem Comte, der Marquise und der Baronne in feinsten Abstufungen gezeichnet. Der hochgebildete Comte hat solche Vorurteile längst überwunden, die Marquise hält nur aus Tradition an denselben fest, aber ihre einfache Gutherzigkeit ist stärker, als alles Vorurteil, die Baronne hingegen, eine kokette, herrsch- und rachsüchtige Dame klammert sich an dieselben aus Temperament sowohl, wie aus Berechnung.

Man wird in „Nanine" nicht Ideen suchen, welche Rousseau und seine Jünger später bewegten, wird doch die

Lehre, dass „alle Menschen gleich von Geburt aus Brüder"
seien, als „Chimäre" bezeichnet. Wie immer, sucht V. in
politischen und sozialen Fragen eine diplomatisch vorsichtige
und vermittelnde Haltung einzunehmen und die Konsequenzen
seiner freieren Ansichten nur dann zu ziehen, wenn sie gegen
die bittergehasste Geistlichkeit gerichtet werden konnten. Die
dreiaktige Komödie: „la Femme qui a raison" ist 1749 nicht
unter Voltaires Namen[12] erschienen, 1759 in einer fehlerhaften Ausgabe gedruckt worden, und noch im Febr. 1760
war Friedrich der Grosse nicht über Voltaires Autorschaft im
Klaren.[13])

Eine tiefere Tendenz kann man dieser lustigen Farce
nicht zuschreiben. Der Grundgedanke kann nur der sein, dass
der weibliche Instinkt weit eher das Richtige trifft, als die
ernsten Reflexionen des Mannes. Von den Charakteren ist
nur der des „correspondent" etwas zu stark und grell gezeichnet, die andern sind nicht ohne komische Wirkung und von
unverkennbarer Naturwahrheit, gehen aber über das gewohnte
Komödienschema des galanten Kavaliers, der soubrettenhaften
Liebhaberin, der vorlauten Zofe und des düpierten Vaters nicht
hinaus. Der Abschluss ist, wie in solchen Stücken gewöhnlich, ein ziemlich plötzlicher.

Die „Ecossaise", von V. unter dem Pseudonym Jérôme
Carré als angebliches Werk eines englischen Geistlichen, Namens Hume, herausgegeben, auch vertrauteren Freunden
gegenüber als „Übersetzung" bezeichnet und selbst der Kritik
des darin bitter angegriffenen Fréron gegenüber verleugnet,[14])
wurde am 26. Juli 1760 auf dem Th.-Fr. trotz Frérons Ein-
sprache aufgeführt,[14b]) existierte aber gedruckt schon im Mai
d. J. Auf die Streitigkeiten mit Fréron, dessen Verhältnis zu
Voltaire, und seine Bedeutung als Kritiker denke ich anderswo
einzugehen, hier soll uns nur der ästhetische und satirische
Charakter der fünfactigen, in Prosa geschriebenen Komödie beschäftigen. Nach Voltaires Angabe in der „Préface" (a. a. O.
III, 372) sei das Stück: „dans le haut comique, mêlé au genre
de la simple comédie," doch hat das „haut comique" hier

ein entschiedenes Übergewicht. Die Szenen, die sich um die
verfolgte schottische Adelsfamilie gruppieren, streifen fast ans
Tragische. Dem wirklich komischen Genre gehören die realistischen
Figuren des Wirtes Fabrice, des Freepont, eines
Rost-beaf Engländers der besseren Sorte, und der treuherzigen,
aber entschlossenen Kammerzofe Polly an. Dagegen ist Lady
Alton und vor allem Frélon selbst — mehr widerwärtig, als
komisch. Dieser, der als Schriftsteller und Mensch in allzu
absichtlicher und darum wenig wirkungsvoller Weise karrikiert
wird, hat eigentlich wenig Einfluss auf die Entwickelung
des Stückes, und man sieht, wie sehr seine Person so recht
an den Haaren herbeigezogen wird. Ein Verstoss gegen die
poetische Gerechtigkeit ist es aber, dass seine Intriguen und
Schuftereien unbestraft bleiben.

Der überraschende Erfolg des Stückes (es hatte 16 Aufführungen,
zum Teil in der Provinz) erklärt sich vor allem
durch die persönliche Tendenz und die vorhergehende Polemik.

Fréron benahm sich dieser Burleske gegenüber sehr
nobel. Durch die Aufforderung an die Schauspieler, ihn bei
späteren Vorstellungen nicht Frélon oder (wie Voltaire den
Namen vor der ersten Aufführung geändert hatte) Whasp,
sondern Fréron zu nennen, vernichtete er die Wirkung der
Satire in moralischer Hinsicht. Auch sein Bericht (in der
„Année littéraire") über diese Aufführung ist massvoll, s. Desnoiresterres
a. a. O. V. 488.

Die witzig und unterhaltend geschriebene dreiaktige Komödie:
„Le Droit du seigneur" ist zwar nicht vor dem 18. Januar
1762 aufgeführt, aber schon im Juni 1760 entworfen worden
und Voltaires Freunden bekannt gewesen.[15]) Das „jus primæ
noctis", welches dem Stücke seinen Titel giebt, wird hier in
scherzhafter, witzelnder Weise besprochen, und eine Szene
streift sogar ans Peinliche (III, 6). Das historische Kolorit
der Zeit Heinrichs II ist ziemlich streng gewahrt, und mancherlei
Gebräuche und Eigentümlichkeiten derselben, z. B. die
präsizierten Eigennamen, die lateinischen Floskeln der Beamtensprache,
das umständliche Rechtsverfahren, das Schwärmen

für Ritterromane, das Almanach-Studium u. s. w., werden absichtlich hervorgehoben.

Trefflich ist der Gegensatz zwischen der ländlich erzogenen, aber von vornehmen Eltern stammenden Acanthe, der die Romanlektüre das Köpfchen verdreht und Chimären von hohen Freiern hervorgerufen hat, und der naturwüchsigen, derben und unschuldig kokettierenden Landdirne Colette! Ebenso der Kontrast zwischen dem leichtlebigen Chevalier, den mitten im Sinnestaumel die ruhige Würde und Sittlichkeit Acanthes zur Vernunft bringen, und dem philosophischen Rigoristen, Marquis de Carrage, der sich sterblich in Acanthe verliebt, während er der Liebe abschwört und für eine Vernunftheirat plädiert. Als lächerliche Person des Stückes darf man freilich jenen Marquis nicht auffassen, sonst würde ihm Voltaire nicht die begeisterte Lobrede der Philosophie in den Mund gelegt haben, auch nicht am Schluss des Stückes ihn so edel und grossherzig handeln lassen. Mit unverkennbarer Naturtreue sind der Landtölpel Mathurin, der pedantische, halbgelehrte Baillif, der **gutmütige** Bauer Dignant, die resolute Bauerfrau Berthe, die durch alles choquiert wird, was über bäuerliche Sitten hinausgeht, gezeichnet. Wir sehen aus diesen Charakterbildern wie sehr sich der **Gutsherr Voltaire** bereits in die Bauern seines Ferney hineingelebt hatte.

Das kleine Drama „Charlot" (3 Akte, aufgeführt im Oktober 1767 zu Ferney)[15a] ist halb Komödie, halb Tragödie. Es richtet sich gegen die barbarischen und unmenschlichen Theorien der damaligen Rechtspflege und verherrlicht in der Person Heinrichs IV die Humanität des späteren „despotisme éclairé". Die vornehmen Personen, welche in dem Stücke auftreten, sind völlig frei von allem Vorurteil der Geburt und Erziehung und gehören weit mehr der Zeit Voltaires, als der Heinrichs IV an. Trefflich ist auch hier die Zeichnung der ländlichen Personen und Verhältnisse.

Die letzte Komödie Voltaires, „Le Dépositaire", ist schon im August 1769 einem Freunde V.s, M. Thieriot, bekannt gewesen und von V. verleugnet worden, wie so vieles andere, weil er eine Aufführung nicht erhoffen konnte.[16]) Zweck dieses Stückes ist es, die salbungsvolle Heuchelei, die sich zuletzt als Erbschleicherei entpuppt, ebenso wie die stupide Bücherweisheit, die, ohne jede Spur von Weltkenntnis, ein Opfer der berechnenden Heuchelei wird, an den Pranger zu stellen und ihr gegenüber die epikuräische Weltweisheit einer Ninon de l'Enclos und die unbesonnene Leichtlebigkeit eines jungen libertin zu verherrlichen. Eine Anekdote aus dem Leben der berühmten Kourtisane Ninon de l'Enclos, deren wirklicher Charakter in der Komödie nur sehr zart angedeutet wird, ist der „Préface" zufolge Anlass der Dichtung gewesen.

Ein Tartuffe nach Molière ist freilich eine Ilias post Homerum, und trotz alles Realismus in der Charakterzeichnung benimmt sich dieser Tartuffe im entscheidenden Augenblicke doch recht stümperhaft. Weit besser und getreuer sind dagegen die Figuren des Büchermenschen Gourville und seines weltmännischen Bruders und namentlich die niedrig-komischen Personen gezeichnet. Wenn V. selbst fühlte, dass sein „Dépositaire" schwerlich eine Aufführung erleben werde, so ist daran nicht das fremdartige historische Kolorit desselben Schuld (s. „Préface" a. a. O. S. 2), denn die vornehmen wie niedrigen Personen des Stückes handeln und sprechen, als ob sie zur Zeit Voltaires lebten, sondern die unkirchliche und freie Anschauungsweise. Tritt doch hier die frivole Seite der erheuchelten Frömmigkeit noch ungeschminkter in den Vordergrund als in Molières „Tartuffe".

Man kann somit in der Mehrzahl der Komödien V.s ebensowenig, wie in seinen Tragödien, Tendenzstücke religiösen oder politischen Charakters erblicken. Nur der „Dépositaire", welcher zu einer Zeit entstanden ist, wo der Kampf gegen Fanatismus und Heuchelei Voltaires ganze Seele erfüllt, trägt auch die Spuren dieses Kampfes. Politische Fragen suchte auch der Komödiendichter Voltaire mit aller diplomatischen Vorsicht zu behandeln.

Sieht man von der letzten Tendenzdichtung und von den beiden gegen Desfontaines und Fréron gerichteten Satiren ab, so bezwecken Voltaires Komödien nur eine satirische Schilderung der damaligen gesellschaftlichen Zustände, ohne bestimmte politische oder religiöse Tendenzen. Dass die höheren Stände öfters die Kosten dieser Satire zu tragen haben, die Vertreter des Bürger- und Bauernstandes in viel besserem Lichte erscheinen, ist in der Natur der damaligen sozialen Zustände begründet. Der Realismus aber, dem Voltaire in seinen Komödien huldigt, hat die pessimistische Zeichnung der Frauen und Mädchen höherer Stände verschuldet, denn wer den Schmetterlingsstaub des idealen Schimmers von dem Weiblichen nimmt, der wird unwillkürlich einen pessimistischen Eindruck gewinnen.

Während die Komödien V.s jetzt meist vergessen sind, werden seine beiden grösseren epischen Dichtungen, die „Henriade" und die „Pucelle" noch jetzt oft gelesen und besprochen. Beide Dichtungen richten sich gegen die Schattenseiten der katholischen Kirche, nur, dass in der einen mehr der Fanatismus und Weltsinn derselben, in der andern mehr der Aberglaube und Legendentrug hervorgehoben wird. Die „Henriade" ist ein Kind des Orléansschen Regimentes und in nicht missverständlicher Auflehnung gegen die äussere politische und religiöse Gebundenheit einer innerlich freien Zeitrichtung geschaffen. Es ist kein Zufall, dass V. gerade mit der Dichtung begann, als ein willkürlicher Haftbefehl des Regenten ihn in die Bastille geworfen hatte, April 1717[17]), und von geringerem Einfluss, als die gesamte oppositionelle Zeitströmung, sind jedenfalls die Erzählungen des Finanzintendanten Caumartin über Heinrich IV[18]) auf die Fortführung des Werkes gewesen. Im Comm. hist. (a. a. O.), sagt V., er habe das Gedicht nach der Vollendung des „Œdipe", doch vor der Aufführung desselben begonnen. Jedenfalls gehören den Jahren 1717 und 1718 nur die ersten Anfänge des Gedichtes an, denn noch im nächsten Jahre klagt V., dass dasselbe „garnicht vorrücke"[19]).

Mit dem Ende des Jahres 1722 ist aber das Epos schon im wesentlichen fertig gewesen[20]) und schon 1723 erschien die erste Ausgabe zu Genf. Dass die grundlegende Form durch die späteren Ausgaben nicht wesentlich umgestaltet worden ist, kann wohl nicht zweifelhaft sein, und so wird man denn die Jahre 1718 bis 1722 als die eigentliche Entstehungszeit des ersten französischen Nationalepos ansehen. Der Aufenthalt in England, so wichtig er auch für die späteren Schriften V.s war, hat dennoch die ursprüngliche Form und Tendenz des Gedichtes nicht beeinflussen können, und es ist leicht erklärlich, dass in die spätere Ausgabe (von 1728) auch eine begeisterte Lobrede der von V. hochgefeierten englischen Verfassung eingefügt wurde.

Nach einer Andeutung des „Comm. hist." hätte Voltaire gefürchtet, weder den „Œdipe" noch die „Henriade" zu Ende zu bringen, doch ist das kaum glaublich. Welcher vernünftige Grund sollte für die erstere Annahme vorliegen, und dass die „Henriade" von vornherein zu einem „standard work" der vornehmen Kreise Frankreichs bestimmt war, geht schon aus den fortgesetzten Versuchen V.s, hohe Gönner für seine Dichtung zu gewinnen, dieselbe dem König zu insinuieren, mit Kupferstichen und Vignetten verzieren und in Paris selbst drucken zu lassen[21]) hervor. Aus diesem Gesichtspunkt feilte er auch unablässig an seinem Werke[22]) und ward nie müde, die Aufmerksamkeit seiner Freunde und Gönner auf die neuen Ausgaben und Verbesserungen desselben zu lenken.

Man wird heutzutage nimmermehr die „Henriade" neben oder gar über die Æneide und Ilias stellen, wie es Friedrich d. Gr. oder der Italiener Cocchi gethan haben.[23]) Man wird ebensowenig in der französichen Dichtung ein Epos im griechisch-römischen Sinne sehen wollen und überhaupt noch von der Möglichkeit einer Wiedererweckung des antiken Epos träumen. (Das ist auch nicht Voltaires Meinung, s. Schluss des Essai sur la poésie épique [a. a. O. VIII, 50]). Schon, dass Voltaire seine eigene Zeit öfters der in dem Epos geschilderten substituiert, dass er aus dem Helden desselben einen philosophischen Freidenker des XVIII. Jahrhunderts macht, dass er in dem England der Königin Elisabeth das damalige England schildert, ist, trotz aller äusseren Beibehaltung historischer Details, mit dem Begriffe eines geschichtlichen Epos unvereinbar. Hierin möchte ihn ja einigermassen das Beispiel Vergils, der überhaupt in der „Henriade" mehr nachgeahmt ist, als Homer,[24]) rechtfertigen, denn auch dieser trug in seine Aeneide unverkennbare Merkmale des Augusteischen Zeitalters hinein, aber von einer bestimmt und scharf ausgesprochenen politischen Tendenz hielt sich der feinere Dichtertakt des Römers fern. Bei Voltaire sind aber alle Einzelheiten dem antikirchlichen und antifeudalen Grundgedanken untergeordnet und wundersam nehmen sich in diesem scharf gezeichneten Grundrisse die dem Vergil nachgeahmten Bilder von Kämpfen, Stürmen, allegorischen Figuren und die antiken Metaphern aus. Die Allegorie, in einem antiken Epos erträglich, weil sie dort eine konkrete Gestalt annimmt und mit dem Volksglauben harmoniert, wird in einem modernen Epos zum abstrakten Schattenbilde. Jedoch darf man neben diesen Schwächen, die der Natur des modernen Epos überhaupt anhaften werden, nicht die Vorzüge der „Henriade" übersehen, die poetische, bilderreiche Sprache, den vollendeten Versbau, die Schärfe der Charakterisierung, die Anschaulichkeit der Schilderung.

Die religiöse Tendenz der „Henriade" liegt nicht minder offen da, als die politische. Den konfessionellen Verschiedenheiten wird die Einheit des Gottesbegriffes entgegengestellt, der römischen Korruption die Reinheit des älteren Christentums. Die Spitze der Tendenz liegt in den Schilderungen, die V. von der römischen Kurie zur Zeit Sixtus V entwirft. Hier hören wir schon Vorklänge des Essai, der kleineren, gegen das Papsttum gerichteten, Abhandlungen, der Artikel im Dict. phil. etc. Wie der weltliche Sinn und die unlautere Intriguensucht der katholischen Kirche, so wird auch die Ausgeburt derselben, der religiöse Fanatismus, der in den Tagen des St. Barthélemy-Gemetzels über Frankreich wütete, gegeisselt.

Dem kirchlichen Prinzip und der ihm verbündeten Sonderpolitik der Aristokratie tritt das monarchische Recht klar und scharf gegenüber. Ist es auch in der Person unwürdiger Vertreter, wie Karl IX und Heinrich III, verdunkelt, so leuchtet es desto heller in der Heldengestalt Heinrichs IV hervor. Licht und Schatten sind freilich in V.s Darstellung nicht gleichmässig verteilt: während selbst die Schwächen Karls IX und Heinrichs III gemildert, und die Fehler ihrer Politik und ihrer Charaktere auf den verderblichen Einfluss hinterlistiger Ratgeber und der teuflischen Mediceerin geschoben werden, ist das Bild, welches wir von Mayenne und selbst vom duc de Guise erhalten, nur das grelle Zerrbild eines machiavellistischen Politikers. Wie den aristokratischen Egoismus, so bekämpft V. auch den demokratischen Fanatismus. Der Wankelmut der Menge, ein blindes Spielzeug berechnender Intriguanten und verfolgungssüchtiger Mönche, wird mit einem nüchternen Realismus geschildert, der uns am besten zeigt, wie wenig der Feind des Feudalismus und der Bewunderer des Parlamentarismus sich zum abstrakten Demokraten in Rousseaus Manier eignete. Wohl aber wird neben der Hervorhebung des unverletzbaren Rechtes der Krone, auch die Festigkeit des Parlamentes und die anfängliche Unabhängigkeit der Sorbonne gefeiert. Das Königtum gilt dem Dichter nicht nur als Bollwerk gegen feudale und klerikale Übergriffe, wie gegen demokratische Ausschreitungen, sondern auch als Schutzwehr der Kultur. Darum wird in der begeisterten Schilderung der grossen Nachkommen Heinrichs IV ganz besonders das litterarische Mäcenatentum Ludwigs XIV gefeiert. Höher aber, als das monarchische Prinzip, steht dem Dichter der „Henriade" das patriotische, welches in dem Helden des Epos, Heinrich IV, verkörpert wird. Deshalb der bittere Tadel der Verbrüderung mit dem Landesfeinde, die scharfe Kritik der Intriguenkunst des spanischen Philipp. Selbst das Eingreifen Englands und die Sendung Heinrichs an den fremdländischen Hof, wird nur durch die zwingende Notwendigkeit der bedrohten Landesinteressen gerechtfertigt.

Diplomatisch, wie immer, sucht auch hier Voltaire nicht völlig mit der religiösen und nationalen Tradition zu brechen. Wenn sein Heinrich IV auch über dem konfessionellen Hader steht, und ausdrücklich es ablehnt, sich für **Rom** oder für Genf zu entscheiden (II, 5), so wird doch die Notwendigkeit seines Übertrittes zum Katholizismus und das verderbliche Sektentum des Kalvinismus ausdrücklich hervorgehoben. Man wird nicht behaupten, dass V. in der (von Friedrich II bewunderten[25]) Gestalt Mornays dem Kalvinismus eine Huldigung darbringe, denn ursprünglich sollte ja Sully den Platz Mornays einnehmen, und nur Privatrache **gegen** einen Nachkommen Sullys bestimmte V. zu dieser Änderung. Sully aber, Kalvinist freilich, wie Mornay, wurde in der ursprünglichen Fassung (s. a. a. O. VII, 37) doch nicht in gleicher Weise glorifiziert, wie dieser. Um dem nationalen Bewusstsein der Franzosen zu schmeicheln, muss ferner der heilige Ludwig selbst dem der katholischen Kirche wiedergewonnenen Heinrich die Wege zum Throne ebnen.

In Heinrichs IV Lichtbild vereinen sich der Patriot, der General, der Deist und der **Humanitätsprediger**, und nicht mit Unrecht bemerkt schon Friedrich II: „la Henriade ne respire que l'humanité". Die Schwächen des gefeierten Helden, namentlich seine Neigungen zu galanten Abenteuern werden zwar keinesfalls verschwiegen, aber es **sind doch** Schwächen, die mit seinem französischen Temperament zusammenhängen, und ihn dem französischen Leser **noch** sympathischer machen. So zeigt uns die politische und religiöse Tendenz der „Henriade" schon ganz den späteren Voltaire. Feind der Kirche, der positiven Religion und des **Fanatismus**, begeisterter Verkündiger des Deismus, der Toleranz und Humanität, Gegner alles Feudalismus und der demokratischen Selbstüberhebung, Verehrer des Kultur und Philosophie schirmenden Absolutismus und des gemässigten Parlamentarismus, stets aber als diplomatischer Hofmann zu wohlberechneten Milderungen und Rücksichten, ja zur Selbstverleugnung, bereit, so steht schon der jugendliche Verfasser der „Henriade" uns vor Augen. Was die ästhetischen Gebrechen der Dichtung anlangt, die allzu grosse Einförmigkeit und Breite der Reden, der Mangel an Handlung, der unvollkommene Abschluss (denn erst der Tod des Helden wäre die natürliche Grenze der Dichtung gewesen), so sind sie aus der irrigen Vorstellung V.s hervorgegangen, dass nicht Homer und Ariost, sondern Vergil und Tasso die Meister des antiken und modernen Epos seien.[26]) Vielleicht trug auch die mangelnde Dichtergenialität und der mehr dem Malerischen, als dem Plastischen zuneigende Sinn V.s dazu bei. Die „Henriade" machte den Namen des Dichters in Frankreich, Italien, Deutschland und England populär. Namentlich in England war die Begeisterung gleich anfangs eine besonders grosse. Eine Subskription auf das Gedicht trug im Jahre 1727 nicht weniger, als 20000 écus ein[27]), der König von England machte dem Autor ein Geldgeschenk von 6000 Pfund und zog ihn zu den engsten Hofzirkeln.[28]) Eine englische, eine lateinische, mehrere partielle italienische Übertragungen, eine holländische und deutsche Übersetzung erschienen bald. Friedrich d. Gr. fasste 1736 den Plan einer mit Vignetten verzierten Ausgabe, der freilich nicht zur Ausführung kam, und schrieb selbst eine französische Vorrede.[29]) 1728 schon durfte Voltaire seine zweite Ausgabe der „Henriade" der Königin von England widmen und suchte natürlich in der Widmungsepistel die sympathische Zeichnung der Elisabeth für sein Gedicht auszunützen.

Während V. in der „Henriade" noch äusserlich an dem überlieferten Glauben festzuhalten suchte, hat er in der „Pucelle" bereits völlig mit allem gebrochen, was zur äusseren Form, wie zum inneren Wesen der katholischen Kirche gehört. Schon der Zeit nach, bekundet dieses satirische Gedicht die Einwirkung der englischen Freigeisterei, die sich hier mit gallischer Leichtfertigkeit vereint. Denn bereits 1730 legte V. die erste Hand daran; zur Vollendung gebracht wurde das Gedicht während des Aufenthaltes zu Cirey[30]) (1735 bis 1739), wo der Dichter im Verkehr mit der genial-leichtsinnigen du Châtelet und anderen gleichgestimmten Personen die verdorbene Atmosphäre einsog, welche jeder Gesang seiner „Pucelle" ausströmt. Nicht aber das Bedenkliche und Sittengefährliche der frivolen Schilderungen war es, was V. zu einer hartnäckigen Verleugnung seines unschönen Geisteskindes bestimmte, sondern die ganz offene, unverhüllte Verhöhnung der kirchlichen Tradition und des katholischen Bewusstseins. Es unterliegt kaum einem Zweifel, dass dieses Gedicht nur abschriftlich in den Händen von V.s vertrauten Freunden und Freundinnen zirkulieren sollte, und dass nur der Raub des Manuskriptes bei V.s erstem Aufenthalt in Berlin (September 1743) und die übelangebrachte Begeisterung einer deutschen Prinzessin, die das Gedicht abschreiben (und wohl auch verbreiten) liess, die vielen fehlerhaften Ausgaben hervorrief, deren der Verfasser selbst in seiner „Préface" erwähnt.[31]) Eine böswillig entstellende Ausgabe, die 1755 von La Beaumelle und Maubart veröffentlicht wurde, bestimmte Voltaire endlich (1762), das Gedicht selbst herauszugeben, aber noch ein Jahr später leugnete er die Autorschaft desselben rund weg ab.[32]) (s. Nachtrag.)

Wer bei uns die s. g. „Jungfrau von Orleans", d. h. das Bauer- und Schenkmädchen von Domremy, nur aus Schillers idealisierender Darstellung kennt, oder wer in Frankreich den Anschauungen Jules Quichérats huldigt, wird freilich der Schilderung Voltaires nur Indignation und Ekel entgegenbringen. Desgleichen wird der moralische Rigorist nicht minder wie der feinsinnigere Ästhetiker an der raffinierten Wollust der zahlreichen Konkubinats-Szenen Anstoss empfinden. Wer schärfer reflektiert, kann freilich in diesen Nachtseiten der „Pucelle" weniger den schwarzen Charakter des oft frivolen Verfassers, als die dunklen Reflexe einer durchaus überkultivierten, für die grauenvolle Erntezeit der Revolution schon herangereiften, Periode erkennen. An einzelnen Stellen der „Pucelle" ist eine Verspottung der Versailler Hofwelt kaum zu leugnen. Ja das Übermas des Raffinements, das Unwahrscheinliche und Verzerrte mancher sinnbetäubenden Gemälde in der „Pucelle", wird eher dafür, als dagegen sprechen, dass Voltaire zu der Zeit, wo er das Gedicht entwarf, noch nicht die Hefe des gesellschaftlichen Lebens bis zum untersten Grunde gekostet hatte. Denn wer d i e genossen, dem wird der Ekel und Überdruss detaillierte, lusterweckende Schilderungen unmöglich machen, oder wenn er mit feinerem Dichtersinn begabt ist, wird er die dunklen Seiten des menschlichen Wesens mit dem Lichte der Poesie verklären, wie das unser Göthe gethan.

Nun ist freilich das historische Bauermädchen von Domremy sehr verschieden von der mythischen Prophetin und Erlöserin Frankreichs! Schon die Geschichtschreibung des XV. Jahrhunderts, wie sehr auch der Aberglaube ihren Blick trüben mochte, hat die sehr menschliche Seite jener angeblichen höheren Mission meist erkannt. Nicht nur burgundische und englische Quellen, sondern auch einige französische, bestreiten diese göttliche Sendung, oder lassen sie unentschieden, und der Zahl nach sind etwa $^2/_3$ derselben neutral oder der Jungfrau entgegen, $^1/_3$ von dem Glauben an dieselbe erfüllt.[33]) Ebenso geht aus einzelnen Quellendarstellungen hervor, dass jenes 17jährige, exaltierte Mädchen auf die militärischen Operationen in Wirklichkeit gar keinen oder einen äusserst geringen Einfluss hatte, dass sie mit störendem Eigensinn stets in die strategischen Pläne oder in die Disziplin des Lagers einzugreifen versuchte, die gemeinen Soldaten durch aussichtslose Versprechungen für ihre Fantasien gewann und schliesslich durch eigene Unüberlegtheit vor Paris scheiterte und bei Compiègne zur Gefangenen wurde.[34]) Ihre sittliche Reinheit wird jedoch von den Zeitgenossen nicht direkt angezweifelt —, die vieldeutige Notiz einer englischen Quelle würde nichts beweisen —[35]), wenngleich wir den beiden Untersuchungen ihrer Jungfrauschaft keine Bedeutung zuschreiben können, weil noch heutzutage die ärztliche Weisheit nicht einmal im Stande ist, die „immaculata virginitas" eines Weibes sicher zu erkennen. Deshalb würde die leicht verhüllte Frivolität, mit der V. gerade diese Seite im Leben

der Bauerndirne bewitzelt, unmotiviert sein, wenn nicht
die übertriebene Bedeutung, welche die abergläubische Vorstellung des XV. Jahrhunderts auf die unbefleckte, und darum
nicht vom Teufel besessene, Jungfrauschaft legte, naturgemäss
den Spott hervorrufen musste.

Frühzeitig wurde die Geschichte der „Jungfrau" legen-
denartig ausgeschmückt,[36]) und gerade diese Ausschmückungen
der ursprünglichen Tradition sind zumeist in die katholischen
oder katholisierenden Darstellungen des Lebens der Jeanne
d'Arc übergegangen. Auf dem **Grunde dieser** unhistorischen
Auffassungen hatte Chapelain seine ungeschickte Verherrlichung
der „Pucelle" aufgebaut, und es war eine gerechte und natürliche Vergeltung, dass der so bis zur Unkenntlichkeit ideali-
sierte Stoff in die Hände des Meisters der Satire fallen
musste. Für Voltaire ist natürlich die selbstlose Hingebung
inmitten einer religiös gestimmten Leidenszeit ohne alle Bedeutung, sein nie versiegender Witz richtet sich gegen die
Unwahrscheinlichkeit einer prophetischen Mission im Weiber-
rocke und einer fleckenlosen Reinheit mitten in der Entsitt-
lichung des Lagerlebens. Hierin zeigt er aber die mephistophelische Seite seines Charakters. Während Shakspere, an
Holinshed festhaltend und von nationaler Abneigung bestimmt,
die „Joan la Pucelle" mit ungeschminkten Worten als Dirne
hinstellt, hebt Voltaire mit maliziösester Ironie hervor, wie
sehr die Jungfrau in Lebenslagen, denen weibliche Tugend
zum Opfer fallen muss, ihre „pucelage" bis zur Einnahme
von Orléans bewahrt und erst auf dem Siegesaltar geopfert
habe. Doch ist die satirische Darstellung der Jungfrauen-Le-
gende nicht eigentlicher **Zweck jener** Dichtung, die Tendenz
reicht bis an das innerste Mark der Kirche, welche erst Jeanne
d'Arc auf den Scheiterhaufen geführt, dann mit überirdischer
Glorie umgeben hat[37]) und zuletzt beinahe in den Heiligenkalender
gesetzt hätte. Alle Schattenseiten der kirchlichen Korruption, der
Heiligenkultus, der Wunderglaube, die Inquisition, die Unsittlichkeit der Priester, die geistige und religiöse Beschränktheit,
das Unwesen der Nonnenklöster, die galanten Abenteuer vor

dem Beichtstuhle etc. werden dem vernichtendsten Spotte preisgegeben. Doch die schalkhafte Ironie, mit der hier Voltaire getreu dem alten Spruche: „Le ridicule tue", das belächelt, was er in tiefster Seele hasste, lässt die eigentlich tendenziösen Stellen der Dichtung hinter den raffinierten Schilderungen Casanovascher Manier zurücktreten. Und, um den heiteren Eindruck des Gemäldes nicht zu schwächen, bricht er mit der Eroberung von Orléans ab, obgleich gerade die späteren Schicksale der Jeanne d'Arc die beste und vernichtendste Waffe gegen die Kirche in die Hand gaben.

Um ferner die „Jungfrau" nicht als mehr erscheinen zu lassen, denn als gewöhnliche Bauerndirne, muss ihre politische Bedeutung und Selbständigkeit, ihr Gegensatz zu dem Hofadel und ihr späterer Zwist mit dem König ganz übergangen werden und das Ziel ihrer Mission schon in Orléans, nicht in Rheims und Paris[38]) enden. Damit aber die „Pucelle", als eigentliche Heldin der Dichtung doch irgendwie vor den anderen weiblichen Geschöpfen hervortritt, muss ihr das Zerrbild der Agnes Sorel, die in V.s Darstellung zu einer Dirne für Jedermann, mehr durch Zufall als durch bösen Willen, wird, zur Seite gestellt werden, und ebenso ihre unzarte Emanzipation sich doch noch vorteilhaft vor der unweiblichen Rohheit der englischen „Maitresse" auszeichnen.

Wenn somit Voltaire die kirchliche Tradition hier völlig verleugnet, so hat er mit der nationalen Tradition keineswegs gebrochen. Die Engländer in der „Pucelle" verhalten sich zu den Franzosen, wie prosaische Karrikaturen zu poetischen Lichtbildern und selbst Talbot muss einer unlauteren Neigung zu Liebe Orléans preisgeben. Die französischen Kavaliere sollen uns Sympathie einflössen und auch Karl VII lässt uns durch ritterliche Tapferkeit seine unwürdige Liebelei vergessen.

Es wäre weder politisch, noch moralisch, eine Apologie der Voltaireschen „Pucelle" zu schreiben, aber den Triumph, den in dieser Dichtung der gesunde Menschenverstand und der echt französische Witz über beschränkten Aberglauben und römischen Legendentrug feiert, darf man nicht verkennen.

Die ästhetischen Fehler derselben liegen auf der Hand. V. vergass, dass Poesie und Moral in harmonischem Bunde stehen, und dass am wenigsten leichter Spott und seichter Witz uns für die Verletzung des sittlichen Gefühles entschädigen. Ferner ist die ewige **Wiederholung** und Anhäufung von Raffinement und **Wollustszenen** und der klägliche Mangel der bewegenden Motive und der epischen Handlung doch allzu fühlbar, als dass die prickelnden Schilderungen uns darüber hinwegtäuschen könnten.

Es ist charakteristisch für die ästhetische und ethische Richtung des vielgepriesenen XVIII. Jahrhunderts, dass jene „Pucelle" zum Erbauungsbuch der vornehmen Gesellschaft wurde, und dass erst deutscher Idealismus sein Verdikt über sie abgab. Und doch ist es nicht zum schlimmsten mit einer Zeit bestellt, die offen und ehrlich mit der sittlichen, wie mit der kirchlichen **Tradition bricht,** und wenigstens nicht durch heuchlerisches Frömmeln die Schäden der Korruption zu verbergen sucht.

Wie die „Pucelle", so schildert auch das fast vierzig Jahre später entstandene[31]) satirische Gedicht: „La Guerre civile de Genève" (1768) eine Zeit des Aberglaubens und der Priesterherrschaft. Hier gilt die vernichtende Satire V.s dem **calvinistischen Genf** mit seiner rigorosen Sittenstrenge, seinem Hass gegen Theater und weltliche Vergnügen. Nebenbei werden auch der **katholischen** Geistlichkeit, namentlich den jesuitischen Gegnern des Dichters scharfe Seitenhiebe erteilt. Die Tendenz dieser dem Froschmäusekrieg sehr ungeschickt nachgeahmten Epopöe wäre demnach unangreifbar, wenn nicht die Ausführung gemeine Bosheit und Rohheit des Gefühles zeigte. Als Bundesgenosse der bildungsfeindlichen Genfer Orthodoxie erscheint — der edle Schwärmer, Jean Jacques Rousseau, dessen Deklamationen gegen Kunst und **Weltlust** doch wahrhaftig selbstlosere Motive zu Grunde lagen, als der orthodoxen Intoleranz. Er wird nun in den drei letzten Gesängen des Gedichtes und im „Epilogue" so niedrig und verleumderisch karrikiert, dass selbst Jemand, der, wie Verfasser dieses, seinen Anschauungen nach weit mehr zu Voltaire, als zu Rousseau neigt, von lebhaftester Indignation erfüllt werden muss. All seine litterarischen Fehden und persönlichen Streitigkeiten, selbst sein sehr berechtigter Gegensatz zu Genf, werden durch einen angeborenen Hass gegen das Dankesgefühl erklärt; seine Naturliebe, sein idyllisches Zusammenleben mit Thérèse Levasseur in gewöhnlichster Weise bespöttelt. Selbst seine Wiederlegung der St. Pierreschen Faselei, über die „paix perpétuelle" soll er nur geschrieben haben —, weil ihn der neugestiftete Friede in Genf ärgerte. Es gereicht durchaus nicht zur Entschuldigung V.s, dass Rousseau ihn in den „Lettres écrites de la Montagne" der Genfer Orthodoxie denunziert, dass er sich auch sonst höchst schroff und taktlos ihm gegenüber benommen hatte,[40]) hier beschränkt sich der gereizte Satiriker nicht mehr auf eine litterarische Vernichtung des Gegners, sondern geht bis zur ekelhaftesten Besudelung desselben. Man **könnte als** Vignette zu der Guerre civile Voltaire in derselben Stellung abbilden, wie man später Nicolai **auf** Werthers Grabe dargestellt hat. Und die Galle V.s, die hier der unglückliche Feind erregt hat, ergiesst sich in dem „Epilogue" über das ganze litterarische Frankreich.

Wie sehr überhaupt der mephistophelische Zug in Voltaire sein menschliches Gefühl entstellen konnte, zeigt sich in jener Stelle, wo der Scheintod der Katherine zum Gegenstand der plattesten und böswilligsten Satire gemacht wird. Und nicht minder unangenehm, als die Diskreditierung der Gegner berührt uns die Selbstverherrlichung Voltaires. Indem die Schauspielkunst, die er vor allem in nächster Nähe Genfs gepflegt hatte, als Friedensstifterin der erregten Stadt gefeiert wird, setzt sich Voltaire selbst ein Denkmal auf den Gräbern der zu Tode getroffenen Genfer Orthodoxie und des aus feigem Hinterhalt gemordeten Rousseau.[41]) Merkwürdigerweise findet auf diesem unschönen Ruhmesdenkmal auch der Verleger Voltaires, M. Cramer, seinen Platz.

An den Haaren herbeigezogen, sind auch die Persiflierungen von alttestamentlichen Berichten, treffend dagegen die Verspottung des materiellen Sinnes der Genfer. — Auf die historischen Details, die in der Epopöe getreu porträtiert und in den Anmerkungen ausführlicher erörtert sind, gehe ich natürlich nicht ein.

V.s Vorahnung, dass man von der „Guerre civile" in Paris wenig Aufhebens machen, dass dieses Gedicht auf die nächste Umgebung von Genf beschränkt bleiben würde,[42]) ging unglücklicher Weise nicht in Erfüllung. Schon im März war dasselbe in Paris verbreitet,[43]) doch scheint die Wirkung weder bei den damaligen, noch bei den späteren Voltaire-Verehrern eine sehr nachhaltige gewesen zu sein.[44])

Von diesen drei epischen Dichtungen gehen wir zu den Lehrgedichten Voltaires,[45]) dann zu den politischen Gedichten,[46]) endlich zu den Satiren, den Episteln und Gesellschaftsliedern über. Ich lasse dabei einzelnes unberücksichtigt, was mir für die Charakteristik V.s weniger wichtig und ausgiebig zu sein scheint. — Die drei grösseren philosophischen Gedichte V.s: „Discours en vers sur l'homme" (1734 bis 1737), „Poème sur la loi naturelle" (1751 veröffentlicht 1756) und „Poème sur le désastre de Lisbonne" (1755) scheinen den Verächtern Voltairescher Philosophie einigermassen Recht zu geben. Die Gedanken der drei Gedichte sind auch für damalige Zeit weder original noch neu, und das Populär-Philosophische in ihnen ist durch eine üppig rankende und glänzende Poesie geschickt verdeckt worden. Dem Charakter Voltaires entsprechend, richtet sich sein Philosophieren immer nach den momentanen äusseren Verhältnissen und Anregungen. 1734, wo ihn Albion gefeiert und Paris noch nicht alle seine Hoffnungen vereitelt, ist er leichtlebiger Optimist, schwärmt in dem angeführten ersten Gedichte von einem Glücke, das allen Ständen zuerteilt sei, von einer durch Gott gespendeten Freiheit, die er freilich wieder so einschränkt, dass sie kaum noch eine Freiheit ist, beweisst die Existenz eines allgütigen Gottes durch das Vorhandensein angenehmer Empfindungen, lehrt den

Menschen, aus allen Lebenslagen eine möglichst grosse Glückseligkeit zu gewinnen, da das „reine Glück" der menschlichen Natur versagt sei; drückt sich um die schwierigsten Fragen der Philosophie durch das Geständnis herum, dass es Geheimnisse gäbe, „die für die Himmelsbewohner aufbewahrt seien", und erblickt in dem Neide und der Masslosigkeit die einzigen Feinde des menschlichen Glückes. Das „Poème sur la loi naturelle" ist im Hinblick auf die Berliner Glanzperiode entworfen und auch dem preussischen Könige gewidmet worden. Es schildert uns, mit diplomatischer Schonung des Kirchenglaubens, den moralischen Deismus V.s, seinen Hass gegen Intoleranz und Glaubenszank, seine Vorliebe für den aufgeklärten Despotismus (IV). Der Schöpfungsakt des „Etre inconnu", das uns ein Bewusstsein für Recht und ein Gewissen verliehen, wird wieder als unbegreifliches Mysterium geschildert. 1755, als die Berliner Herrlichkeit vorüber war, Paris dem Voltaireschen Genius auch nicht den gebührenden Weihrauch streute und das schreckliche Erdbeben zu Lissabon momentan seine Gemütsstimmung verdüsterte, wird unser Philosoph zum Pessimisten und sucht das Böse in der Welt mit dem Fantasiebilde seines allgütigen Gottes durch Hypothesen, die umfallen, ehe sie stehen (v. 141 ff.), in Einklang zu bringen. — Diplomatisch und äusserst subjektiv, wie die philosophischen Gedanken jener drei Gedichte, ist auch das philosophisch angehauchte Poème: „Sur les évènements de l'année 1744", worin V. zugleich den Friedensprediger und den Schmeichler der französischen gloire und Ludwigs XV spielt. Während wir hier den Patrioten Voltaire hören, wird 14 Jahre früher in dem Trauergedicht auf Mlle Lecouvreur Englands Friedens- und Kunstliebe auf Kosten Frankreichs gepriesen. Hatte doch „Albion" ihm Triumphe bereitet, während Frankreich seine Dichtungen lau aufnahm.

Die politischen Gedichte V.s gehören der Form nach teils den Satiren, teils den Oden, teils den Episteln an, und sind überhaupt nicht in dem Sinne als politische Tendenzdichtungen aufzufassen, als ob die Poesie hier einen illegitimen

Bund mit der Tagespolitik schlösse, wie das etwa in Herweghs einst gefeierten: „Gedichten eines Lebendigen"⁴⁷) geschieht. Vielmehr ist die dichterische Form derselben eine teils anmutig-witzige, teils feierlich-ernste und zum Teil erhebt sie sich zu einer Bilderpracht, die sonst der Verstandespoesie V.s fernliegt.

Eine bestimmte politische Tendenz zeigt schon die Ode: „Sur les malheurs du Temps" (1714). Im Rückblick auf den unglücklichen spanischen Erbfolgekrieg geschrieben, der die Reste des französischen Wohlstandes den Herrscherlaunen Ludwigs XIV aufopferte, verherrlicht sie die gute, alte Zeit, wo Tugend und sittliche Kraft noch etwas galten, und geisselt die Eroberungskriege und die innere Korruption des „siècle de Louis XIV". Entweder hat der zwanzigjährige Jüngling über politische Dinge idealer gedacht, als der spätere Hofmann, dem die Kultur jener Zeit als das höchste Ziel menschlichen Strebens erschien, oder seine wahre Überzeugung ist hier dem dichterischen Effekte geopfert. Nur die Abneigung gegen den Militarismus ist auch dem reiferen Dichter und Philosophen eigen. Wie sehr schon der jugendliche Poet in die Schäden jener hier angegriffenen Periode hineingezogen war, deutet die 1716 veröffentlichte Ode: „Chambre de Justice" an. Die Reformen jener 1715 gegen Wucher- und Gründertum, sowie Missbrauch der Steuererhebungen eingesetzten: „Chambre de justice" erscheinen dem Dichter, der schon vom Vater her den Spekulationsgeist eingesogen hatte, und selbst frühzeitig in die finanziellen Manipulationen der Aristokratie verwickelt war,⁴⁸) als brutale Härte und grausame Willkür. Wie wenig ernst er ferner die autokratische Laumenhaftigkeit bekämpfte, zeigt das leicht hingeworfene, scherzhafte Poème: „La Bastille" (Mai 1717), worin V. seine Entlassung aus der Bastillenhaft schildert und mit einer simulierten Abneigung gegen Hofgunst kokettiert.⁴⁹)

Mit voller Leidenschaft eifert hingegen schon der Jüngling gegen das Kirchentum seiner Zeit. Die „Epître à Uranie" (1722) verkündet mit begeisterten Worten die Religion der

Liebe und Toleranz und den reinen unverfälschten Deismus, und diese unverhüllte, antikirchliche Tendenz ist auch dem greisen Verfasser der Satire: „Les trois empereurs en Sorbonne" (1768) und des „Anniversaire de la St. Barthélemy" (1772) viel mehr eigen, als dem öfters diplomatisierenden Geschichtsschreiber. Sie zeigt sich auch in der „Epître au roi de Danemarc" (1771), worin die Pressfreiheit als hauptsächliches Schutzmittel gegen pfäffische Borniertheit gepriesen wird.

Neben der Toleranz und jenem mehr den philosophischen Fantasien V.s, als der historischen Wirklichkeit angehörenden Deismus, preist der Dichter das Glück der modernen Kultur und des philosophischen Epikuräismus in den Satiren: „Le Mondain"*) und „Défense du Mondain" und „Sur l'usage de la vie" (1736 und 1737), und wendet seine Aufmerksamkeit den Segnungen des aufgeklärten Despotismus zu. Die Ode „Au roi de Prusse", bei Friedrichs d. Gr. Thronbesteigung 1740 gedichtet, hofft von dem philosophischen König eine Zeit der religiösen Freiheit und der philosophischen Forschung. Von Katharina II und ihrem Türkenkriege (1768 bis **1774**) wird in der „Epître à Catherine II" (1771) gar eine Wiederherstellung altgriechischer Herrlichkeit erwartet, obwohl der Dichter selbst von der sittlichen Verkommenheit der halbslavischen Griechenhorde vollkommen überzeugt ist und vielleicht auch ahnte, dass der Philhellenismus der modernen „Pallas" nur ein politischer Köder war, wie später die offizielle Griechenbegeisterung der Jahre 1821 u. ff. Es ist sehr begreiflich, dass dem fernlebenden Einsiedler von Ferney, der die russische Politur nur in der glänzenden Gestalt Katharinas kannte, das Ringen der Russen und Türken wie ein Streit der Kultur und Barbarei erschien — dachten doch noch 1877 die deutschen Bierpolitiker genau so, wie der Hofhistoriker Voltaire —, schwer zu sagen ist aber, wo gerade in dieser Epistel die aufrichtige Überzeugung von der berechneten Schmeichelei sich scheidet.

---

*) Die Tendenz des keineswegs bloss scherzhaften Gedichtes geht aus V.s Vorbemerkung (a. a. O. VII, 208) **hervor.**

Offener und ehrlicher ist das Lob, welches Christian d. VII von Dänemark in der oben erwähnten Epitre, wegen seiner Aufhebung des Presszwanges gesungen wird. Zwar mischt sich auch hier persönliche Regung in die wohlberechtigte politische Tendenz, indem V. die Pressbeschränkung als Schutzmittel jener dem Dichter so verhassten Pariser Schriftstellerclique[46]) und der pfäffischen Verfolgungssucht hinstellt. Wohlberechnete und wohlzuentschuldigende Schlauheit ist es, wenn der Dichter die freie Presse als etwas Ungefährliches und Machtloses zu schildern sucht, das in keinem Falle der hohen Politik oder den militärischen Kombinationen hinderlich sei, — waren doch diese Verse an einen geistesschwachen Autokraten gerichtet, wenn schon an einen aufgeklärten. · Mit gleich relativer Aufrichtigkeit wird Gustav III, der Feind und Besieger des dem greisen V. so antipathischen Feudalismus, geschildert (Epître au roi de Suède, 1772). Ist es aber wirklich tief ernste Begeisterung oder nur momentane Laune, wenn V. in der bekannten „Epître à la Liberté" (März 1755) neben einer überzeugungsvollen Schilderung der Naturschönheiten des Genfer Sees auch die republikanische Freiheit preist?

Dagegen kann die Zuverlässigkeit der dem reformlustigen Turgot in der Epitre „A un homme" und der Ode: „Sur le passé et le présent" gespendeten Huldigungen keinem Zweifel unterliegen, da sie mit V.s sonstigen Äusserungen über Turgot völlig stimmen. Die Ode ist 1775 als Dankeszeichen für Turgots Befreiung des von Steuerpächtern und Feudallasten gedrückten Ländchens Gex geschrieben, und die Epistel 1776 nach dem Sturze des edeldenkenden Ministers veröffentlicht worden. Sie fordert den Gefallenen auf, sich mit dem philosophischen Stoizismus der Tugend über den wankelmütigen Undank des Volkes zu trösten.

Die „Epître à Horace" (1771) schildert in Horaz eigentlich nur Voltaire und seine verdienstvolle Thätigkeit zu Ferney und sucht den Dichter gegen den Vorwurf höfischer Gesinnung zu verteidigen, indem auf den Abstand des legitimen Königs Friedrich d. Gr. und des fluchbeladenen Usurpators

Augustus, der kordialen Zuneigung V.s und der unwürdigen Weihräucherung des Horaz hingewiesen wird.

Die Abneigung Voltaires gegen Kabinetskriege, als schlimmste Verderber der heissersehnten Periode philosophischer Kultur, bekunden das Poème: „Sur la paix de 1736" und die Ode: „Sur la mort de l'Empereur Charles VI" worin das Glück des Friedens gepriesen, die schwere Verantwortung der Fürsten vor Gottes Richterstuhl hervorgehoben und nur der Türkenkrieg als die einzig vernünftige Form der Kriegführung bezeichnet wird.

In der „Epitre au Roi de la Chine" ist, von einer gelegentlichen Verherrlichung Friedrichs d. Gr. und der russischen Katharina abgesehen, nichts von Politik zu finden. Durch eine zufällige Veranlassung, die Herausgabe und Übersetzung einer chinesischen Dichtung des Kaisers Kien-Lung hervorgerufen, wendet sich das Gedicht gegen die verkommene, von der klassischen Poesie abgewandte und dem Opernprunk zuneigende Dichtung und Kritik[49]) damaliger Zeit. Die Lieblingsansicht Voltaires, dass die chinesische Religion deistischen, nicht atheistischen Charakters gewesen, wird mit vielen Ausfällen gegen die katholische und andere positive Religionen auch hier wiederholt.

Der Verfall der französischen Dichtung und Wissenschaft, das litterarische Cliquenwesen und die elende Kritikasterei sind auch der Gegenstand der meisten Satiren V.s, namentlich derer, die vor dem Jahre 1760 gedichtet sind. Neben diesen Schattenseiten übersieht aber der satirische Kritiker nie die glänzenden Lichtseiten der höfischen Verfeinerung und gesellschaftlichen Kultur, namentlich der dem Franzosen so unentbehrlichen Künste der Liebelei und des sinnlichen Vergnügens. Diese werden besonders am Schluss der Satire: „Sur l'usage de la vie" gepriesen. Seine oben angeführten Satiren: „Le Mondain," „La Défense du Mondain" und „Sur l'usage de la vie" ebenso wie die Schilderung der Pariser Herrlichkeit zur Zeit Ludwigs XIV in „Le Russe à Paris" zeigen, wie sehr V., trotz seiner begreiflichen Polemik gegen die kleinen Geister der Dichtung, Philosophie, Theologie und Kritik, sich innerhalb der bestehenden Verhältnisse wohl fühlte und leicht zu bewegen wusste. Erst mit dem Jahre 1760 ungefähr, als der Einsiedler von Ferney das trügerische Hoffnungsbild der höfischen Gunst und des hauptstädtischen Beifalles in immer weitere Ferne gerückt sah, wird auch das gesellschaftliche und politische Leben von Paris zum Gegenstand der Satire. In dem „Dialogue de Pégase et du Vieillard" (d. h. Voltaires selbst) wird die stille Ruhe ländlicher Zurückgezogenheit im Gegensatz zu der verführerischen Zauberkraft des schöngeistigen Paris gepriesen. Stets aber, und selbst in diesen Worten eines fast 80jährigen Greises tönt die Sehnsucht nach der Residenz und die Selbstverherrlichung hindurch.

Am gleichmässigsten, klarsten und schärfsten ist V. da, wo er das religiöse Koteriewesen, die theologische Borniertheit und Verfolgungssucht der Zeit in seinen Satiren schildert. Schon die „Défense du Mondain" richtet eine ihrer Spitzen gegen die weltliche und erheuchelte Frömmigkeit, gegen die „faux dévots, véritables mondains", der „Pauvre Diable" (1758) schildert das religiöse Tartüffetum und seine gefährlichen Verlockungen für Streber und Carrièremacher, die „Vanité" verschont auch den Jansenismus nicht; die gesamte religiöse Mache jesuitischen und jansenistischen Ursprungs wird in der Satire „Le Russe à Paris" (Mai 1760) blossgestellt. Die „Chevaux et les Anes" geisseln unter jenem nicht missverständlichen Bilde die moderne Gleissnerei in ihrem Gegensatz zur biederen alten Zeit. Die „Eloge de l'Hypocrisie" reisst der berechneten Heuchelei schonungslos die Maske vom Gesicht, und enthüllt ihre innere Leere, die nicht einmal auf die Dauer zu berücken versteht (1766). Die Satire „Le Marseillois et le Lion" (1768) wendet sich gegen den geistlichen Hochmut, der den Menschen zum Herrn der Schöpfung, zum unsterblichen Liebling Gottes erhebt, und sieht selbst in der königlichen Gewalt nur einen Ausfluss der rohen Gewalt, denn

„Ainsi dans tous les temps nos seigneurs les lions
Ont conclu leur traité aux dépens des moutons",

heissen die beiden Schlussverse. Die physische Gewalt, nicht die sittlichen Mächte erscheinen hier als Bindeglied der menschlichen Gesellschaft. Die „trois empereurs en Sorbonne" (1768) bespötteln die Lehre von den Höllenstrafen und der ewigen Verdamnis der Heiden. In dem Dialoge „Le Père Nicomède et Jeannot" erscheint die Philosophie als Retterin aus geisttötender Frömmelei, um freilich in den „Systèmes", ebenso wie ihre theologische Zwillingsschwester, dem Sceptizismus geopfert zu werden. Gleichbleibend und konsequent, wie die Opposition gegen kirchliches Wesen ist auch der Spott und Hass gegen das alte Testament, als die Grundlage der positiven Religion und der kirchlichen Vorurteile.

Ebenso konsequent ist der Satiriker Voltaire in der Verurteilung des militärischen Ehrgeizes und des kriegerischen Fanatismus. Der Schluss seiner Satire „La Tactique", das Lob des Friedensverkünders, des abbé Saint-Pierre, spricht diese Anschauung deutlich genug aus.

Mit diesen allgemeinen Prinzipien einen sich, wie bei den vorhin betrachteten politischen Dichtungen, persönliche Interessen. Ein fast widerwärtiger Hass tönt aus der Satire: „La Crépinade", in der J. B. Rousseau, der schon aus dem Comm. hist. als Gegner Voltaires bekannt ist, fast ebenso prostituiert wird, wie sein Genfer Namensvetter in einzelnen der Satiren und im „Guerre civile de Genève". Der „Pauvre diable", so sehr er auch das ganze Koteriewesen religiöser, politischer und litterarischer Art enthüllt, und die Leiden und Qualen eines emporstrebenden Geistes ohne materielle Unabhängigkeit schildert, soll doch in erster Linie den bitter gehassten Fréron an den Pranger stellen.

Die „Vanité" sucht die provinziale Eitelkeit des theologischen Schriftstellers, Le Franc de Pampignan aus Montauban, und in ihm den ganzen nach Hofgunst ringenden, aber von der Residenz verspotteten Provinzialismus zu verhöhnen.

Als glänzendes Gegenstück zu dem so gegeisselten Treiben der Gegenwart erscheinen die litterarischen und politischen Verhältnisse der antiken Zeit und der klassischen Periode

Frankreichs. Bereits die erste Satire: „Le Bourbier" (1714) feiert die Grösse antiker Dichtung und spottet der Epigonen des neuen Parnasses; sehnsuchtsvoll schaut der „Parisien" in dem Dialog: „Le Russe à Paris" auf die Zeit Molières zurück, die „Chevaux et les Anes" schildern den Verfall der französischen Dichtung, Beredtsamkeit, Geschichtschreibung und Tonkunst. In den „trois empereurs en Sorbonne" wird die majestätische Geistesgrösse des Titus, Trajan und Marc Aurel der kleinlichen Borniertheit christlicher Ketzerspürer entgegengestellt. Die „deux Siècles" lassen der gegenwärtigen Zeit nur den zweifelhaften Ruhm des finanziellen Spekulationsgeistes, und die „Cabales", 1772, sprechen in schärfster Ausführung und witzigster Modifikation den Grundgedanken aus: „On cabale à la cour, à l'armée, au parterre." Während die ältere Zeit in Staat, Dichtung und Kirchenwesen und besonders die hellenische Blütezeit nicht ohne absichtliche Übertreibung glorizifiert wird, sind alle litterarischen, politischen und religiösen Bestrebungen des XVIII. Jahrhunderts dem vernichtenden Spotte des Satirikers Voltaire verfallen. Nicht allein die epigonenhafte Poesie und tendenziöse Kritik der Residenz, das frömmelnde Treiben in theologischen Schriften, Zeitungen und Klubversammlungen, sondern auch die Bestrebungen der Parlamente, die oppositionelle Richtung der jansenistischen Kirche, die Philosophie Rousseaus, der Materialismus, die litterarischen Reformen Diderots etc. werden unbedingt getadelt und verspottet. Selbst der so oft in den politischen Dichtungen gepriesene Absolutismus erscheint hier nur einmal in poetischem Glanze, und auch die Philosophie wird nur als Widerpart der kirchlichen Theologie gefeiert. Es ist ein öder, trübseliger Anblick, den V.s Satiren, namentlich die der späteren Zeit, darbieten, und doch sind es bei aller geistreichen Mannigfaltigkeit dieselben Grundgedanken, die wir in schönerer Form und poetischerem Gewande aus den politischen Gedichten hervorblicken sahen, — Verherrlichung der modernen Kultur und daneben die mephistophelische Freude an der Zerstörung des Bestehenden.

Dem Inhalte nach lässt sich den Satiren anreihen: das kleine Gedicht: „Jean qui pleure et Jean qui rit" (1772), das unter leichtverhülltem Spotte die Frivolität des gegenwärtigen Geschlechtes schildert, welches unter Gelagen, im Arme von Mätressen und bei materieller Unabhängigkeit die politischen und sozialen Übelstände der Zeit vergisst, und sich durch den Gedanken an die Unsterblichkeit seiner schönen Seele über diese Leichtlebigkeit tröstet. Ferner die halb prosaische, halb poetische Dichtung: „Le temple du Goût," nach V.s Angabe nur für vertraute Freunde bestimmt und 1731 gegen des Autors Willen der Öffentlichkeit übergeben.

Die nächste Veranlassung dieser, trotz V.s Einwände, mehr satirischen, als kritischen Dichtung (s. Lettre à M. de Cideville, a. a. O. IX, 41) war das intime Verhältnis des Autors zu dem allmächtigen französischen Minister, dem Cardinal Fleury, der in dem „Temple du Goût" eine Rolle spielt, wie Vergil in Dantes „Divina Commedia". Es ist bezeichnend für V.s Überzeugungstreue, dass später, als die auf Fleurys Protektion gesetzten Hoffnungen nicht erfüllt wurden, vielmehr die Anfeindung der Hofkoterien dem Dichter den Aufenthalt in der Residenz immer mehr verleidete, alle jene „éloges de Fleury" unbarmherzig ausgestrichen wurden, und nur der Tadel der lateinischen Versmacherei des Kardinals stehen blieb. Auch die „Mémoires" suchen später das Andenken Fleurys in den Staub zu ziehen. Ebenso begreiflich ist es, dass V. den Tadel seiner Tragödien „Brutus" und „Zaïre" wieder ausmerzte, und sein Lob, dem nationalen Sinne sich anschmiegend, ausschliesslich auf französische Dichter und Künstler beschränkte. Der Grundgedanke des „Temple du Goût" ist der, dass alle Schriftsteller, „welche kaum den Geist ihrer Zeit wiederspiegeln" von der ästhetischen Kritik der Nachwelt preisgegeben werden müssen, und nur diejenigen, „welche den Geist besitzen, der auf die späteste Nachkommenschaft übergeht", in dem Ruhmestempel ihren Ehrenplatz finden sollen. So opfert denn V.s Satire nicht nur die litterarischen Koterien und frommen Cliquen seiner Zeit, nicht nur die gelehrte Schriftstellerei eines Bayle und Leibnitz (dem nur seine lateinischen Verse eine Aufnahme im „Temple du Goût" sichern) u. a., nicht nur die Romane in Scudéryscher Manier, oder die frommen Hirtenbriefe geistlicher Zeloten, sondern auch die italienische Musik, die gotische Baukunst, die Originalität eines St. Evremond und manche wohlberechtigte Strebungen früherer Zeiten. Diesem einseitigen und unbedingten Tadel steht nicht ein gleich unbedingtes Lob der wahrhaft unsterblichen Geister gegenüber. Bedingungslos verherrlicht wird nur Racine, dagegen werden Corneilles spätere Dichtungen, Molières „niedere Komik" und wenig glückliche „dénouements", einzelnes in Fénelons, Lafontaines und Boileaus Dichtungen dem guten Geschmack aufgeopfert und nicht ohne Grund Quinault gegen Boileau verteidigt. Auch Bossuets einseitige Auffassung der Egypter, ein Lieblingsobjekt Voltairescher Polemik, wird schon hier hervorgehoben. Natürlich fehlt die antikirchliche Tendenz nicht. In dem „Temple du Goût" kennt man den Unterschied der Konfessionen nicht, Jesuiten wie Jansenisten sind da friedlich vereint, und selbst die Infallibilität des Papstes wird mit beissendem Hohn auf die Dinge, „welche man nicht begreift," eingeschränkt. Um den Vorwurf der Irreligiosität von sich abzuwehren, sucht dagegen V. den Atheismus und Materialismus des Epikur nicht ohne geflissentliche Zuspitzung blosszustellen. Es ist also der „Temple du Goût" eine Schutzrede der Geistesgrösse und Geistesfreiheit gegenüber der Mittelmässigkeit und unfreien Beschränktheit, und ganz unvermerkt weiss der schlaue Diplomat auch einige kleine Geister der gegenwärtigen und der früheren Zeit in diese Geisteselite einzuschmuggeln. Sollten aber wirklich die kleinen Nadelstiche, welche dagegen der Mephisto des XVIII. Jahrhunderts den grossen Geistern versetzt, so ernste Angriffe hervorgerufen haben, wie V. selbst in dem „Lettre à M. de Cideville" und die Editeurs de Kehl in ihrem „Avertissement" versichern, sollten nicht diese Versicherungen nur ein wohlfeiles Reklamemittel sein, gerade wie V.s Versuch, sich als Dolmetscher der öffentlichen Meinung hinzustellen und den Anspruch einer wirklichen ästhetischen Kritik von jener „plaisanterie" fernzuhalten?

Ich gehe auf die Varianten der Dichtung nicht ein, sie sind für die ästhetische und kulturhistorische Würdigung derselben ohne Wichtigkeit.

Satirischen Charakter hat auch die launige Schilderung der „Voyage à Berlin" (Juli 1750). Zweck derselben ist in erster Linie die unbedingte Anpreisung des neuen Mäcenas, des Philosophen von Sanssouci. Diesem Zauberbilde wird selbst V.s instinktive Abneigung gegen militärische Dressur und Kriegsruhm geopfert und Preussens Riesengarde (nicht ohne mephistophelische Beimischung) gerühmt. Daneben findet der Satiriker Gelegenheit, die langatmigen Romandichtungen seiner Zeit, die bäuerliche Einfalt der Westfalen zu verspotten, und dagegen die klassische Poesie Frankreichs selbst auf Kosten der antiken zu erheben und römische Kultur zu preisen. Ganz ohne Seitenhiebe darf aber die dem Satiriker unsympathische, französische Poesie der Gegenwart nicht dem Kampfplatze entrinnen: vielleicht, so bemerkt V. boshaft, würden einst Franzosen die Tragödien von Amsterdam übersetzen müssen, wie man jetzt in den Niederlanden schlechte und gute französische Tragödien sich aneigne, denn „chaque peuple à son tour"

Die Oden V.s, deren wir einige schon nach ihrer politischen Tendenz betrachteten, sind das grellste Gegenstück der Satiren. Hier zeigt sich der Dichter als echtes Kind seiner Zeit, das sich in ihre Vorzüge, wie in ihre Schwächen eingelebt hat, dem äusserer Glanz und leerer Prunk oft höher stehen, als stille Grösse und wahres Verdienst, der an unwürdige Fürsten und Günstlinge masslose Schmeicheleien verschwendet und selbst da zum Hofmanne herabsinkt, wo er als Philosoph denkt und dichtet. Die Kennzeichen seines wahren Genius, sein Hass gegen Intoleranz und Fanatismus, gegen geistliches und weltliches Koteriewesen, gegen die Faulenzerei der katholischen Orden, gegen den rastlosen Ehrgeiz des eroberungssüchtigen Despotismus, seine Liebe zur

Philosophie, sein Eifer für religiösen und politischen Fortschritt, fehlen auch hier nicht, aber wie sehr sind sie in Form und Inhalt durch das Konventionelle und Höfische entstellt! Der jugendliche Dichter, dem die Protektion mächtiger Frömmlinge für sein Emporkommen vielleicht notwendig schien, huldigt in der Ode: „Sur Sainte Geneviève" dem katholischen Heiligenglauben, geberdet sich in der Dichtung: „Sur le Vœu de Louis XIII" als eifriger Katholik und feiert in dem später preisgegebenen: „Le Vrai Dieu" dem vulgärsten Gottesglauben. Die äussere Veranlassung der beiden ersten Gedichte (sie waren für den „concours" bestimmt) erklärt ihren Charakter, nimmermehr können sie aber ein Ausdruck der Meinung dessen sein, der schon ein Jahr später die „malheurs du temps" beklagte. Zu wie unwürdigen und unaufrichtigen Schmeicheleien lässt sich der Autor in der Ode: „La Clémence de Louis XIV et de Louis XV" oder selbst in dem formvollendeten: „Poëme de Fontenoy" herab, wie wenig entspricht das Lob, das er der frommen Maria Theresia spendet, seinem Charakter! Wie innerlich unwahr ist selbst die Vergötterung Friedrichs II oder die Verherrlichung der Türkenkriege Katharinas! Wo ist da die Grenze zwischen berechneter Schmeichelei und überzeugungsvoller Huldigung?

Während der Satiriker Voltaire die kleine Gegenwart der grossen Vergangenheit opfert, schwelgt der höfische Odendichter in dem Glücke der aufgeklärten Jetztzeit und hebt sie geflissentlich über das griechisch-römische Altertum. Der Freude an der Gegenwart will er selbst seinen Hass gegen die Gräuel der St. Barthélemy opfern, so sehr auch der Groll des Toleranzpredigers, in der Ode: „L'anniversaire de la Saint-Barthélemy" hindurchtönt. Es sind mehr kleine Seitenstiche, als vernichtende Schläge, die hier gegen das kirchliche Treiben geführt werden, wenngleich sonst V. es sich nicht versagen kann, selbst in der „Apologie de la Fable" die jesuitische Tendenzschriftstellerei zu geisseln und in der tiefempfundenen Schilderung der idealen Freundschaft (Temple de l'amitié, 1732) die „dévots" zu verspotten.

Ähnlichen Charakters, wie die „Odes" und die zuletzt betrachteten „Poëmes", sind die „Stances" und die Epîtres", **sind** sie doch auch grösstenteils an fürstliche und hochstehende Personen gerichtet und auf deren Neigung und Anschauungsweise berechnet. Aber der ceremonielle Ton, **der in** den „Odes" herrscht, ist in den „Epîtres", namentlich in denen der früheren Periode, durch eine freie, rücksichtslose Sprache verdrängt worden, die nicht selten ans Frivole streift. Aus ihnen, einem wichtigen Stück Kulturgeschichte, lernen wir die französische Gesellschaft des XVIII. Jahrhunderts kennen, mit ihren verderbten Sitten, ihrer Gleichgültigkeit gegen Zucht und Treue, wie in ihrer Liebe zur Kunst und Philosophie, ihrer feinen Salonbildung, ihrer verlockenden Anmut. Voltaire selbst spielt in ihr frühzeitig eine Rolle und in verschiedenen der „Epîtres", die wohl nicht für die Öffentlichkeit ursprünglich bestimmt waren, schildert er sein nicht immer zartes Verhältnis zu jener Welt der Hyperkultur. Da erfahren wir **(Ep. XVI), dass** die Schauspielerin **Livry** erst Voltaire dem Herrn la Faluère de Genonville, einem Parlamentsrat, aufgeopfert, dann zur marquise de Gouvernet erhoben, dem ehemaligen Liebhaber die Thür wies (XXXII), wofür sie von Voltaire in der Epître: „Les Vous et les Tu" blossgestellt wird; dass die marquise du Châtelet den älter werdenden Liebhaber mit dem jugendschönen Saint-Lambert vertauschte, dass der kränkliche und unschöne Dichter auch sonst bei seinen Mätressen Unglück hatte etc. Einmal ist der Dichter rückhaltlos genug, der Herzogin v. Richelieu, der Gattin desselben Mannes, den er in der Ode „Sur l'ingratitude" und in verschiedenen „Epîtres" so hoch gepriesen, den Rat des Ehebruches ziemlich unverblümt zu geben, und noch in späterem Alter rät er einer jungen Wittwe, nicht zweklos ihre Jugendschönheit zu vertrauern. **Bei alledem** tönt eine Antipathie gegen **dieses** höfische Treiben hie und da hindurch (s. namentlich **die** Ep. **74,** à Mme de Dénis). In der Einsamkeit **des Schweizer** Exiles und **im Verkehr** mit **seinen** philosophischen Freunden **vergisst** V. die Herrlichkeit der Residenz, bis noch aus der letzten „Epitre" des 84jährigen Greises die Sirenenstimme des modernen Babel wieder hervortönt. In den „Odes" und „Stances" predigt Voltaire nur den weisen, massvollen Lebensgenuss und klagt, dass Alter und Krankheit ihn von diesem fernhalten, in den „Epitres" schildert er das Ausschweifende des Lebens- und Liebesgenusses in verlockenden Farben und bedauert nur, dass zunehmende Alter und Körperschwäche ihm ein unfreiwilliges Halt zurufen. Die edleren Züge des Voltaireschen Genius fehlen zwar auch hier nicht. Ueberall tönt seine Liebe zur Philosophie und Kunst, sein Hass gegen unwürdige Höflinge, neidische Litteraten, heuchlerische Frömmler*) und Frömmlerinnen hindurch, auch hier bekundet er seinen Deismus (Epitre à l'auteur du livre des trois imposteurs) seine Vaterlandsliebe, seine Bewunderung des aufgeklärten Despotismus. Auch hier zeigt er (in den Epitres I, II und III), gerade wie in der Ode an die hl. Genovefa oder über den wahren Gott, die Frühreife und das ideale Formtalent seines Geistes. Auch hier verleugnet er oft aus Berechnung die philosophischen Grundsätze und steigert selbst seine aufrichtige Bewunderung bis zur unwürdigen Schmeichelei. Seine Liebe zur friedlichen Kultur hält ihn nicht ab, die Ruhmesthaten eines Eugen und Friedrich, ja selbst die Trophäen eines Richelieu und Ludwig XV zu preisen, aus purer Berechnung verschwendet er (bereits 1719) seine Schmeicheleien**) an Georg I von England, an den Herzog von Orléans u. a. Der Mephisto blickt auch hier öfters unter der höfischen Maske hindurch. So gibt er dem Prinzen Eugen, der damals (1716) gegen die Türken zu Felde zog, den Rat —, den Grand Turc zum cocu zu machen, so fordert er den Kardinal Quirini auf, den preussischen Ketzerkönig zu bekehren, so erinnert er die patriotischen

---

*) Einmal heisst es sogar: Homme de bien, quoique d'Eglise (XXXI a. a. O. IX, 210).

**) Am wenigsten aufrichtig ist seine Verherrlichung des Stanislaus Leczinsky. (Ep. à la Reine). vergl. damit die „Mémoires" a. a. O. XXV, 62, 63.

Franzosen daran, dass, während sie vor Philippsburg kämpfen, die Treue ihrer Frauen und Mätressen gefährdet sei.

Einzelne Züge der „Epitres" erinnern mehr an die „Satires", als an die „Odes" und „Stances". Hier wurde die Gegenwart unbedingt über die Vergangenheit erhoben, in zweien der „Epîtres (au roi de Chine und à Boileau") klagt Voltaire über den Verfall der damaligen Poesie und Kritik und tadelt selbst den einseitigen Klassizismus Boileaus, während er die in den „Odes" nicht ohne Restriktionen gepriesenen griechischen Dichter unbedingt feiert und bewundert. Die Form der „Epitres" ist nicht bloss die des konventionellen Klassizismus, wie in den „Odes", sondern öfters geflissentlich antikisiert, mit hellenischen Reminiszenzen und Redeweisen geschmückt. Und auch die Tendenz wird da wenigstens, wo der Dichter der Anfeindungen gedenkt, die ihm selbst, seiner du Châtelet und anderen Näherstehenden durch gemeinen Neid und boshafte Verleumdung bereitet werden, eine satirische.

Die „Poésies mêlées" haben teils die höfisch-konventionelle Form der „Odes" und einzelner „Epîtres", teils schlagen sie den Ton der „Satires" an. Schon das erste Gedicht, das V. nach gewöhnlicher Annahme als 12 jähriger Knabe an M. Duché richtete, spottet des Messiastums und der übernatürlichen Geburt Christi und lässt am besten erkennen, wie wenig selbst der sich entwickelnde Dichter Gefühle hegen konnte, welche seine Ode an die hl. Genovefa oder über das Gelübde Ludwigs XIII ausspricht. Auch mehrere andere Jugendgedichte, darunter ein Epigramm aus dem Jahre 1712, spotten der Priester. Die Jansenisten und Jesuiten sind auch hier Gegenstände der Satire. Freilich sollten Diejenigen, welche in V. einen Feind des gesamten Jesuitismus, nicht bloss einzelner jesuitischer Meinungen und Persönlichkeiten erblicken, nicht die Gedenkverse vergessen, welche der Dichter nach der Aufhebung des Jesuitenordens 1773 schrieb:

  C'en est donc fait, Ignace, un moine vous condamne
  C'est le lion qui meurt d'un coup de pied de l'âne.

Der katholischen Frömmigkeit wird die christliche Liebe entgegengestellt, doch sind hier die sonst so begeisterungsvoll verkündeten Lehren der Toleranz und des Deismus nur gelegentlich zu finden. Desto eifriger bemüht sich der Dichter, seinen Freunden und Gönnern zu schmeicheln und seine Feinde, wie auch abweichende Richtungen der Tagesmeinung, herabzusetzen. Doch hält er hier in der Schmeichelei wenigstens einiges Mass. Seine Stellung und sein Ehrgeiz brachten es zwar mit sich, dass eine Pompadour und ein Louis XV gelobhudelt werden mussten, aber dafür schildert er in den „Poésies mêlées" den Herzog von Richelieu ausschliesslich als das, was er war, als einen Wüstling und Schlemmer und sucht nicht, wie in den „Odes" und „Epitres", ihn auch als Mäcenas und grossen Kriegsheld zu preisen. Dagegen gibt er Friedrich dem Grossen gegenüber seine Würde preis. Schon 1756, zur Feier des Einfalles in Sachsen, also wenige Jahre nach der bekannten Frankfurter Affäre, wird der preussische Herrscher in übertriebenster Weise zugleich als Friedens- und Kriegsheld gepriesen. Glücklicherweise erniedrigt er sich nicht auch zum Schmeichler des sittenverderbten Herzog von Orléans, gibt vielmehr in zwei Dichtungen des Jahres 1716 seine wahre Meinung zu verstehen. In den Angriffen auf seine Feinde kennt V. dagegen kein Mass. Wennschon wir der Verspottung der kleinlichen Corneille- und Racine-Kritik, der Pedanterie La Mottes, der akademischen Weisheit und der Opernmanie jener Tage unseren Beifall nicht versagen, wenngleich wir der Verteidigung Homers zustimmen, so übersteigt doch die Karrikierung Frérons, Pompignans und der beiden Rousseaus alles Mass.

Dem religiösen Handwerkstreiben jener Zeit und selbst ihrer Schöngeisterei wird häufig die Liebe, Lebenslust und Freundschaft als glänzendes Gegenbild vorgehalten und von einzelnen frivolen Dichtungen abgesehen, ist es mehr die ideale Seite jener Gefühle, als die sinnlich materielle, welche der Dichter preist. Auch die ewigen Klagen über die zunehmende Körperschwäche und die häufigen Körperleiden sind hier seltener und weniger übertrieben. Sonst freilich ist die wohlthuende Wärme der „Odes" durch die skeptische Kälte, wie sie die Satiren ausströmen, verdrängt und selbst die Philosophie wird in ihren Vertretern Descartes, Malebranche*) und sogar Locke scharf mitgenommen. Auch das Behagen an dem hauptstädtischen Treiben und der verfeinerten Kultur finden wir hier seltener ausgesprochen, und während die letzte der „Epîtres" uns den sterbenden Greis schilderte, der sich noch fest an das Pariser Leben klammerte, spricht die letzte der „Poésies mêlées" nur den Gedanken aus, dass alles jenseitige Leben ein unbegreifliches nichts, das Diesseits nur ein Wahnbild, eine „comédie", sei. Ebenso ist die Verherrlichung des natürlich-einfachen und idyllisch-ländlichen weniger hervortretend.

Man darf auch an den „Poésies mêlées" der ersten Periode die frühentwickelte Formgewandtheit bewundern und wird die Schärfe des Gedankens und das Schlagende des Witzes immer hervorheben müssen, aber die wunderbare Geistesfrische des „vieux malade de Ferney" spricht aus den Spätlingsdichtungen dieser Gattung weniger, als aus den gleichzeitigen Oden, Satiren und Episteln.

Die „Contes en vers" waren zum Teil ebensowenig für die Veröffentlichung bestimmt, wie die Poésies mêlées", die gegen V.s Willen und mit Gedichten anderer Autoren vermischt, publiziert wurden (s. d. Avert. der Ed. de Kehl, abgedr. a. a. O. IX, 352). Hier ist der Ton, nicht bloss in den Jugenddichtungen, wie die Editeurs de Kehl meinen, sondern auch in dem 1764 gedichteten „Ce qui plaît aux Dames" ein rückhaltlos frivoler und nicht nur die sinnliche Leidenschaft, sondern selbst Buhlerei und Ehebruch werden in verlockendster Weise geschildert. Die mythologischen Erzählungen dienen als Folie des Voltaireschen Witzes und sind häufig in einer Manier behandelt, die an Blumauer und Offenbach erinnert. Die antikirchliche Tendenz blickt natürlich aus allen

---

*) Diese beiden werden allerdings auch in einer „Epître" getadelt.

diesen lusterweckenden Schilderungen hindurch. In der „Préface", der unter dem Pseudonym Guillaume Vadé (ein 1757 † Dichter) herausgegebenen „Contes" werden neben der Vielschreiberei und Büchermacherei auch das kirchliche Begräbnis, die christlichen Taufnamen, der Heiligenkultus der römischen Kirche, der fromme Bettel verspottet; die „Education d'un Prince" (1763) wendet sich gegen die bigotte Autokratie und den verderblichen Einfluss frommer Ratgeber. An einer Stelle der „Filles de Minée" (a. a. O. IX, 405) ist die Abendmahlslehre und die Auferstehung Christi ziemlich deutlich verspottet, und auch in der „Education d'une Fille" wird der Heiligenkultus ins Schmutzige gezogen. Überhaupt verspottet V. unter der Maske antiker und egyptischer Legenden die christliche Fabelsucht.

Zu dem formvollendsten der „Contes" gehört der 1714 gedichtete „Antigiton", eine Verherrlichung der Schauspielerin Adrienne Lecouvreur und ihrer naturgetreuen Darstellung der Liebesrollen. Überhaupt sticht dieses Gedicht, wie auch das Trauergedicht auf den Tod jener Künstlerin (a. a. O. VIII, 321—322) im Jahre 1730, vorteilhaft von den offiziellen Huldigungen ab, deren sich die Clairon und andere Bühnenheldinnen von Seiten Voltaires zu erfreuen hatten. Am Schluss wird V.s Lieblingspolemik gegen die **Theaterliebe** und ihre seelenlose Darstellung in zugespitzter Form vorgeführt. „Le Cadenas und le Cocuage" suchen den Ehebruch zu beschönigen. „La Mule du Pape" stellt die päpstliche Gewalt als Resultat eines zwischen Teufel und Papst geschlossenen Paktes hin.

In den „Contes de Vadé" tritt (von der Préface abgesehen), die kirchenfeindliche Richtung weniger hervor. „Ce qui plait aux Dames" ist eine beissende Satire auf die Herrschsucht, wie auf die sinnliche Willfährigkeit des weiblichen Geschlechtes und nebenbei wird uns die Wahrheit des alten Sprichwortes: „Bei Nacht sind alle Katzen grau" in unschöner Weise detailliert. „L'éducation d'une Fille" spottet der allzu fürsorglichen Erziehungsweise, die heranwachsenden **Töchter** in ewiger Kindheit halten möchte und ihnen um so schneller die Augen öffnet. „Les trois Manières (1763)" stellen die sinnliche Liebe, der idealen und die sentimental-tragischen gegenüber und geben nicht undeutlich zu verstehen, dass die erstere den Vorzug verdiene. „La Bégueule" schildert die nie befriedigte Eitelkeit und Vergnügungssucht der Pariser Modedamen. Ebenso wendet sich „l'Origine des métiers" vorzugsweise gegen diese und spottet der galanten Abenteuer, die zuletzt im Schmutze der Sinnenlust auslaufen, die mit einem Prometheus beginnen und beim Satir enden. „Azolan, ou le Bénéficier" (1764) verteidigt die Rechte der menschlichen Natur gegenüber dem geistlichen Keuschheitsgelübde.

Ein ernsterer, bisweilen weltschmerzlicher Zug geht durch die Erzählungen der späteren Lebensperiode. „Thelème et Macare", gesteht nur der Einsamkeit den Besitz des wahren Glückes zu, das sich vor dem Geräusche der Welt und selbst vor der Todesstille der Klöster rettet, „Les Filles de Minée" (1775) richten sich zwar hauptsächlich gegen die fromme Faulenzerei und geheime Zuchtlosigkeit der katholischen Sonntagsheiligung, gegen den geisteslähmenden Einfluss der Priester und gegen den kirchlichen Legendentrug, aber sie sprechen doch auch den Gedanken aus, dass neben der grübelnden Geistesarbeit der Kultus des Bachus sein Recht habe. Auch „Sésostris" lehrt uns, dass neben der Weisheit, als ernstem Lebensziel, das Vergnügen ein angenehmer, ungefährlicher Zeitvertreib sei.

   A la première avec un air galant (sc. à la volupté)
   Il appliqua deux baisers en passant
   Mais il donna son cœur à la seconde (à la sagesse)
und: L'une un moment pourrait me rendre heureux
   L'autre par moi peut rendre heureux le monde.

„Le Songe creux" verfällt dagegen wieder in die Anschauungsweise des Gedichtes: „Thelème et Macare" und schildert die innere Leere und Nichtigkeit des weltlichen Treibens.

Eine politische Tendenz hat nur das satirische Gedicht:

„Les Finances" (1775), eine vernichtende Persiflierung der damaligen Steuer- und Finanzwirtschaft und der Beamtenwillkür.

Wie der Proteus der griechischen Sage nimmt der Lyriker Voltaire stets eine neue Gestalt, eine veränderte Form an, und doch kann der poetische Mephisto es nicht hindern, dass der ominöse Pferdefuss durch die dichterische Hülle hindurchblickt.

Nachtrag.

Da Voltaire den nicht von ihm selbst herrührenden Ausgaben der „Pucelle" nur Einschiebung von Versen und Flüchtigkeiten im einzelnen vorwirft, so geht schon daraus hervor, dass sie sachlich den vom Dichter selbst entworfenen Text im wesentlichen richtig geben. So rührt offenbar die bei Hachette VIII, 303 ff. reproduzierte Fassung des frivolen Eselsabenteuers, bei dem die „pucelage" der Jungfrau thatsächlich Schiffbruch leidet, von V. selbst her und ist nachher von ihm, dem Grundgedanken des Gedichtes entsprechend, so umgeändert worden, dass das Äusserste noch im letzten Augenblicke von Jeanne abgewendet wird. Auch sind die Schilderungen in den früheren Ausgaben noch pikanter und rücksichtsloser, als in der von 1762, und wiederum ist auch hier anzunehmen, dass V. in der von ihm selbst veröffentlichten Ausgabe den früher von ihm abgefassten Wortlaut absichtlich gemildert habe. Aus diesem Grunde ist auch die Überlieferung der Msec. öfters eine frivolere, als die jener offiziellen Ausgabe. Die Entstellungen Beaumelles und Mauberts bezogen sich also weniger auf die Sache, als auf die Form.

c. Romane und kleine Erzählungen.

(Voltaire-Studien II, 3.)

Wir sind schon in dem vorigen Abschnitt, vielfach auf das philosophische Gebiet hinübergestreift, weil die Verquickung des populär-philosophischen und poetischen in einzelnen Gedichten V.s das so erforderte. In diesem Kapitel sind eine Reihe von Romanen, Novellen und Erzählungen zu besprechen, die entweder ausschliesslich bestimmten religiösen, politischen oder philosophischen Tendenzen dienen, oder doch unter der dichterischen Hülle den eigentlichen Zweck des Dichtens durchblicken lassen. Wir teilen dieselben nach diesen drei Gesichtspunkten in politische, religiöse und philosophische Tendenzromane, bezw. Tendenzerzählungen, ohne das selbstredend die Grenze dieser drei Gesichtspunkte scharf zu ziehen ist.

Eine ausschliesslich politische Tendenz in dichterischer Einkleidung verfolgt die kleine Erzählung: „Le Monde comme il va, ou Vision de Babouc" (1746). Der Scythe Babouc unternimmt eine Reise nach Persépolis, d. i. Paris, um den weltbeherrschenden Genius Iturel Bericht über den sittlichen Zustand derselben und die eventuelle Notwendigkeit eines himmlischen Strafgerichtes zu erstatten. Die Persiflierung der Sodom-Gomorrha-Sage ist hier kaum zu verkennen. Babouc sieht nun mit eigenen Augen die Korruption der richterlichen, litterarischen, sittlichen und materiellen Verhältnisse, doch der Glanz der Kultur besticht auch seinen Blick. „Les arts du luxe" sagt er, „ne sont en grand nombre dans un empire, que quand tous les arts nécessaires sont exercés et que la nation est nombreuse et opulente". Endlich bestimmt die Liebe zu einer hauptstädtischen Schönen sein Urteil, und um weder seine Überzeugung zu verleugnen, noch auch den Untergang der reizvollen Sünderstadt herbeizuführen, hilft er sich mit einem diplomatischen Gleichnis. Er trägt eine aus edlen und geringen Metallen gebildete Statue zu Iturel, indem er beim Überreichen sagt: „Casserez-vous cette jolie statue, par ce que tout n'y est pas or et diamants"? Und Iturel entscheidet sich dann: „laisser aller le monde, comme il va, car si tout n'est pas bien, tout est passable".

Der Grundgedanke ist sehr einfach: Kultur und gesellschaftliche Verfeinerung sind die Kehrseiten der glanzvollen, berückenden Korruption, mit dieser fallen und stehen auch jene. Die eine, wie die andere sind eine Notwendigkeit, an der kein doktrinärer Reformator etwas ändern kann, die er eben lassen muss, wie sie sind.

Eine politisch-soziale Tendenz hat auch die kleine anmutige Erzählung: „Jeannot et Colin" (1764). Sie richtet sich gegen das Hinausstreben über die Schranken der Geburt und des Standes und gegen die modernen Verbildungskünste und geistige Dressur.

„L'homme aux quarante écus", schildert in vernichtender und satirischer Weise die verderbten Zustände des modernen Frankreich, denen sonst Voltaire eine freundlichere Seite abzugewinnen weis. Wir bemerken auch hier, wie in den sonstigen Werken V.s, einen mit dem greisenhaften Unbehagen und der Entfernung von der heissersehnten Hauptstadt immer schärfer werdenden Gegensatz zu dem „ancien régime". Der Dichter schildert hier die finanzielle Korruption, die Mängel der administrativen Verwaltung, namentlich der Steuererhebung, die doktrinären Theorien und Heilversuche der Nationalökonomen, die oberflächliche gesellschaftliche Politur, das Unwesen der Bettelklöster etc. Nur wird man aus alle dem nicht zu dem Schlusse gelangen, dass Voltaire auf dem politischen Standpunkte Rousseaus und der späteren französischen Revolution, die er selbst vorhergesagt, gestanden habe, denn jene verderbte soziale und politische Atmosphäre, die er hier ohne Schonung darstellt, barg doch die hohen Güter der Kultur, Kunst und Philosophie in sich, die das eigentliche Lebensziel des „Einsiedlers von Ferney" waren.

In Hinblick auf religiöse Tendenzen sind nicht nur die Romane „Ingénu", Princesse de Babylone" u. a., sondern auch Erzählungen, wie „Histoire de Jenni", „Oreilles du comte de Chesterfield", geschrieben, aus denen man gewöhnlich das philosophische System V.s mit abzuleiten sucht. Ich bemerke im voraus, dass ich auf eine Schilderung des Philosophen Voltaire verzichte, und hierfür auf den trefflichen Abschnitt bei Hettner (a. a. O. 178 ff.) verweise, in dem die Widersprüche in V.s philosophischem Denken, ebenso, wie die festen Grundlagen desselben mit eingehendster Sachkenntnis und schärfster Klarheit hervorgehoben sind.[1]) Man wird — und das eine sei als Resultat meiner eigenen Lektüre der philosophischen Schriften V.s hinzugefügt — in dem Anhänger Lockes und der englischen Deisten, schliesslich nur einen von der empirischen Beobachtung ausgehenden Skeptiker erblicken können. Zu den wirklich positiven Resultaten der Voltaireschen Philosophie gelangt selbst der reine Skeptiker. Auch dieser kommt durch die schärfere Reflexion, dass nicht das subjektive Belieben des einzelnen, sondern ein objektives, über dem einzelnen stehendes Sittengesetz die Grundlage der menschlichen Gesellschaft ist, zu der Annahme eines „festen und unwandelbaren Moralprinzipes" und des „Begriffes von Recht und Unrecht". Natürlich kann er diese Begriffe nicht für inmanent oder gar für geoffenbart halten, aber das hat auch V. nie gethan. Der Skeptiker wird die Existenz einer inmateriellen Substanz, vulgo Seele genannt, weder annehmen, noch bestreiten, und niemals hat auch V. sich zu Hypothesen, wie die der Seelenfortdauer,[2]) der Unsterblichkeit, des Lebens im Jenseits offen bekannt. Zu einem Zweckbegriff, wie ihn Voltaire auffasste d. h. einem der Materie nicht inmanenten, sondern als notwendiges Postulat der Vernunft hineingetragenen Zweckbegriff, führt auch der empierische Skeptizismus. Wenn man ferner Voltaire zu einem konsequenten Deisten gemacht hat, so war sein Gottesbegriff[3]) doch wiederum nur eine logische Kategorie, eine dira necessitas des Verstandes, den „man erfinden müsse, wenn sie nicht existierte", und über die näheren

Eigenschaften Gottes und seine Weltregierung spricht sich V. nie in bestimmter Weise aus. Ich wüsste nun nicht, was den ärgsten Skeptiker abhalten sollte, an einen Gott zu glauben, den man „erfinden kann", vorausgesetzt, dass man ihm nicht zumutet, dieses Produkt des eigenen Verstandes für real oder für geoffenbart anzusehen, eine Zumutung, die übrigens V.s Philosophieren, soweit ich zu sehen vermag, nirgends stellt. Als echter Skeptiker zeigt sich Voltaire darin, dass er von dem ursprünglichen Optimismus in der [Welt-betrachtung später zum entschiedenen Pessimismus, von der Annahme der menschlichen Freiheit zu der Anerkennung der ausser uns liegenden Notwendigkeit überging, Konsequenzen, zu denen allerdings der schärfer denkende Skeptiker gelangen muss. Wie sehr V.s Urteile über Religionen, Wunder, Dogmen, von entschiedenstem Skeptizismus, der in religiösen Fragen nur negierend sein kann, durchdrungen sind, und wie wenig Wert auf diplomatische Flickwörter, wie „faible raison, humainement parlé" etc.; zu legen ist, haben wir schon früher erörtert.

Gehen wir die religiösen Tendenzerzählungen V.s chronologisch durch, so ist in dem kleinen Geschichtchen (1750) „Bababec et les Fakirs", der Heiligenglaube und die fromme Charlatanerie ergötzlich verspottet, und dem gegenüber das werkthätige Christentum gepriesen. Die „histoire des voyages de Sacramentado" (1756) schildert uns, wie das Mönch- und Priestertum sich als ein unauflöslicher Knäuel über den Erdball erstreckt. Die „histoire d'un bon Bramin" (1759) weist auf die Notwendigkeit des Nachdenkens über physische und seelische Vorgänge hin, selbst auf Kosten des Lebensglückes. Denn völlig glücklich sei nur der „imbécile". „Le Blanc et le Noir" (1764) soll den Glauben an gute und böse Geister, an Orakel und Träume verspotten, doch tritt die eigentliche Tendenz hinter der anmutigen, poetischen Hülle wenig hervor.

Auch im „Ingénu" (1767), ist die religiöse und soziale Tendenz nur an einzelnen Stellen bestimmt ausgesprochen. Offenbar soll das ursprüngliche Christentum der willkürlichen, menschlichen Satzung, die Reinheit eines frommen christlichen Gemütes der geistlichen Schurkerei und die sittliche Naturwüchsigkeit der verderbten Kultur gegenübergestellt werden. Der hochgebildete Philosoph macht sich hier zum Apologeten eines unkultivierten Huronen lediglich, um eine Satire der religiösen, sozialen und sittlichen Zustände des damaligen Frankreich entwerfen zu können. Die Jesuiten spielen in derselben eine wenig schmeichelhafte Rolle, denn der ursprünglich nicht jesuitenfeindliche Dichter war durch fortwährende Angriffe der jesuitischen Koterie gereizt, und die Ausweisung des Ordens aus Frankreich liess eine diplomatischere Kritik fürderhin als zwecklos, ja selbst gefährlich, erscheinen. Nicht besser geht es aber den dogmatischen Grübeleien der Jansenisten, wenngleich ihnen nicht sittliche Verdorbenheit, wie den Jesuiten, Schuld gegeben wird.

Der „Ingénu" wird noch heutzutage auch von denjenigen gern gelesen, die V.s religiöse Meinungen verdammen, und er ist in der That höchst unterhaltend und witzig geschrieben. Es spricht aber aus ihm, wenn man von den religiösen Tendenzstellen absieht, weniger die wahre Ansicht Voltaires über moderne Kultur, als das unwillige Missbehagen eines Greises der von dem hauptstädtischen Paradiese ausgeschlossen und in die Einsiedelei von Ferney verwiesen war.

Die „Princesse de Babylone" (1768) schildert im Rahmen einer anmutigen, orientalischen Geschichte als eigentliches Endziel doch nur die römische Verderbnis und die Schattenseiten der Priesterherrschaft, der die Lichtseiten des freien Albion gegenübertreten. Charakteristisch ist noch, dass Voltaire seiner alten Antipathie gegen die Egypter und seiner Vorliebe für einfache Naturvölker, wie die Scythen, offenen Ausdruck gibt.

Ein viel grelleres Gemälde der römischen Unduldsamkeit, Verfolgungssucht, Immoralität und Formalismus entwerfen die „Lettres d'Amabet" (1769) d. h. die Briefe zweier gewaltsam bekehrter Inder über die Koulissengeheimnisse der katholischen Kirche. Namentlich das römische Ordenswesen ist hier schonungslos an den Pranger gestellt worden. Als wohlberechtigte Kritik der unhistorischen, kirchlichen Auffassung mag auch der Hinweis gelten, dass manches, angeblich der christlichen Religion eigentümliche, schon dem Brahmanentume angehörig war.

„Le Taureau blanc" (1774) verspottet den egyptischen Tierdienst und den jüdischen Prophetismus. Auch die mosaische Schlangenlegende ist hier Gegenstand einer burlesken Schilderung. Übrigens tritt diese rationalistische Tendenz sehr hinter der lebensvollen und anziehenden Schilderungsweise zurück. Die kleine Burleske: „Les aveugles juges de la Raison" spottet der unfehlbaren kirchlichen Diktatur des Papstes und der sinnlosen Religionsgezänke, und die „Eloge historique de la Raison (1774) schildert den Triumphzug der philosophischen Aufklärung durch Europa.

Religiöse und abstrakt-philosophische Tendenzen haben die beiden im Jahre 1775 erschienenen Erzählungen: „Histoire de Jenni" und „Les Oreilles du Conte de Chesterfield". Die erstere ist eine beissende Verspottung des gesamten positiven Christentums und der katholischen Kirche. Dem Kirchenglauben wird der moralische und tolerante Deismus eines englischen Freidenkers gegenübergestellt und zugleich eine Deklamation gegen den Atheismus gehalten, um so den kirchlichen Gegnern im voraus eine Waffe zu entwinden, die in gefährlicher Weise gegen V. selbst hätte geführt werden können. Der spottsüchtige Witz V.s ist hier unerschöpflich[4]), aber neue Gedanken wird der, welcher seinen Essai und seine kleineren Geschichtsabhandlungen kennt, aus der „Histoire de Jenni" nicht lernen.

Die „Oreilles du Conte de Chesterfield" heben die Zweckmässigkeit der Natur, in der „alles Kunst, nicht Natur" sei, hervor, erörtern die Unbegreiflichkeit des Immateriellen, stellen die Philosophie und das Studium der menschlichen Natur über abstrakte dogmatische Grübeleien und glorifizieren den anglikanischen Kultus. Das Systematisch-Philosophische lässt hier an mehreren Stellen die antikirchliche Tendenz zurücktreten, doch wird man schwerlich aus diesem Widerstreit der für und gegen Willensfreiheit, Notwendigkeit, Immaterialität, Teleologie vorgebrachten Argumente, eine ganz bestimmte Meinung Voltaires herauslesen.

„Zadig, ou la Destinée", eine der bekanntesten Erzählungen V.s (1747) und eine satirische Darstellung der Wechselfälle des Geschickes, enthält auch Angriffe auf die damaligen religiösen und politischen Missstände und auf die römische Verfolgungssucht.

„Micromegas", 1752, spottet der astrologischen Träumereien, der philosophischen Systemmacherei und der Grübelei über unerkennbare Dinge, wie die Seele.

„Candide", 1759, schildert mit Aufgebot alles Witzes und einer wahrhaft unerschöpflichen Phantasie, die Konsequenzen des Leibnitzschen Optimismus. Natürlich wird auch die Gelegenheit benutzt, um die römische Korruption und Intoleranz an den Pranger zu stellen.

Von den unbedeutenderen Erzählungen richtet sich „Memnon ou la sagesse humaine" (1750) gegen den Weisheitsdünkel des abstrakten Philosophierens, „Les deux consolés", 1756, schildert die Bedeutungslosigkeit philosophischer Trostgründe bei realen Unglücksfällen, die „Aventure de la Mémoire" soll wohl in vorsichtiger Verhüllung die Proskription der unentbehrlichen Philosophie durch religiöse Koterien vorführen (1773). Die „Aventure Indienne" soll uns über die Schattenseiten des Lebens trösten, und die priesterliche Verfolgungssucht als den eigentlichen Feind alles Menschenglückes hinstellen. Die beiden Novellen: „Le chrocheteur borgne" (1746) und die etwas frivol angehauchte: „Cosi sancta" (1746), sind launige harmlose Schilderungen, aus denen das Streben Voltaires, den unangenehmen Lebenslagen eine praktische Philosophie entgegenzusetzen, sichtbar wird.

Auffallend in den besprochenen Schriften ist die Vorliebe für fremdartige und fernliegende Einkleidung der Erzählungen und das Haschen nach frivolen und pikanten Effekten. Ihr Zweck war, den, in grösseren und tieferen

Schriften niedergelegten Schatz der philosophischen Aufklärung in kleinere Münzen zu zerschlagen und, mit fremdartigem Gepräge versehen, in den weiteren Schichten der Gesellschaft zirkulieren zu lassen. Eine Betrachtung der Aufklärungs-Thätigkeit, die das Endziel alles Lebens und Schriftstellerns bei Voltaire war, muss daher konsequenterweise, mit einer, wenn auch summarischen, Darstellung dieser kleineren Sachen schliessen.

Die Vielseitigkeit der Dichtungsformen Voltaires, die sogar bis auf die Kompositionen von Opern-Librettos sich ausdehnten (s. die Bde. II bis VI der Hachetteschen Ausgabe), bedarf kaum eines Hinweises, und sie ist um so erstaunlicher, als, wie Friedrich II mit Recht hervorhebt: „une vingtaine de sciences, frequentes infirmités et les chagrins que lui donnent d'indignes envieux", seine Geisteskraft zerstückelten und von der dichterischen Thätigkeit ablenkten. Nichts destoweniger konzentriert sich diese enorme Mannigfaltigkeit auf bestimmte Grundideen und scharf begrenzte Tendenzen, die wie V. selbst hervorhebt, in immer veränderten Formen und Modifikationen und im Laufe von Dezennien bis an das äusserste Ende des zivilisierten Europa dringen sollten.

Grundzüge einer Charakteristik Voltaires.

(Voltaire-Studien III.)

Wer im bürgerlichen Leben genauere Erkundigungen über eine Privatperson einziehen will, der wendet sich zuerst an die guten Nachbarn, seien sie Freund oder Feind, vergleicht die gewonnenen Urteile, prüft dieselben nach ihrer inneren Wahrscheinlichkeit, nach ihren mutmasslichen Motiven. Nicht anders können wir verfahren, wo es sich um die Beurteilung eines Menschen handelt, der im Vordergrunde des öffentlichen Lebens gestanden hat, und dessen Thun und Denken von tausenden guter und schlimmer Freunde, böswilliger Feinde und nachbarlicher Vertrauten beobachtet, geschildert und kritisiert worden ist. Alle diese Zeugen und Gewährsmänner müssen wir hören und prüfen und erst, wenn wir ihre Stimmen beisammen haben, können wir eine Auswahl der relativ Glaubwürdigsten treffen. Solcher Zeugen und Berichterstatter gibt es über Voltaire nur allzuviele und nirgends mehr, als ihnen gegenüber, gilt das Wort desselben Voltaire: Je doute de tout et sourtout d'anecdotes. Es ist Gerede, Klatsch und unbewiesene Annahmen, was die meisten von ihnen, sei es in guter oder böser Absicht, vorgebracht haben, und vieles fällt als Ballast von selbst zu Boden, ohne dass sich der Voltaire-Kritiker die Mühe nehmen braucht, ausführlich anzugeben, warum er gerade dieses und jenes zu Gunsten des gewichtigeren Materials geopfert hat.

Da haben die drei Sekretäre Voltaires, Longchamp, Wagnière und Collini Denkwürdigkeiten ihres Herrn über die Zeit geschrieben, in der sie ihm nahe standen. Der gewichtigste von den dreien ist offenbar Wagnière, Schweizer und Freigeist, ein höherdenkender, urteilsfähiger Mann; der leichteste und seichteste Collini, ein Italiener und Katholik, im schlechtesten Sinne des Wortes. Er schreibt vor allem, um sein eigenes Verhältnis zu Voltaire, das mit einer Entlassung endete, in ein günstigeres Licht zu stellen, und ferner sucht er, im Interesse seines Gebieters, dessen Verhältnis zu Friedrich dem Grossen zu verdrehen. Ihn können wir, da für diese Periode uns bessere und lautere Quellen zuflossen, unberücksichtigt lassen. Longchamp gibt nähere Nachrichten über die Marquise du Châtelet und Voltaires Beziehungen zu ihr, aber er schildert und urteilt als Lakai, wie er denn auch vom gewöhnlichen Bedienten nur durch seine schöne Handschrift zum Sekretär sich emporschwang. Auch für die von ihm geschilderte Zeit gibt es glaubwürdigere Nachrichten und Belege, und nur in vereinzelten Fällen kann deshalb Longchamp auf unsere Beachtung Ansprüche erheben. Wagnière hingegen hat am längsten in V.s Dienst gestanden und ist ihm am vertrautesten gewesen; er hat die Zeit des Ferneyer Aufenthaltes durchgemacht, den treugeliebten Gebieter nach Paris zur Grabesreise begleitet und wenn auch nicht an seinem Sterbebette, so doch bis in die letzten Lebenstage hinein ihm Beistand geleistet. Er ist auch über die Jugendzeit V.s hie und da genauer unterrichtet und, was wichtig, er nimmt nichts völlig kritiklos auf, wie seine Beurteilung der Mémoires de Bachaumont und der Mémoires p. servir à l'hist. de Voltaire (Amsterdam 1785) bezeugt. Manches in seiner Darstellung lässt auf richtige Beobachtungsgabe schliessen, und wenn er einmal Konfusionen anrichtet, wie z. B. in seiner Angabe, dass Friedrich II Voltaire nach Rom habe senden wollen, als der Bruch zwischen beiden eingetreten, so liegt dem doch die Thatsache zu Grunde, dass der ehrgeizige Dichter wirklich nach einer Stellung am römischen Hofe strebte.[1])

Das Bild, welches wir aus Wagnière und Longchamp (Ausgabe erst von 1826) erhalten, ist das glänzende Lichtbild Voltaires, als Wohlthäter und Beglücker seiner Mitmenschen, als gefeierter Schriftsteller und vor allem als edler, fast fleckenloser Mensch. Das grelle Gegenbild ist Mme Denis, die Nichte Voltaires, welche Wagnière um ein Legat gebracht, ihm Papiere zurückgehalten, die Voltaire ihm anvertraut, und auch sonst seine Stellung als Sekretär erschwert hat. Ist aber das Bild, welches er von ihr, freilich wie alles andere in der Biographie, aus dem Gedächtnis entwirft,[2] nicht vollkommen durch andere Zeugnisse beglaubigt und nicht weit entsprechender, als das von ihrem Onkel gezeichnete?

Wie Wagnière als treuer Diener, so hat der Marquis von Condorcet als engerer Freund und Gesinnungsgenosse Voltaires dessen Leben beschrieben. Er schildert alles von einem höheren, philosophischen Standpunkt, der aber von der historischen Wirklichkeit zuweilen fern abliegt. Dinge, welche das Andenken seines Freundes beschimpfen könnten, verdreht er, wie die bekannte Affäre mit dem Juden Hirschel (a. a. O. 109). In der Beurteilung der politischen Richtung Voltaires und seines Verhältnisses zu Montesquieu (a. a. O. 273, 274, 276 und 258 ff.) ist ihm beizustimmen, dagegen ist sein Urteil über Voltaires Dichtungen öfters schwach. Dem „Comm. hist." V.s folgend, lässt er den letzteren am 20. Febr. 1694 geboren und erst 9 Monate später getauft werden. Seine ausführliche Darstellung des Verhältnisses zur Du Noyer ist durch die Publikation der Voltaireschen Korrespondenz überflüssig geworden.

Den Lobrednern und Bewunderern Voltaires reiht sich endlich ein anonymer Autor an, der niemand anders, als V. selbst ist. Sein „Commentaire historique", der 1776 verfasst wurde, und den er für ein Werk Dureys de Morsan, Christins und Wagnières gelten liess, während diese Männer, nach Wagnières Ausdruck, nur die „pieces justificatives" gesammelt hatten,[3] ist nur mit Vorsicht als historische Quelle zu benutzen. Schon im Anfang lässt er seinen Geburtstag, der nach der einen Tradition auf 20. November, nach der anderen auf 20. Febr. fiel, unbestimmt, und nimmt zu dem Auskunftsmittel einer um mehrere Monate verzögerten Taufe seine Zuflucht.[1]) Ärger lässt sich doch die Mystifikation des Lesers nicht treiben, als wenn man den richtigen Geburtstag (21. Nov.) verschweigt und die Differenz dadurch erklärt, dass die Taufe, dem katholischen Gebrauch zugegen, erst Monate später erfolgt sei. Offenbar wurde hierdurch Condorcet zu der obenberührten falschen Annahme verleitet und auch die Voltaire-Biographen schwankten lange zwischen 20. Febr. und 20. November, bis durch Nicolardots Forschung der wirkliche Geburtstag festgestellt wurde. Im Übrigen entwirft der Commentaire wieder ein sehr idealisiertes Bild Voltaires, verschweigt oder verhüllt die Schwächen des Hofmannes und Diplomaten, vor allem die Fehler des Menschen und zeigt den Helden nur in dem Lichte, wie er von der Nachwelt aufgefasst sein wollte. Es ist hier nicht der Zweck, auf Einzelheiten einzugehen, nur lassen sich im allgemeinen die Einzelausführungen weniger bestreiten, als die Richtigkeit der Gesamttendenz, da viele Details nicht ohne innere Wahrscheinlichkeit sind, und triftige Gründe zu ihrer Anzweifelung ausserdem nicht vorliegen.

Eine bewusste Parteischrift sind die „Mémoires pour servir à la vie de M. de Voltaire" 1759, unter dem noch nicht vergessenen Eindruck der Frankfurter Demütigung verfasst und erst 1784 publiziert. Der Zweck derselben ist, die Schuld alles Ungemaches, das Voltaire in Berlin und Frankfurt erfahren hatte, auf den preussischen König und auf Maupertuis zu wälzen, den Charakter Friedrichs und seines Vaters in gehässigster Weise zu entstellen (später nahm Macaulay, vom nationalen Hasse geblendet, diese Schmähungen in seinen Essay: „Frederick the Great" mit auf) und nebenbei andere einflussreiche Persönlichkeiten, die sich Voltaires Sympathie später verscherzten, wie Stanislaus Lesczynski und Fleury, in ein zweifelhaftes oder lächerliches Licht zu setzen.

Wenngleich nun Einzelangaben auch hier nicht immer zu kontrollieren und zu widerlegen sind, oder wie bei der Erzählung von der Frankfurter Affaire, keineswegs unbedingt abgelehnt werden können (s. u.), so haben doch die „Mémoires" noch weniger Anspruch auf historische Glaubwürdigkeit, als der „Commentaire historique".

Während die voltairefreundlichen Darstellungen der Zeitgenossen der Zahl nach gross sind (hier handelt es sich nicht um Anführung und Kritik aller einzelnen), fehlt es an giftigen Verdrehungen und Verläumdungen auch nicht. Die Fréron, Desfontaines, Nonnotte, Warburton, Rousseau etc. etc. werden in Voltaires Schriften gar oft erwähnt, zwar nicht immer in der Weise, wie sie es verdienen, aber doch sind ihre Angaben und Auffassungen mit äusserster Vorsicht aufzunehmen. Die Hauptquelle für Voltaires Leben und Wirken werden ausser seinen Werken, deren Widmungen, Vorreden und Excurse zwar von tendenziöser Richtung selten frei sind, seine Briefe und die Angaben in Grimms litterarischer Correspondenz bleiben. Auch in den Briefen verschleiert zwar Voltaire oft genug sein wahres Ich, und richtet sich nach dem Charakter und der Stellung des Empfängers, aber, da sie grossenteils Näherstehenden gewidmet sind, so erhalten wir doch aus ihnen ein annähernd treffendes Bild. Einen sehr schätzenswerten Nachtrag zu der eigentlichen „Correspondance" geben die Briefsammlungen von Cayrol, Bavoux, Coquerel und die in den „Œuvres de Frédéric II" zuerst gedruckten Briefe an Voltaire. Wie unter den Zeitgenossen, so gibt es auch unter den Späterlebenden nur Freunde oder Feinde Voltaires. Unbedingte Bewunderer sind gewöhnlich die Herausgeber seiner Werke und selbst die Voltaire-Biographie in der Hachetteschen Ausgabe leidet an panegyrischer Tendenz, die unbedingten Tadler sind in kirchlich gläubigen Kreisen zu suchen. Eine sachlich-objektive Darstellung V.s gab es vor Desnoiresterres' schätzenswertem Buche auch in Frankreich nicht, und bei uns haben erst Strauss und Hettner eine objektivere Würdigung angebahnt. Peccatur extra et intra! So ist in der „Edition du Centenaire" meist das weggelassen, was der gewohnten Tradition von V.s fortschrittlich-rationalistischer Anschauung widerspricht. Strauss lässt vielleicht seine warme Sympathie für Voltaire allzusehr aus höfischen Rücksichten schweigen, und einzelne Urteile würde ich als weniger berechtigt nachweisen können, wenn nicht die Hochachtung vor dem Vielgeschmähten und noch nach seinem Tode Beschimpften,[5]) und die naheliegende Erinnerung an die Fabel vom sterbenden Löwen mir Rücksichten auferlegte, die hochgestellte „Vermittelungstheologen" leider nicht zu nehmen für nötig fanden. Übrigens hat in Deutschland wohl Lessings Urteil, das von persönlicher Schärfe keineswegs frei war, ebenso sehr nachgewirkt, wie Schillers voltairefeindlicher Idealismus und die romantische Frömmelei, wennschon die Franzosen uns nicht vorwerfen dürfen, dass unsere Kritiker den grossen Mann so entstellt und herabgezogen haben, wie Magnard und Bungener.

Ist es nun bei so widersprechenden Angaben und Standpunkten nicht leicht begreiflich, dass Voltaires Bild nicht nur „durch der Parteien Gunst und Hass verwirrt" in der Geschichte schwankt, sondern, dass wir uns in vielen Punkten nur sehr schwer ein klares Bild von ihm entwerfen können?

Lange haben sich Voltaire-Beurteiler an eine bekannte Äusserung Friedrichs d. Gr. geklammert, der den Schriftsteller Voltaire vom Menschen zu trennen suchte und durch solche Abstraktion sich vor allem selbst klar machen wollte, warum das so innige Verhältnis zu Voltaire plötzlich in gehässige Feindschaft sich gewandelt hatte. Doch geschieht den Franzosen durch kritiklose Aufnahme derartiger Gedanken bitteres Unrecht; sie wäre ebenso ungerecht, als wenn man V.s Bemerkungen über den Affen Luc oder über des Kronprinzen Schulden bei der Charakteristik Friedrichs verwerten wollte.[6]) Andere haben sich mit der Auskunft zu helfen oder richtiger zu betrügen gesucht, dass Voltaire ausschliesslich Verstandesmensch ohne Herz und Gemüt gewesen sei, dass er das Gute, wo er es gethan, nur aus Verstandesreflektionen gethan habe. Eine Beurteilung, für die man sich auf Äusserungen Schillers und Göthes berufen könnte,[7]) die aber durch V.s vertrauliche Korrespondenz hinreichend widerlegt wird. In ihr zeigt sich Voltaire gerade als Sanguiniker; empfänglich für alles Edle und Gute, wie für Böses und selbst Gemeines, freigebig und teilnehmend gegen Freunde, spöttisch und höhnisch gegen Feinde, einmal für die hohen Ziele der Wissenschaft, Kunst, Gesellschaft von aufopfernder Selbstentsagung, dann wieder in die kleinlichen Bestrebungen geschäftlicher Reklame und finanzieller Spekulation tief versunken. Es fehlen seiner Korrespondenz alle Züge die den Idealisten verraten, sein Sinn ist im Guten wie im Bösen ganz auf das Reale gestellt und selbst einen wirklich geliebten, wennschon unlauteren Freund, Thieriot, tröstet er einmal bei dem bevorstehenden Tode des Vaters — durch Erbschaftsgedanken.[8]) Es ist auch nicht zu leugnen, dass Voltaire selbst den hohen Aufgaben, die ihm das Schicksal der Calas, Sirven, Labarre, Etalamonde auferlegte, nicht ohne eine gewisse Verstandeskälte und diplomatische Berechnung sich hingab,[9]) aber das beweist nur, wie jeder Realist, auch da wo er rein menschlich fühlt und handelt, mit dem kleinlichen Alltagsleben abzurechnen sucht.

Wie man so den Menschen Voltaire zu einem abstrakten Doktrinär machen will, so hat man auch den Dichter Voltaire nur als Aggregat des tendenz-philosophischen und satirischen Kritikers gelten lassen. Und doch beweisen wieder mehr als eine vertrauliche und darum aufrichtige Äusserung, wie sehr V. durch unmittelbarsten Antrieb zum Dichten hingezogen wurde, wie es ihm reiner Selbstzweck, nicht bloss Mittel seiner religiösen und politischen Tendenz war. Der Dichter und der Finanzspekulant mögen noch schlechter harmonieren, als der Dichter und Philosoph, aber Voltaires eigene Äusserung in den „Mémoires" (p. 71) zeigt uns, dass sein Streben nach unabhängiger Lebensstellung der entscheidende Grund dieser oft unlauteren Machinationen war.

So ergibt die Correspondenz Voltaires und die sonstigen hinreichend glaubwürdigen Äusserungen in seinen Schriften

das Bild eines Mannes, der mit schlechten und guten Mitteln
nach den edelsten Zielen strebte und sich stets mit dem Erreichbaren zu begnügen wusste. Er ist weder ein abstrakter
Fanatiker der Wahrheit und des Rechtes, weder ein unbedingter Vorkämpfer der grossen französischen Revolution,
weder ein sophistischer Schwärmer für die souveräne Majestät
der grossen Masse, noch selbst ein gefühlvoller, und darum
unschädlicher, Dollmetscher der Toleranz, Humanität und
Konfessionslosigkeit, aber er hat an allen diesen Bestrebungen
des XVIII. Jahrhunderts einen regen und wirkungsvollsten
Anteil genommen und die entgegenstehenden Richtungen in
Staat und Kirche mit den Waffen bekämpft, welche die
schärfsten und zugleich die ungefährlichsten waren, mit den
Waffen der fortgeschrittenen Bildung. Die wahre gesellschaftliche und wissenschaftliche Bildung meidet alles Extreme, und
keiner hat auch in der Theorie so sehr vermittelnde Stellungen
einzunehmen gesucht, wie gerade Voltaire, mochte auch im Leben
der Hass der Feinde und die Nervösität der eigenen Gemütsstimmung ihn zu extremen Handlungen verleiten. In seiner
religiösen Richtung wirft er die katholische Tradition bei
Seite, spottet der evangelischen Überlieferung, bahnt die freie
Schriftforschung an,[10]) ordnet die speziell theologischen Gesichtspunkte stets den kulturhistorischen und philosophischen
unter, aber den Glauben an einen schaffenden und vergeltenden
Gott lässt er bestehen, die tröstende Vorstellung von Immaterialität und Unsterblichkeit der Seele greift er nicht offen
an, und vor allem der Person unseres Heilandes lässt er in
historischer Hinsicht einiges Recht widerfahren. So steht er
zwischen dem Materialisten und den Kirchlichgläubigen, und
geht in seiner Evangelienkritik selbst ein Stück über den
protestantischen Rationalismus hinaus. Und wie sucht er
innerhalb der historischen Erscheinungen der katholischen
Kirche zu schonen und zu halten, was irgend zu schonen
war! Ganz irrig ist es, in ihm einen Jesuitenfresser in der
Weise unserer aufgeklärten Protestanten zu sehen. Ich lege
hier ebensowenig Wert auf die famose Abschwörung seiner

Irrlehren, durch die Voltaire den jesuitischen Beistand zur Erlangung eines Sitzes in der Akademie erschwindeln wollte oder auf berechnete Lobhudeleien hervorragender Jesuiten, wie ich aus den bekannten Flickwörtern „faible raison humainement parlé" etc. seine relative Kirchenfreundlichkeit erweisen will. Aber gewichtige Zeugnisse liegen dafür vor, dass V.s Stellung zum Orden Jesu anfänglich keine direkt feindliche war. Was sollte ihn denn bestimmt haben, mit so beredtem Eifer den Jesuitismus von den Thaten Ravaillacs und Cléments zu trennen, oder ihn an einzelnen Stellen des Essai zu verteidigen, oder gar nach Aufhebung des Ordens jene oben citierte, schmeichelhafte Grabschrift zu verfassen und im „Siècle de Louis XV" so gemässigt zu urteilen? Was dem gegenüber von echt jesuitenfeindlichen Äusserungen sich anführen lässt ist durch Angriffe der Jesuiten und Halbjesuiten oder durch die angeborene Spottsucht Voltaires zu erklären. Wenn er schon 1716 in der dreizehnten der „Poésies mêlées" auf arge sittliche Schäden der Jesuitenerziehung stichelt, wenn er in dem Artikel „Education" im Dict. phil. (a. a. O. Bd. XVII) die innere Leere der jesuitischen Dressur geisselt, so sind das Dinge, die teils aus dem engen Zusammenleben so vieler heranreifender Jünglinge, teils aus dem vorwiegend kirchenpolitischen Zweck der Jesuitenanstalten sich erklären. Leugnen wird sie niemand, der in die Koulissengeheimnisse des Ordens durch eigene Erfahrung oder durch Indiscretion jesuitischer Zöglinge eingeweiht ist,[11]) und am wenigsten war es Voltaires Art, sie aus den Verhältnissen zu erklären, oder rücksichtsoll zu entschuldigen. Dagegen wird das mehr Weltliche der Jesuitenpädagogik, die Berücksichtigung der Individualität, der Sinn für Theater, für Verfeinerung der Sitten ebenso V.s Sympathie erweckt haben, wie die Übertreibungen des Jansenismus oder Kalvinismus seine schärfste Antipathie hervorriefen. Feindlich gegen den Orden trat er eigentlich erst dann auf, als ungeschickte Mitglieder und Freunde desselben den Charakter Voltaires in zweifelhaftes Licht gestellt und selbst seine litterarische Stellung bedroht hatten. Nun ist es selbstverständlich, dass diese anfängliche Jesuiten-Sympathie oder doch Jesuiten-Indifferentismus vor den Zielen schwand, die V.s ganzes Leben und Streben erfüllten, vor der **Toleranz-** und **Humanitäts-Verkündigung** und dem philosophischen Kultus der Vernunft. Wer seiner heissgeliebten Encyclopädie oder seinen religionsgeschichtlichen Schriften zu nahe trat, wer im kirchlichen Leben die **Gräuel** der Dragonadenzeit oder gar der Bartholomäusnacht **erneuen wollte,** der war im voraus dem glühenden Hasse und dem eisig kalten Hohne Voltaires verfallen. Darum der **vernichtende Spott der Jesuitenmissionen,** der erbaulichen **Legenden und Betrügereien,** der unphilosophischen Dogmatik und unhistorischen Exegese, darum das Frohlocken Voltaires als „jene Gattung der Verfolger" aus ganz Europa verbannt **war.** Im Kampfe nahm nun Voltaire die Waffen, wo er sie fand und schärfte sie während des Kampfes mehr und mehr. So sucht er denn seine philosophische Polemik gegen die jesuitischen Gegner auch auf das moralische Gebiet zu verlegen, und während er in der heuchlerischen Erklärung des Jahres 1746, gewiss aus richtigster Sachkenntnis, Jesuitismus und Kasuistik zu scheiden sucht, bürdet er später das Raffinement des Bibelexegesen Sanchez dem Orden auf.

Im schroffen Gegensatz zum Jesuitenorden standen die Jansenisten, und ihr entschiedener Gegner ist auch Voltaire. Schon die Feindschaft gegen seinen jansenistischen Bruder musste die naturgemässe Antipathie Voltaires gegen diese pietistisch-zelotische Richtung schärfen, und dem verständigen Realismus des Philosophen lag nichts ferner, als gedankenloses **frömmeln,** verdammen und exaltiertsein. Aber die sittliche **Grundlage all** dieser Übertreibungen hat Voltaire doch nicht angetastet und **ohnehin musste** eine um ihres Glaubens willen gedrückte Sekte ein gewisses Mitgefühl bei dem Beschützer aller Opfer religiöser Verfolgung erwecken.

Was Voltaire am Katholizismus zumeist bekämpfte, ist die Prärogative des Papsttums, die Feudalrechte der hohen Geistlichkeit und die **Nichtsthuerei** des Ordenswesens. Über diese feindselige Tendenz können uns natürlich berechnete und unwürdige Schmeicheleien gegen Päpste und Bischöfe nimmermehr täuschen. Aber auch in dieser Hinsicht ist V.s Stellung keine extreme, vom Papsttum scheidet er doch immer die Personen der Päpste. Wo ein Papst als Beschützer der Kunst und Wissenschaft auftritt, wo er gar Vorkämpfer der bürgerlichen Freiheit ist, da tritt ihm Voltaire zur Seite. Sonst ergreift er den kirchlichen Ansprüchen gegenüber die Partei des Staates. Auf die historische Entwickelung und die individuellen Lebensbedingungen der römischen Kirche nimmt er dabei keine Rücksicht, der Staatsomnipotenz muss sich nach ihm alles kirchliche beugen. Hätte Voltaire die Zeiten unseres Kulturkampfes noch erlebt, so würde sein Herz voll geschlagen haben, und den Minister Falk hätte er noch ganz anders gefeiert, als seinen Turgot. — Ebenso hielt Voltaires Hass gegen Kapuziner- und andere Orden ihn doch nicht ab, in Ordensklöstern zu verkehren und zu arbeiten, und um den Kapuziner-Orden sich so grosse Verdienste zu erwerben, dass er als Laienmitglied in denselben aufgenommen wurde zu seinem lebhaftesten Spotte. Aber mit richtigem Scharfblick hat er wieder erkannt, dass die Einwirkung dieser Orden auf die grosse, ungebildete Masse eine noch gefährlichere sein musste, als die der aristokratisch-feinen Jesuiten, und darum schrieb er nach Sturz des Ordens Jesu: Die Füchse sind wir los, aber die Wölfe sind geblieben.

Den Kampf gegen diese widerstrebenden Richtungen führte er zwar mit schonungslosem Spotte und vernichtendster Ironie, aber doch nicht ohne diplomatische Koulanz. Gewiss ist sein Hass gegen die jüdische Barbarei, wie gegen das Extreme der paulinischen Dogmatik in innerster Überzeugung begründet, aber nicht ohne Berechnung war es, dass er unermüdlich und unbezähmbar immer auf diese beiden kirchlichen Erscheinungen losschlug, die der herrschenden Kirche indifferenter oder gar antipathisch waren. Seitdem die paulinische Dogmatik der Hort des Luthertums geworden, war ihre Bekämpfung und Verspottung den katholischen Machthabern gewiss nicht unerwünscht und die Reste und Schlacken des Judentums hat der Katholizismus viel weniger beibehalten, als einzelne protestantische Sekten.

Ein Renegat konnte Voltaire ohnehin nicht werden, weil seine ganze Zukunft mit den französischen Verhältnissen verknüpft war, und am wenigsten hätte er sich dem Protestantismus zugewandt. Da war ihm am **Luthertum**, ausser dem echt germanischen, die Derbheit und Gläubigkeit Luthers verhasst, in Calvin bekämpfte er den sittlichen Rigoristen und den Mörder Servets und Zwingli beachtete er wenig. Vor allem war das ersehnte Zeitalter der Kultur und Aufklärung noch eher innerhalb des katholischen Kirchenwesens, als auf dem dogmatisch engbegrenzten Gebiete des Protestantismus möglich. - In den weiten Maschen des Katholizismus mag so mancher Ketzer hindurchschlüpfen, der äusserlich den Katholiken spielt, er ist sofort gefangen, wenn ein protestantischer Orthodox ihm sein Credo entgegenstellt. Doch hält Voltaire in seiner Beurteilung des Protestantismus soweit eine Mitte, als er auf dem **dogmatischen** Standpunkt des Interim und hinsichtlich des Kultus auf anglikanischem Standpunkte steht.[12])

Von allem extremen frei ist Voltaires politische Stellung. Der aufgeklärte Despotismus, wie er damals in die protestantischen und katholischen Länder seine Segnungen warf, fiel ganz mit Voltaires persönlicher Anschauung zusammen. Die Notwendigkeit einer politischen Bevormundung der Masse hat V. nie abgeleugnet, und auch von der religiösen Bevormundung liess er einzelne Stücke unangetastet.[13]) Wenn Lessing einmal von der Berliner Aufklärung spöttisch bemerkt, Freiheit in Berlin hiesse die Erlaubnis, auf das Christentum soviel wie möglich zu schimpfen, so deckt dieses Mass der Freiheit sich ganz mit Voltaires politischen Begriffen. Wo er den aufgeklärten Despotismus nicht haben kann, da ist er einstweilen schon mit dem kunstliebenden und kulturfreundlichen Despotismus eines Ludwig XIV einverstanden, nur den starren Herrschersinn der Karolinger und der sächischen Kaiser, den finsteren Verfolgungsgeist eines Philipp II verdammt er. Auch ein unbedingter Feind der Aristokratie ist Voltaire keineswegs. Schon seine gesellschaftlichen Beziehungen machten ihn zum Bundesgenossen der feingebildeten, modernen Aristokratie Frankreichs, die über die Begriffe des Feudalismus, der Geburts- und Standesunterschiede in der Theorie spottete, in praxi natürlich an ihnen festhielt. Wo Voltaire nicht bloss theoretisch als Vorkämpfer des Feudalismus auftritt, wo er sich der gepeinigten Bauern des Jura und in Gex annimmt, da richtet sich sein Streben immer gegen die bittergehasste katholische Geistlichkeit. Die Rechte der weltlichen Aristokratie angreifen, das hiess für Voltaire, der von der Gunst jener Kreise so vielen Vorteil zog, seine eigene Existenz bekämpfen. Der Gegensatz der politischen Grundschauung ist für den Zwist Montesquieus und Voltaires massgebend, nur in einem Punkte stimmen beide Antipoden überein, — in der Bewunderung des Parlamentarismus, speziell des englischen Parlamentarismus. Die französischen Parlamente, die sich zum Werkzeuge der religiösen Verfolgung machten, konnten Voltaire wenig sympathisch sein, doch hat er nie verkannt, wie sehr auch dieser unvollkommene Parlamentarismus ein Hemmnis der brutalen Despotie sein musste. Verstehe ich V.s nicht immer widerspruchslose Äusserungen recht, so schwebte ihm eine konstitutionelle Staatsverfassung, wie sie in unserem Jahrhundert über fast ganz Europa sich verbreitet hat, als letztes Ziel vor, da diese zur Zeit nicht möglich war, begnügte er sich mit dem „despotisme éclairé".

Die Schlagwörter „Egalité, liberté" hat er nur in dem Sinne ausgesprochen, dass sie Gleichheit vor dem Gesetz und persönliche Freiheit bedeuten, und meist waren sie wieder gegen geistliche Übergriffe gerichtet. Von den Anschauungen Rousseaus und der späteren französischen Revolution war niemand weiter entfernt, als Voltaire, und jene Robespierre und Danton würden ihn, wenn er ein volles Jahrhundert gelebt hätte, zuletzt noch als Volksverräter auf die Guillotine geschickt haben. Man wird mir nicht entgegenhalten, dass Voltaire ja die Revolution als notwendige Konsequenz despotischer Missbräuche vorhergesagt hat, dass die Jakobiner auch ihm eine Stelle im Pantheon neben Rousseau eingeräumt haben. Beides zeigt doch nur, dass Voltaire die Wirkungen des Feuers, mit dem er spielte, wohl erkannte, und dass die Jakobiner in seiner Schätzung ebensowenig historischen Sinn bekundeten, wie in der Verherrlichung Schillers oder des römischen Brutus.

Zwei Missbräuche des damaligen Despotismus hat allerdings niemand schärfer bekämpft, als Voltaire, die Härten des Steuersystems und die Brutalität der Justiz, aber darin steht er nur auf dem Standpunkte Turgots und der aufgeklärten deutschen Herrscher. Übrigens zeigen V.s Schreiben in der Affäre Calas, wie sorgsam er bemüht war, die Autorität der Gerichte zu schonen.[14]) Sein Hass gegen die Censur hängt mit seiner Aufklärungs-Thätigkeit zusammen und die Pressfreiheit war für ihn eine Existenzfrage; gegen seine geistlichen und weltlichen Gegner hätte er gern aus dem polizeilichen Bevormundungssystem Nutzen gezogen, wenn das erreichbar gewesen wäre.

Die grosse Frage des Kosmopolitismus, welche damals die Geister unseres deutschen Vaterlandes bewegte, hat Voltaire als Franzosen kaum berührt. Er war als Historiker, Dichter und Mensch im Grunde doch nur Franzose und nicht bloss aus Berechnung,[15]) sondern auch aus Überzeugung hat er in der „Henriade" im „siècle de Louis XIV" und in so manchem seiner Gedichte den nationalen Sympathien gehuldigt. Freilich war er ein zu scharfer Beobachter und klarer Denker, um nicht die schwachen Seiten der franz. Nationalpoesie und des gallischen Volkscharakters zu erkennen und zu bespötteln, aber schon seine instinktive Abneigung gegen das echt Germanische verrät den französischen Patrioten. Seine Vorliebe für englische Zustände und im eingeschränkten Sinne selbst für englische Dichtung,[16]) wurzelt, ausser in seiner politisch-religiösen Richtung, doch auch in seiner patriotischen Begeisterung; die Nachbildung alle englischen war ihm lange Zeit ein sicheres Mittel zur Heilung der vaterländischen Missstände. Sollte endlich seine affektierte Bewunderung der damaligen Pariser Korruption und Versailler Erbärmlichkeit, so sehr auch deren nächste Veranlassung auf der Hand liegt, nicht doch in ihrem entfernteren Grunde mit dieser nationalen Denkungsweise zusammenhängen? Ganz unaufrichtig ist die höfische Gesinnung V.s ebensowenig, wie seine Antipathie gegen die Intriguensucht und die inhaltsleere Äusserlichkeit dieser Hofsphäre,[17]) wenngleich diesen so widersprechenden Anschauungsweisen doch der Drang, in jener Welt zu glänzen, und der Unwille, von ihr zurückgestossen zu sein, unverkennbar anhaftet. Es ist nur psychologisch, dass der Hofmann Voltaire zugleich ein Bewunderer ländlicher Stille und naturwüchsiger Einfachheit war,[18]) dass derselbe Zug, welcher den eingefleischten Berliner alljährlich in die stillen Thäler der „Provinz" treibt, auch das Pariser Kind aus dem Geräusch der Residenz in die Zurückgezogenheit von la Source, Ussé, St. Ange führte. Die Befriedigung, die der ältere und immer leidender werdende Mann zuletzt in seinen Délices und Ferney, ja selbst in der Klosterstille fand, ist offenbar keine erheuchelte, und eint sich sehr gut mit der Sehnsucht nach Paris, die ihn bis an die Todesschwelle verfolgte.

Die Notwendigkeit aber, in der und für die verderbte Atmosphäre der Hofwelt zu leben, hat zumeist das verschuldet, was man an Voltaires Charakter und Privatleben so bitter und gehässig getadelt; das Frivole und Mephistophelische, ja selbst das Niedrige und Gemeine. Da war es zuvörderst ein Verhängnis, dass unglückliche häusliche Verhältnisse ihn früh aus der Stille des bürgerlichen Lebens in die grosse Welt rissen, mit zweifelhaften Charakteren in Verbindung brachten, und mit jener Blasiertheit erfüllten, welche der Frühreife immer nachfolgt. Der frühzeitige Tod der Mutter überliess die Erziehung des geistig schnell entwickelten Knaben einem Vater, der als Notar und Beamter kein Verständnis für höhere Individualitäten hatte, bald jeden Einfluss auf den Sohn verlor, und höchstens das Talent der Finanzspekulation und advokatischen Rabulistik auf ihn vererben konnte. Einen Ersatz für die mütterliche und weibliche Einwirkung konnte Voltaire weder in Ninon de L'enclos finden, die bereits starb, als er 10 Jahr alt war, und ohnehin einen idealeren Einfluss kaum auszuüben vermochte, noch später in der Dunoyer. Die L'enclos setzte den Knaben als Legatair ein und legte damit den Grund zu dem später so erweiterten Vermögen und zu der unabhängigen Lebensstellung Voltaires. Der Dunoyer trat Voltaire mit dem glühenden Idealismus der Liebe entgegen, der stets die noch mangelnde Kenntnis des Weibes verrät und er wurde schliesslich ihren Kokettenkünsten geopfert. Für uns ist aus diesem Verhältnis noch ein Briefwechsel zurückgeblieben, welcher die Mischung des Edlen und Gemeinen in V.s Charakter am besten zeigt, denn während er ohne die Tochter nicht leben zu können glaubte und diese selbst zu einer Flucht über die französische Grenze bereden wollte (die Madame Dunoyer, hugenottischen Glaubens, hielt sich damals im Haag auf), suchte er rücksichtslos die Mutter durch Drohung mit der geistlichen Inquisition zu schrecken. Wie in der Liebe, so hatte der Jüngling auch in der Freundschaft kein sonderliches Glück. So wichtig auch für sein Emporkommen die Freundschaften eines duc de Richelieu, einer Madame de Bernières, ja selbst des gewandten Büchervertreibers[19]) und Honorarkassierers Thieriot und vieler anderer waren, so konnten diese sittlich zweifelhaften[20]) oder gar unzweifelhaften Personen nimmermehr den Sinn für das Ideale in ihm wecken, und Richelieu namentlich erregte schon frühzeitig V.s Spott und Verachtung. Der sittliche Indifferentismus V.s, der sich schon früh in seinen Gedichten ausspricht, die Neigung zu spöttischer Satire, sind die Nachteile solcher Gesellschaft. Ein Gegengewicht zu diesen Geistern hätten ja Caumartin, d'Argenson, die Lecouvreur und Rupelmonde geben können, wenn nur nicht das Verführerische jener schlechten, aber feingebildeten Kreise einmal seinen Zauberbann um Voltaires Gemüt gezogen hätte! Wie nahe V. der Lecouvreur gestanden hat, ob er ihr Geliebter gewesen, ist nicht sicher beglaubigt; Briefe und Gedichte jener Zeit²¹) sprechen nur für aufrichtige Hochachtung und wahre Zuneigung. Was die Lecouvreur hätte gut machen können, das verdarb wieder das unglückliche Verhältnis zu der abenteuernden Schauspielerin Livry. Voltaire zeigt sich hierbei von seiner edlen, aufopferungsfähigen Seite, desto schlimmer musste der niedrige Undank jener Bühnenkreatur seinen ironisch-skeptischen Sinn nähren. Je bedeutender und bekannter Voltaire wurde, desto mehr trat er in das Hofleben; wie sehr dies geeignet war, ihn zum Mephisto heranzubilden, bedarf keines Nachweises. Das Theaterleben hat ihn weniger beeinflusst, als das sonst bei dramatischen Autoren der Fall ist. Natürlich fehlte es an Berührungen mit den Schauspielern und Schauspielerinnen, an offiziellen Huldigungen und geheimen Aufregungen über Theaterfiaskos und Theaterkritiken keineswegs, im Grunde hat Voltaire über die Bühnenkunst wohl so gedacht, wie jeder, der in die Mache und hinter die Koulissen geblickt, und nur Geister ersten Ranges, wie Lekain und die Lecouvreur, aus Überzeugung gefeiert. Das Theater brachte ihn auch in Beziehung zu Desfontaines und Fréron, berufsmässigen Rezensenten und Feuilletonisten, die so schrieben, wie man schreiben muss, um interessant, pikant und angenehm aufregend zu sein, und die erst durch Voltaires übertreibende Satire zu einer Bedeutung für Mit- und Nachwelt gelangten. Wie sehr alle diese Reibungen, Intriguen, Satiren, Persiflagen in der angedeuteten Richtung auf Voltaires Charakter wirkten, liegt wieder offen zu Tage. Der so Übersättigte, Angeekelte, auch durch Krankheit und Nervenschwäche²²) Niedergedrückte, war, noch ehe die Desfontaines, Fréron, Nonnotte u. C. ihn verfolgten, in den Hafen eines reinen Glückes eingelaufen, er hatte, in dem Asyl zu Cirey, die teilnehmende Freundschaft der marquise du Châtelet gefunden. Leider sollte auch dieser mehr als zehnjährige Freundschaftsbund für V. eine Wendung nehmen, die ihn an die gemein-reale Seite des Lebens erinnerte und seine Abneigung gegen die unlautere Heuchelei der Zeit noch steigerte.

Wo es sich um die Charakteristik der marquise handelt, darf man nicht bloss auf V.s Korrespondenz und Dichtungen, auf den begeisterten Nachruf in dem „Mémoires" und dessen Nachhall in „Comm. hist.", oder auf Longchamps indiskrete Plaudereien zurückgehen, man muss auch Mme de Grafigny hören, die im Winter 1738/1739 in Cirey weilte und Voltaire, wie die du Châtelet, aus näherem Verkehr schilderte. Gewiss ist das Urteil der Grafigny, die sich zuletzt mit der marquise verunreinigte, nicht ganz ohne Parteilichkeit, aber es lässt doch den geistigen Vorzügen der Gegnerin alles Recht widerfahren. Der Charakter der du Châtelet aber zeigt alle guten und schlechten Seiten einer in der damaligen schöngeistigen Korruption entwickelten Modedame. In die galanten Abenteuer und die Spielwut jener Zeit war auch sie hineingezogen, Begriffe des sittlichen und ehelichen Lebens hatte sie nicht, und an den litterarischen Interessen nahm sie einen Anteil, der ebenso ihre Verstandesschärfe, wie ihre unweibliche Emanzipiertheit bekundet. Die abstrakten Wissenschaften, nicht die schöne Litteratur, waren ihre eigentliche Domäne, und Geistern, wie Maupertuis und Voltaire trat sie mit einer gewissen Selbständigkeit zur Seite. Der letztere hat 16 Jahre lang mit einer Hingebung an ihr festgehalten, die ja in dem Gefühl der Isoliertheit und der Unbefriedigung über die höfischen Verhältnisse ihren Grund hatte, aber doch die edlere Seite seines Charakters bekundet. Ihre Launen und Grillen, ihre echt weibliche Bevormundungssucht ertrug er; selbst ihre Untreue vermochte den Freundschaftsbund nicht zu zerstören, und ihr Tod versetzte ihn in leidenschaftlichste Aufregung.

Ich glaube jedoch nicht, dass Voltaire seine Zukunft und seinen Ehrgeiz völlig der Liebe opferte, dass er der marquise wegen die Berliner Anerbietungen hinzögerte.

Sehr bald sollte V. erfahren, dass der Freundschaftsbund im letzten Grunde nur das Decorum sinnlicher Neigung war. Die marquise, welche mit ihrem Gatten in blosser Scheinehe gelebt haben mag und natürlich unumschränkte Herrin ihrer Neigungen war, suchte in Voltaire den geistigen und physischen Ersatz. Aus dem Gewühle des Pariser high life hatte sie sich, mit dem Ekel, der strebende Naturen schnell befällt und ihres vorrückenden Alters wegen mehr zurückgezogen, ein Verhältnis, das sie mit Maupertuis angeknüpft zu haben scheint,[23]) war nicht von längerer Dauer, und so blieb nur Voltaire übrig, der bei den häufigen und frühzeitigen[24]) Störungen seines körperlichen Organismus noch weniger zum Liebhaber einer erregbaren Dame geeignet war, als andere gleichaltrige Männer. Wenigstens scheint mir das spätere intime Verhältnis V.s zu seinem glücklicheren Rivalen, St. Lambert, den er sogar in den Episteln feiert, der hilfreiche Beistand, welchen er der untreuen Geliebten bei der famosen Schwangerschaftsaffäre leistete nur dann erklärlich, wenn seinerseits ein zwingender physischer Grund vorlag, der die marquise zur Auflösung des Verhältnisses berechtigte. Ein Voltaire vergisst eine derartige Kränkung nicht aus blosser Grossmut, und wenn er auch früher der Livry gegenüber einen ähnlichen Gleichmut bewiesen, so war doch die du Châtelet nicht eine Dame, die man leichten Herzens aufgibt, weil man sie leichten Kaufes ersetzen kann.

Mit der Cireyer Liebesaffäre schliesst der Liebesroman in Voltaires Leben und er ist meist ein für ihn unglücklicher. Von der platonischen Liebe zur madame de Rupelmonde und dem nicht klaren Verhältnis zur Lecouvreur abgesehen, erlitt Voltaire überall Niederlagen und Demütigungen und nur seine Welt- und Menschenkenntnis und seine französische Leichtheit machten es erklärlich, dass er durch diese Missgeschicke keineswegs zum Weiberfeinde wurde. Strauss bemerkt einmal, Voltaire habe sich zum Weibe in ähnlicher Weise hingezogen gefühlt, wie Göthe, nur habe er weniger Gemüt und weniger Sinnlichkeit besessen; vor allem besass er zwei Eigenschaften nicht, die Weibern gegenüber die wichtigsten sind, Körperschönheit und Gewissenlosigkeit. Darum ging er in seinen Liebesabenteuern meist als der Besiegte hervor, während Göthe triumphierte, wohin er kam.

Zum Glück für ihn hatte der Verkehr mit der du Châtelet, trotz der bitteren Nachwirkung, auf seine Gemütsstimmung nur eine veredelnde Wirkung, und mit tiefem Schmerze und aufrichtiger Hingebung gedenkt der Autobiograph noch ein Decennium später der hingeschiedenen Geliebten.

Desto bitterer, nachhaltiger und empfindlicher berührte ihn der Bruch mit Friedrich dem Grossen. Da war es für Voltaire verhängnisvoll, dass jenes Verhältnis, trotz seiner idealen Aussenseite, doch innerlich nur auf gegenseitiger Berechnung ruhte, indem Friedrich mit Voltaires Namen seine zum Klein-Paris umgeschaffene Residenz schmücken wollte, Voltaire, von äusseren Vorteilen abgesehen, nur den französischen Spion spielte. Schon bei der zweiten Begegnung mit dem preussischen Herrscher, November 1740, hatte er sich in dieser Rolle ohne Erfolg versucht, dann hatte er zur Abwechselung im Haag als französischer Agent gewirkt und dem sächsischen Minister ein vertrauliches Gedicht Friedrichs, in dem der abbé Bernis scharf mitgenommen war, in die Hände gespielt.[25])

Von vornherein trug so der Freundschaftsbund des Potsdamer und Pariser Philosophen den Todeskeim in sich, und die späteren Anlässe des Bruches, der Juwelenhandel, der Zwist mit Maupertuis, der hier Voltaire weit gefährlicher wurde, als einst bei der du Châtelet, die Affäre König, für V. wohl nur ein blosser Vorwand des Angriffes,[26]) sind von sekundärer Bedeutung. Dass sich übrigens Friedrich d. Gr. rücksichtslos benahm, zeigt doch die Verbrennung der Voltaireschen „Historie du Docteur Akakia" und die völlige Ignorierung des brutalen Frankfurter Rencontres, dessentwegen V. mindestens einen Entschuldigungsbrief Friedrichs erwarten durfte. Jenes Rencontre pflegt die neuere preussische Geschichtschreibung und deutsche Voltaire-Biographie gewöhnlich dem preussischen Residenten Freytag aufzubürden, der die Ordre seines Herrn allzu mechanisch und wörtlich ausgeführt habe, und deshalb Voltaire länger, als erforderlich, gefangen halten liess.

Wie sehr nun auch der Despotismus, selbst der aufgeklärte, die freie Initiative der Beamten lähmt, und wie beschränkt wir uns auch den Unterthanenverstand Freytags vorstellen mögen, so konnte dieser doch nach Auslieferung des fraglichen Poesiebandes Voltaire vernünftigerweise nicht mehr arretieren lassen, bloss weil er das Gefängnis nach Erfüllung der ihm auferlegten Forderungen verlassen hatte, oder weil des Königs Befehl von „Skripturen" sprach, der Poesieband aber gedruckt war. Vielmehr werden wir eine persönliche Malice Freytags, der offenbar durch V.s hochmütiges Gebahren verletzt war, unbedenklich annehmen können, zumal solche persönliche Rachepläne sich unter dem bequemen Deckmantel der Dienstpflicht verbergen liessen. Dafür spricht auch die Charakteristik, die V. (Mém. 68) von Freytag entwirft. Mag sein berechtigter Hass hier alles schwarz malen und manches selbst erfinden, einem solchen Dummkopf, wie Freytag nach der archivalischen Darstellung Varnhagens[27]) gewesen sein müsste, sagt auch ein Voltaire nicht nach, dass er einst Pranger gestanden und Zwangsarbeit verrichtet habe. Gewiss ergibt sich aus Varnhagens Forschungen, dass Voltaire sonst die Frankfurter Geschichte ebenso lügnerisch entstellt hat, wie die Berliner Händel, aber, wenn er den unglücklichen Freytag „pœshie" und „monsir" sprechen und unmotivierterweise auch schreiben lässt, wenn er von vier Soldaten fabelt, die vor dem Bette seiner Nichte Wache gestanden, so sind das satirische Ausschmückungen, die man der verletzten Nervösität V.s nicht so übel nehmen sollte. Wie so vieles Unangenehme für Voltaire, so veranlasste das Verhältnis zu Friedrich d. Gr. auch ein heftiges Rencontre mit einem holländischen Buchhändler, der Friedrichs Antimachiavell verlegen sollte. (Das Nähere Mém. p. 50.) Die Buchhändler spielen überhaupt in V.s Leben eine wenig erfreuliche Rolle, sie drucken seine Schriften, ehe sie druckreif sind, oder publizieren sie in fehlerhaften Ausgaben, bezw. in einer Gestalt, die V. nicht für weitere Kreise geeignet schien. Es ist nicht immer auszumachen, wieweit V. die Verleger zum Deckmantel der Missbelligkeiten machte, die ihm seine religionsfeindlichen Schriften bereiten konnten, wie weit er auf Honorare, die er öfters wegschenkte, einmal aber mit Zähigkeit einforderte, rechnete, wie weit überhaupt seine Klagen über willkürliche und unrechtmässige Edierung berechtigt seien.

Die bittere sarkastische Stimmung der späteren Schriften Voltaires ist zum Teil auf die schlimmen Erfahrungen in Berlin und Frankfurt zurückzuführen und überhaupt nur ein Reflex der Missgeschicke, die er im eigenen Vaterlande, wie in der Fremde erfahren. Freilich alles Leid und alle Demütigung hielt ihn nicht ab, bald mit Friedrich II, wohl in der geheimen Hoffnung einer ehrenvollen Zurückrufung nach Berlin, wieder anzuknüpfen, um einen Ersatz für das ungastliche Paris und das ländlich-einsame Délices zu finden und den Schimpf einer Entlassung und Verstossung vor den Augen seiner Feinde und Neider zu tilgen. Wenn er in den „Mémoires" die Sache so verdreht, als habe Friedrich zuerst wieder seine Freundschaft gesucht, so verrät er damit nur seinen geheimen Herzenswunsch.

In späteren Jahren entsagte V. mehr den schönen Künsten und wandte sich dem Studium der Philosophie und Theologie zu, um so mehr, da die fortschreitende Aufklärung der gebildeten Welt ihm seinen grossen Kampf gegen geistlichen und weltlichen Druck aussichtsvoller erscheinen liess, als zuvor, und da in Ferney die höfischen Rücksichten und die Besorgnisse vor kirchlicher Verfolgung weniger notwendig waren. Mit zunehmendem Alter wird seine Kritik immer sarkastischer, sein Hass immer bitterer, seine Form schärfer und die devote Maske immer lockerer. Der Hass, der sich an den Namen Voltaire auf Seiten der Frommen knüpft, und die Liebe, die er sich auf Seiten der Freigeister oder Weltlichgesinnten erworben hat, richten sich zumeist auf diese letzte Periode in des Philosophen Wirken. So löst sich das Rätsel, warum ein so widerspruchsvoller, aus edlen und unlauteren Stoffen gemischter Charakter meist nur entschiedene

Antipathie oder Sympathie gefunden hat, selten unparteiisch beurteilt worden ist. Wenn aber der Hass die Liebe überwog, so erklärt sich das aus dem scharfen Realismus Voltairescher Kritik und Denkweise, der allen idealen Glanz, allen poetischen Flitter zerstört. Der gewöhnliche Mensch mag das Reale nur im schönen Schmucke der Poesie oder dem blendenden Glanz der Phrase anschauen; es ist für ihn das Bild zu Sais, welchem niemand den Schleier zu lüften wagt.

Womit aber erklären wir die Wirkung, welche gerade jene Schriften V.s durch das ganze Europa, in der gebildeten Welt nicht nur, sondern auch in der breiteren Masse fanden? Sie beruht auf den Schwächen derselben nicht minder, als auf ihren Vorzügen. V. spottet im Grunde nur über das, was jeder Gebildete damals lächerlich fand, und schont das, was dem grossen Haufen ehrwürdig war. Dass die Geistlichkeit angegriffen und bespöttelt, die kirchliche Tradition zerstört, die Missbräuche des Feudalsystems gegeisselt, die Schäden des Absolutismus angedeutet wurden, war ganz nach dem Geschmacke der freisinnigen Aristokratie und ganz im Interesse der gepeinigten Bürger und Bauern. Aber der Aristokrat liess es sich nicht gefallen, dass die bestehenden Zustände durch demokratische Theorien völlig unterhöhlt wurden, der Mann aus dem Volke duldete nicht, dass ihm sein Gott, sein Messias und sein König entrissen, dass ihm der Glaube an ein besseres Jenseits angetastet wurde. Und mit dieser Interessenpolitik und diesem Kirchenglauben wusste Voltaires diplomatische Philosophie zu rechnen!

Exkurs I.
Zur „Henriade" und zur „Mariamne".[*]

Die „Henriade", deren Anfänge in die Zeit der ersten
Bastille-Haft Voltaires zu setzen sind (Mai 1717 bis April 1718),
wird in der Korrespondenz nicht vor dem Jahre 1718 erwähnt. In einem undatierten, von Villars aus an Thieriot
gerichteten Schreiben, bemerkt V., er sei mit der metrischen
Korrektur des Gedichtes beschäftigt und bitte, ihm ein Homer-
und Vergil-Exemplar, deren er für seine dichterische Thätigkeit dringend bedürfe, zu senden. Noch ehe aber die „Henriade" irgendwie vollendet war, suchte der Autor den Herzog
von Orléans für seine Dichtung zu interessieren, und deshalb
ist in einem Schreiben des Jahres 1719 davon die Rede,
dass er dem Regenten Stücke der „Henriade" vorlesen wolle.
Eifrig arbeitete V. dann weiter und im Jahre 1720 sind bereits die ersten 6 Gesänge „kopiert" und das Ganze in dem
Zustande, dass es für den Regenten kopiert werden kann.
Ausser diesem soll nach V.s Absicht noch der Staatsrath de
Forges eine Kopie erhalten, sonst aber keine Abschriften in
die Öffentlichkeit dringen. Nach einem undatierten Schreiben
desselben Jahres (an die Präsidentin de Bernières) ist das
Gedicht im wesentlichen vollendet und V. bittet die Empfän-

---

[*] s. die Briefe V.s bei Cayrol I. 1 bis 33, Supplément I. 430,
433, 436, und „Correspondence" des Jahres 1719 bis 1725 (a. a. O. Bd. 32).

gerin des Briefes um Nachricht über die Aufnahme der „Henriade" in den Pariser Kreisen, und ob man dort in ihm den Autor ahne. Von sonstigen einflussreichen Personen suchte Voltaire den englischen Schriftsteller, Lord Bolingbroke, der damals in Frankreich weilte, die marquise de Villette, J. B. Rousseau in Brüssel und Herrn Cambiage in Genf, letzteren wohl mit Rücksicht auf die 1723 erscheinende Genfer Ausgabe der Dichtung, zu interessieren. — Gedruckt werden sollte die „Henriade" natürlich ursprünglich in Paris, nur aus Rücksicht auf religiöse Händel, flüchtete sich V. mit seinem Gedichte zu einem holländischen Verleger. Doch behielt er sich das Recht vor, sein Gedicht zugleich in Paris und im Haag erscheinen zu lassen. Wegen der heissersehnten Verbreitung der „Henriade" in Frankreich, war es V. unangenehm, dass jener holländische Verleger, Levier, zu wenig den französichen Geschmack in der äusseren Austattung berücksichtigte. Im Oktober 1722 ist V. in dieser Druckangelegenheit selbst im Haag. In Paris sammelte ein Freund, de Moncrif, zugleich Subskriptionen.

Als jenes Projekt, die „Henriade" im Haag erscheinen und über die Grenze schmuggeln zu lassen, scheiterte, wurde Rouen zum Druckort bestimmt und auf dem Titel der dort veröffentlichten Ausgabe Amsterdam als Ort des Erscheinens angegeben. 2000 Exemplare wurden durch Mme de Bernières nach Paris eingeschmuggelt, bei Martel deponiert und Thieriot, der stets hilfreiche Freund, beauftragt, dieselben binden und anständig ausstatten zu lassen. Da aber V. später an der Zuverlässigkeit jenes Martel zweifelte, wurde der letztere Auftrag wieder zurückgezogen.*)

Derselbe Thieriot leitete auch den Druck der Londoner Ausgabe des Jahres 1723. Auch nach dem Erscheinen der Genfer, Londoner und Rouener Ausgaben feilte und besserte

---

*) Alles im Jahre 1723, ein darauf bezügliches Schreiben an die Bernières setzt Cayrol fälschlich ins Jahr 1722.

Voltaire, zumal eine zweite veränderte Edition 1726*) ausgegeben werden sollte. 1724 wurde die „Henriade" ohne des Verfassers Zustimmung zugleich mit kleineren Gedichten, die teils nicht einmal von Voltaire herrührten, teils nicht besonders wertvoll waren, gedruckt; 1725 erschien wieder eine fehlerhafte und ungenaue Ausgabe.

Die Sorge für Ausschmückung der „Henriade" durch Kupfer und Vignetten beschäftigte den Dichter seit September 1722, Thieriot unterzog sich den hierfür notwendigen Verhandlungen und Arrangements, doch war V. noch 1723 unsicher, wie er die Stiche stellen und ordnen solle. Ein ähnlich wechselvolles Schicksal, wie das epische Gedicht, hatte auch V.s Tragödie „Mariamne". Obwohl erst am 6. März 1724 aufgeführt, ist sie schon 1719 von V. entworfen, und damals, wohl in sehr unvollkommener Gestalt, den „comédiens du roi" vorgelesen worden. Im Juni 1723 war die Tragödie im Entwurf beinahe fertig, sie wurde den Schauspielern der „Com. fr." vorgelesen, die Lecouvreur für die Titelrolle gewonnen, und die Aufführung für den kommenden Winter in Aussicht genommen.

d'Argenson als Polizei-Lieutenant, ein Jugendfreund V.s, wurde auch für die Dichtung interessiert, so dass er der Aufführung keine Censur-Schwierigkeiten in den Weg legte (September 1723). Eine lebensgefährliche Krankheit Voltaires, die gegen Ende des Jahres 1723 ihn befiel, hinderte die Ausarbeitung und Aufführung des Stückes. Doch wurde die „Mariamne" in ihrer unvollendeten Gestalt dem Herrn Cambiage, dem Genfer Protektor des Dichters, übersandt. Bald nach der Aufführung der Tragödie, die bekanntlich sich nicht als zugkräftig erwies, erschienen gleichwohl drei unrechtmässige Ausgaben, die eine zu Rouen, derentwegen Thieriot energische Nachforschungen hielt und sich dadurch den Dank seines Freundes erwarb. Schon im Juni 1723 war eine „Mariamne anglaise" erschienen. V. entschloss sich endlich

---

*) Sie erschien 1728.

(August 1724) die Tragödie auf seine Kosten drucken zu lassen, da kein Verleger in Paris, aus Furcht vor der Konkurrenz der Raubdrucke, die Kosten tragen wollte. Noch vor dieser rechtmässigen Ausgabe wurde eine Anzahl Msc. derselben dem Thieriot zur Verteilung an V.s nähere Freunde übergeben.

Über die Umarbeitung und den endlich günstigeren Erfolg des Stückes ist schon früher gesprochen worden.

Exkurs II.
Voltaires „Préservatif" und die „Voltairomanie".

Es ist in neuester Zeit nicht gerade selten, dass Voltaire mit seinem grossen Antipoden Lessing verglichen worden ist, und selbstredend ist es, dass dieser Vergleich meist zum Vorteile des letzteren ausfallen muss. Die Reinheit und Lauterkeit der Kritik Lessings lässt sich den versteckten, oft von kleinlichen Motiven geleiteten Angriffen Voltaires nicht nachrühmen und die selbstlose Wahrheitsliebe unseres grossen Landsmannes muss man demjenigen durchaus absprechen, der seine eigenen Geisteswerke namen- und vaterlos, wie Bastardkinder, in die Welt sandte, der sie aus persönlichsten Rücksichten verleugnete und der als Schriftsteller oft mehr der Gewinnsucht und der Eitelkeit huldigte, als den Zwecken der Wahrheit und Wissenschaft diente. Der oft gemissbrauchte Ausdruck Idealismus und der noch öfter missverstandene des Realismus trifft bei einem Vergleiche Lessings und Voltaires durchaus zu. Charakteristisch in dieser Hinsicht ist es, dass V. vor allem nach einer gesicherten materiellen und sozialen Stellung strebte, Lessing bis an sein Lebensende mit materiellen Sorgen zu kämpfen hatte und von der Gunst anderer abhängig blieb. Was sie beide einander näherte, ist der Kampf gegen die religiöse und litterarische Tradition der Zeit, nur dass Lessing einen hohen Zweck mit den besten Waffen verfocht, V. die Waffen wählte, welche seine Person, nicht die Sache am meisten sicherten. Dieser Kampf führte beide in litterarische Fehden mit unbedeutenden oder gar niedrigen Menschen, welche die Nachwelt kaum noch den Namen Lessing und Voltaire an die Seite zu stellen wagt, die aber damals von dem Alltagsschlage der Kritiker und von den litterarischen Koterien neben, ja über beide, gestellt wurden. Wie Lessing zu einem Angriffe auf Lange und Klotz gedrängt wurde, so sah sich auch V. genötigt, gegen den Abbé Desfontaines und den Journalisten Fréron die Waffen der Verteidigung zu führen. Von jenem Abbé Desfontaines muss man nach V.s Korrespondenz auch da, wo dieselbe noch keinen unbedingt feindlichen Charakter hat, und nach der gegen V. gerichteten Schmähschrift „la Voltairomanie" sich einen sehr ungünstigen Begriff machen. Und nicht zu übersehen ist die Thatsache, dass Desfontaines in der genannten Schmähschrift die schlimmsten Vorwürfe des grossen Gegners kaum zu entkräften weiss.

Desfontaines hatte zum Jesuitenorden bis 1723 in engsten Beziehungen gestanden, war Mitarbeiter eines Jesuitenblattes gewesen, hatte sich dann mit den „révérends pères" entzweit und war aus Gründen schmutzigster Art[1]) erst 1724 im Châtelet, dann 1725 in Bicêtre eingesperrt worden. Hier war V. als sein Retter aufgetreten, hatte ihn in die Familie des Präsidenten Bernières eingeführt, auch mit dem Kardinal Fleury in seinem Interesse verhandelt.[2]) Die Thatsache dieser Handlungsweise gibt Desfontaines selbst zu,[3]) doch schiebt er Voltaire eigennützige Beweggründe unter. Er solle ihn nur aus Rücksicht auf den Präsidenten Bernières verteidigt haben, auch sei die Unschuld des Abtes nachher öffentlich von dem „Magistrat de la Police" gerechtfertigt worden.[4]) Das Verhältnis, in dem V. zur Familie des Präsidenten B. stand, die vertraute Korrespondenz mit dessen Gattin, lassen es wahrscheinlicher sein, dass V. dort aus selbstlosen Motiven den Fürsprecher Desfontaines' machte, als dass er durch die Verteidigung des letzteren sich etwa in der Gunst des Präsidenten hätte befestigen wollen. Lächerlich ist es, wenn eine Note der „Voltairomanie" dem Voltaire das Recht streitig macht, jenen Präsidenten als seinen „ami" zu bezeichnen, da doch der jahrelange Briefwechsel mit der Gattin enge Beziehungen zu dem Hause des Präsidenten und zu seiner Person voraussetzen lässt. Freilich scheinen jene Beziehungen im J. 1726 einen Riss erhalten zu haben, denn nicht nur eine Angabe jener Schmähschrift deutet darauf hin, sondern es findet sich in V.s Korrespondenz (unterm 16. Oktober 1726)[5]) ein Abschiedsschreiben an die Präsidentin, nach welchem dann der Briefwechsel ganz erlischt, bis der Verkehr mit ihr nach dem Tode des Gatten wieder erneuert wird. Für eine Lockerung der Beziehungen im J. 1724 oder 1725 fehlt aber jeder Anhalt, vielmehr deutet der Ton der an die Präsidentin in jener Zeit gerichteten Briefe auf ein sehr freundschaftliches Verhältnis hin. Der erste Zwist mit Desfontaines und das erste Misstrauen in seine sittliche Zuverlässigkeit wurde durch die Einflüsterungen Thieriots, des vielgeschäftigen Freundes Voltaires, herbeigeführt. Th. soll dem V. mitgeteilt haben, dass Desfontaines unmittelbar nach jenem Freundschaftsdienste ein „libelle" gegen den Wohlthäter verfasst habe, auch nachher habe er „zwanzig andere Schmähschriften" gegen V. gerichtet.[6]) Da Thieriot sich später in dem Streite der beiden Gegner, V.s brieflichen Äusserungen zufolge,[7]) höchst zweideutig benahm, so werden wir die „vingt libelles" ohne Bedenken der Fantasie jenes unlauteren Freundes zuschreiben können. Nach Desfontaines Äusserung (a. a. O. 41) habe Thieriot selbst die Existenz des ersten Libelles in Abrede gestellt, und von den 20 nachfolgenden, die in Holland gedruckt sein sollten, habe sich bei näheren Nachforschungen keine Spur gezeigt. Gleichwohl darf man nicht mit Desfontaines diese ganze Libellschreiberei für eine Erfindung Voltaires halten, sie ist vielmehr von Thieriot in der Absicht, den berühmten und vermögenden Voltaire durch angebliche Freundschaftsdienste immer mehr an sich zu fesseln und für seine finanziellen Zwecke auszunutzen, fingiert worden, und V.s leicht erregbare Nervösität hat dem Klatsche des falschen Freundes nur zu bereitwillig Gehör gegeben.

Nachdem so die innere Übereinstimmung zwischen Voltaire und Desfontaines gestört war und nur noch ein äusseres Einvernehmen bestand, musste das Geringste den offenen Bruch herbeiführen. Es ist somit zu bewundern, dass zwei böswillige Kritiken, die D. über den „Temple du Goût" und die „Mort de César" veröffentlichte, von V. so glimpflich ertragen wurden. Freilich die letztere Kritik musste V. um so mehr erbittern, als ja auch das Stück selbst, auf das der Autor so grosse Hoffnungen gesetzt hatte, wenig erfolgreich war. Wenn er auch in einem Briefe an Desfontaines (vom 14. Nov. 1735) seine Missstimmung zu zügeln weiss, so tritt dieselbe doch in anderen Schreiben aus jener Zeit desto deutlicher hervor.[8]) Nun konnte freilich V. damals kaum offen gegen D. vorgehen, weil er selbst ihn in einem Briefe vom 7. Septbr. 1735 zu einer Besprechung der Tragödie aufgefordert hatte, die gegen seinen Willen und voller Fehler, Änderungen und Weglassungen gedruckt worden sei. Natürlich hatte Desf., V.s Absicht zufolge, alle Schwächen und Fehler der Dichtung auf Rechnung des Druckers setzen,*) und die Veröffentlichung als einen Vertrauensbruch des Abbé Asselin, Leiter des collége Harcourt, dem der Autor das Stück zu einer Schulaufführung überlassen hatte, hinstellen sollen, doch konnte er dies, auch ohne V. schaden zu wollen, nicht wohl thun. Aus den Bemerkungen V.s über diese in D.s Zeitschrift: „Observations sur les ecrits modernes" am 16. Septbr. 1735 erschienene Kritik geht hervor, dass D. die Tragödie lediglich vom Standpunkt des französischen Geschmackes beurteilt hat, ohne darauf Rücksicht zu nehmen, dass sie als unselbständige Bearbeitung des Shaksperéschen „Julius Caesar" teilweise wenigstens die Eigentümlichkeiten der brittischen Dichtungsweise zeigen musste. Die Antwort blieb der gekränkte Autor nicht völlig schuldig, denn im November 1735 wurde D. von V. im Mercure angegriffen. Die feindliche Stimmung V.s

---

*) Doch hatte V. selbst dem Verleger Lamarre zur Weglassung einer Stelle geraten und die Tragödie heimlich drucken lassen (Cayrol I, 59, 412).

spricht die Komödie „l'Envieux" aus, die zwar erst 1738 erschien, aber vielleicht schon früher unter dem Eindruck der Handlungsweise Desfontaines' entworfen wurde. Hier ist von einer sachlichen Bekämpfung des Schriftstellers Desfontaines keine Rede mehr, sondern der Charakter des Abtes wird in der Person des Zoïlin auf rachsüchtige und unedle Weise karrikiert. Wir dürfen aber aus dem Stücke schliessen, dass D. sich auch in die V. so befreundete Familie des Marquis du Châtelet einzunisten und dort V. zu schaden suchte, wie er denn u. a. ein von V. an Algarotti gerichtetes Gedicht, in dem die Marquise vertraulich erwähnt wurde, indiskreter Weise in den „Observations" publizierte. Schlau berechnend und weltklug wie immer, wartete V. mit einem direkten Angriff auf Desfontaines so lange, bis der letztere sich noch andere Feinde gemacht hatte. Daran konnte es bei D.s rücksichtsloser und spöttischer Journalistenmanier, bei den vielen Angriffen, die in den „Observations" nicht nur Voltaire, sondern auch andere zu erleiden hatten, nicht fehlen. Überdies kam Desfontaines in den Verdacht, ein 1736 anonym erschienenes Libell verfasst zu haben, das mehrere Mitglieder der Akademie beleidigte. Gewiss würde V. in seinem „Préservatif" von diesem Verdacht Nutzen gezogen haben, auch wenn die Unschuld Desfontaines klarer wäre, als dies nach seiner Selbstverteidigung (Voltairomanie 35—36) scheint. Denn es ist kaum glaublich, dass D. sich hier für einen Autor geopfert haben will, dessen Namen er nicht preisgeben dürfe, dass das Libell von Ribou ihm abgeschwindelt sei, dass er das Manuskript nicht einmal völlig gelesen, als man bereits es ihm gestohlen habe. Dass V. bona fide handelte, als er im „Préservatif" (S. 12 und 13) den Desf. für jene Schmähschrift verantwortlich machte, geht nicht nur aus der Verurteilung des Abtes durch die „Chambre de l'Arsenal", sondern auch durch Stellen in V.s Korrespondenz hervor.[9])

In Folge dieses Libelles hatte Voltaire die Akademie, insbesondere den von Desf. angegriffenen abbé d'Olivet, die gleichfalls von D. verspotteten Pariser Ärzte und manchen anderen, der in den „Observations" des Abtes unsanft behandelt war, für sich, als er November 1738*) seine Schutzschrift, das „Préservatif", anonym veröffentlichte. Natürlich leugnete er die Autorschaft dieser scharfen Gegenkritik unbedenklich ab,[10]) redete auch in derselben von sich in der dritten Person und machte für verschiedene seiner Schriften Reklame.[11]) Gelegentlich gab er zu, dass er einen in dem „Préservatif" angeführten Brief wirklich verfasst habe und dass die ganze Schrift überhaupt aus Materialien entstanden sei, die er vor Jahren in einer Schrift publiziert habe.[12]) Auch dem chevalier de Mouhi, einem Feinde Desfontaines, suchte er die Schrift zuzuschieben und noch ein oder zwei Hilfsarbeiter ihm zur Seite zu stellen,[13]) deutete jedoch in vertrauteren Schreiben seine eigene Autorschaft an.[14])

Die Tendenz des „Préservatif", dessen nomineller Anlass nur die Warnung des gebildeten Publikums vor dem schädlichen Einfluss von Cliquenblättern ist, liegt in dem Nachweise, dass Desfontaines ohne genügende Sachkenntnis und schärfere Prüfung über ästhetische und litterarische, wie über mathematische und physikalische Dinge urteile. Einzelne Urteile der „Observations" werden deshalb mit schlagender Ironie und unerbittlicher Schärfe so vernichtet, wie das Lessing nicht wirkungsvoller hätte thun können. Die geistreiche Oberflächlichkeit Desfontaines, sein inhaltleeres Phrasentum, seine mangelnde ästhetische Durchbildung werden in so überzeugender und dabei rein sachlicher Weise dargelegt, dass jener „Préservatif" noch heutzutage ein Erbauungsbuch des Kritikers sein würde, wie Lessings Vademecum und antiquarische Briefe, wenn nicht die gemeineren Regungen V.s an einzelnen Stellen hervorträten. Nobel ist es schon nicht, dass V. dem Gegner jene Bicêtre-Affäre und die ihm erwiesene Wohlthat zu Gemüte führt, schlimmer ist noch die religiöse Heuchelei des Autors. Da wird denn eine geistliche Schrift,

---

*) In V.s Corresp. wird sie zuerst unterm 24. Nov. 1738 erwähnt, doch teilt die Voltairomanie (18) einen darauf bezügl. Brief J. B. Rousseaus vom 14. Nov. mit.

„Alciphron ou le Petit philosophe", als Schutzschrift des Christentums gegen Freigeisterei, ja als „Saint Livre" bezeichnet, während sie nach einer Stelle der Voltairomanie (60) freigeistige Tendenzen hat und deshalb mit Voltaires „Epitre à Uranie" verglichen wird. Ich möchte hierin, obwohl ich die Schrift aus eigener Lektüre nicht kenne, eher dem D., als Voltaire, beistimmen, denn damals, wie später, war es ja ein nur zu häufiges Mittel Voltairescher Diplomatie, kirchenfeindliche Schriften, eigene, wie fremde, unter kirchlicher Flagge einzuschmuggeln und gar noch als Verteidigungsschriften des verspotteten Christentums hinzustellen. Auch mit dem Orden Jesu sucht der schlaue Voltaire zu kokettieren. Desfontaines, heisst es (S. 22) sei ein „ci devant Jésuite" und deshalb eine „homme d'étude" gewesen, ja V. lässt durchmerken, dass er auch in dem abgefallenen Mitgliede des Jesuitenordens noch den Orden habe ehren wollen. Und doch gab er in einem Schreiben, aus derselben Zeit ungefähr, dem D. Ratschläge, die eine wenig freundliche Gesinnung dem Orden gegenüber dokumentieren.[15]) Rechnet man zu diesen Stellen noch die unschöne Reklame hinzu, welche der anonyme Autor mit seinen Werken und seiner Person macht, so wird man von dem Charakter V.s hier sich wenig erbaut fühlen, während man seiner kritischen Schärfe den höchsten Beifall zollen muss. Recht gewöhnlich ist auch der Schluss des „Préservatif" worin des zweiten von D. herausgegebenen Blattes,[16]) der „Reflexions sur les ouvrages de la Littérature", gedacht wird. Da D. hier oft bekämpfe, was er in den „Observations" gesagt habe, so gleiche er einem Klopffechter, der mit einem anderen sich scheinbar öffentlich schlage, um die Vorübergehenden anzulocken.

N'est il pas déplorable de voir un tel brigandage dans les Lettres? so schliesst der „Préservatif".

Die Gegenschrift liess nicht lange auf sich warten, und wenn Voltaires „Préservatif" nicht immer fein war, so war die „Voltairomanie" pöbelhaft gemein. Wie das „Préservatif" anonym erschien und von dem Autor selbst anderen zu-

geschoben wurde, so wird auch die „Voltairomanie" als
„Lettre d'un jeune Avocat" ausgegeben. Der Verfasser selbst
hatte sich noch mehr verraten, als der Autor der „Préservatif", denn aus den ungeschickten Lobhudeleien, welche hier
dem abbé Desfontaines verschwenderisch dargebracht werden,
musste jeder auf seine direkte oder indirekte Autorschaft
schliessen. Voltaire ist denn auch nie in Zweifel gewesen,
wer der Pasquillant sein könne und meines Wissens ist auch
die „Voltairomanie" von niemandem dem Desf. abgesprochen
worden. Was an Schimpfwörtern die Gassensprache leisten
kann, das bietet dieses Libell in anmutigsten Auslesen und
schon die Vorrede „Avis au lecteur" gibt eine Probe von
dem, was die eigentliche Schrift erwarten lässt. Bis zum
„Chien rogneux" und „Chien enragé" versteigt sich hier
der würdige Vorläufer eines Veuillot, und an dem Schriftsteller, wie an dem Menschen Voltaire wird auch nicht ein
gutes Haar gelassen. Nun bot V.s Schriftstellerei und sein
Privatleben der Satire manchen Stoff, und bis zu einem gewissen Grade muss man den Bemerkungen über Voltaires
Eitelkeit, Herrschsucht, spöttische Rücksichtslosigkeit, unaufrichtige Schmeichelei, kirchen- und staatsfeindliche Kritik
beistimmen. Aber wie übertrieben ist es, wenn V. ein „ennemi des vivans et des morts" genannt wird, wie lächerlich,
wenn seine Korrespondenz mit dem preussischen Kronprinzen
für fingiert ausgegeben, wenn vor allem J. B. Rousseau und
Desfontaines ihm gegenüber als tadellose Lichtbilder erscheinen.
Wir haben der Beziehungen zu Desfontaines früher gedacht
und wollen im kurzen auf V.s Verhältnis zu J. B. Rousseau
einen Blick werfen. Der Gegensatz beider Dichter datiert
nicht erst von der Zeit ihres Zusammentreffens in Brüssel
(1722) sondern ist weit älter, denn schon in einem Briefe
des Jahres 1716 spricht sich V. mit Bitterkeit über R. aus
(a. a. O. XXXII, 27). In einem Schreiben vom 6. August
1730[17]) schimpft dann V. auf J. B. Rousseau, der dem Theater
Regeln geben wolle, während seine Komödien ausgezischt
seien und seine Sitten ihm eine Ausstossung aus der Pariser

Gesellschaft zugezogen hätten. Schon 1734 begannen V.s Angriffe auf Rousseau, mit einer Satire: „Réponse aux trois empereurs le Rousseau", 1736 wurde jenes vernichtende und derb rücksichtslose Gedicht „la Crépinade" veröffentlicht, und in derselben Zeit spottet bereits V. über ein persönliches Missgeschick des Dichters.[18]) Zur Steigerung des Hasses diente noch eine Satire, die R. gegen den Vater des marquise du Châtelet weit früher veröffentlicht hatte.[19u.20]) Es ist also nicht jenes echt Voltairesche Witzwort: R.s Ode an die Nachwelt werde nie an die Adresse gelangen, das der Zeit jener Brüsseler Zusammenkunft angehört, oder der Hass des frömmelnden Rousseau gegen den Freigeist Voltaire Ursache des heftigen Zwistes, sondern hauptsächlich die Abneigung des klaren Verstandesmenschen Voltaire gegen den phantasiereichen, aber schwülstigen Poeten.

Die „Voltairomanie" sucht nun Rousseaus spöttische Reimereien über Voltaire und das Fragment eines von Rousseau über den „Préservatif" an Desfontaines gerichteten Schreibens ebenso zu verwerten, wie eine gemeine im Haag (1732) erschienene Schmähschrift: „La Déification du docteur Aristarchus" (d. i. Voltaire). Nach der letzteren wird sehr ausführlich und sehr entstellt mitgeteilt, wie Voltaire (im Januar 1722) von einem Offizier, Namens Beauregard, in roher Weise gezüchtigt worden sei, und dabei der Gezüchtigte als Feigling hingestellt, obwohl er auf jede Weise Genugthuung zu erlangen suchte. Der „junge Advokat", der hier dem abbé Desfontaines die Maske leiht, scheint nicht gemerkt zu haben, wie sehr er durch Aufrührung solcher längst vergessener Pöbeleien nur der Sache seines Gegners diente. Diese Schrift, welche sich als „Chef d'œuvre d'un Inconnu" bezeichnet und von Mr de St. Hyacinthe, einem dem V. einst näher stehenden Litteraten, verfasst war, ist von Voltaire selbst gelesen worden, denn sie wird in der „Korrespondenz" und bei Cayrol erwähnt, und begreiflicher Weise musste die Ausnutzung eines solchen Pamphletes ihn aufs höchste erbittern. Ebenso musste auf ihn die hämische Erwähnung jener Züchtigung wirken, die einst der chevalier de Rohan dem jungen Voltaire aus Rache für eine treffende Abfertigung angedeihen liess, oder gar die Erinnerung an die Prügel, welche er von der Hand eines englischen Buchhändlers empfing. (S. 30 A.) Können wir nun von einem Autor, der zu so gemeinen Pamphletkünsten seine Zuflucht nimmt, eine Widerlegung der kritischen Gründe V. erwarten? Diese Hoffnung benimmt uns der „jeune Avocat" im Voraus, denn an drei Stellen versichert er, V. sei nicht würdig, dass man ihm antworte. (S. 27, 28, 47). Und wenn er doch an zwei anderen Stellen länger bei den Einwänden des „Préservatif" verweilt, so ist seine Widerlegung ebensowenig überzeugend, wie von persönlichen Wendungen frei. Natürlich lässt sich dem vielgewandten Journalisten Desfontaines eine vulgäre kritische Routine, die mit scharfer Sonde einzelne Schwächen der gegnerischen Kritik herauszufinden weiss, nicht absprechen, aber von seinem ästhetischen und logischen Urteil erhalten wir nirgends eine hohe Vorstellung.

Wie der Mensch Voltaire, so wird auch der Schriftsteller in unverantwortlicher Weise karrikiert. Seine „Henriade", sein „Temple du Goût", seine „Lettres philosophiques", seine „Elements de Newton" werden genau so geschmäht, wie sein „mauvais roman" Charles XII, oder seine erfolglosen Theaterstücke. Selbst „Alzire", eins der vollendetsten derselben, darf dem Spotte nicht entgehen; V.s richtige Bemerkung, dass solche Tendenzstücke nur zeitweilige Bedeutung hätten, wird ohne weiteres auf alle Werke des grossen Schriftstellers ausgedehnt (29. A.). Hierdurch wird auch die Richtigkeit von V.s Angabe, dass Desfontaines zu den Gegnern der „Alzire" gehört habe,[21]) erwiesen. Noch unbegründeter ist der Vorwurf, dass der „Essai sur la poésie epique" mit Hilfe eines Engländers ins Englische übersetzt sei, denn V.s englische Korrespondenz zeigt doch zur Genüge die Beherrschung der fremden Sprache.[22])

Während alles, was über Voltaires Schriften (mit Ausnahme des Charles XII) gesagt wird, kaum sachlichen Wert hat, ist sein Charakter in zwar böswilliger, aber nicht immer unzutreffender Weise geschildert worden. So wird seine vorgebliche Abneigung gegen alle litterarischen Kabalen und Intriguen, die er nur dann hasste, wenn er ihr Opfer war, seine Schnellschreiberei, seine wissenschaftliche Unselbständigkeit, seine oft flüchtige Popularisierungsweise exakter Forschungen, seine Eitelkeit etc. nicht ohne Grund hervorgehoben. Freilich auch hier schiesst der jesuitische Gegner stets über das Ziel hinaus. So ist es doch eine furchtbare Übertreibung, dass Voltaire von Newton trotz zweijährigen Studiums noch nicht die ersten Anfänge verstehen solle, so viel Mühe sich auch ein gelehrter Italiener gegeben habe, sie ihm beizubringen (63) und wenn S. 53 boshaft bemerkt wird, V. werde sich über Rousseaus stichelnde Verse nicht eine Schlinge um den Hals legen, wie ein Lycamb, als er von Arichilochus verspottet wurde. Solche schulmeisterliche Afterkritik und solch inhaltsloses Witzeln erinnert wieder ganz an den Pastor zu Beesenlaublingen, Samuel Gotthilf Lange, und ruft von neuem in Voltaire die Erinnerung an den deutschen Kritiker hervor. Auch ein Epigramm, das Desfontaines (S. 48) im Namen eines „guten Freundes" an Voltaire richtet, steht auf einer Stufe mit den Reimkünsten des Laublinger Poetasters.

Vielfach folgt ja Desf. nur dem Beispiele, das ihm der Autor des „Préservatif" gegeben hatte. Auch er spielt den überzeugungsvollen Verteidiger kirchlicher Interessen (S. 28 und 60) und hatte darin ein leichteres Spiel, als der mephistophelische Spötter. Auch er kämpft unter fremder Maske und läugnet keck sein kritisches Sammelsurium, die „Réflexions sur les Ouvr. de Litt.", ab (40). Wie Voltaire sich zum Anwalt des guten Geschmackes und des litterarischen Interesses aufwirft, so sucht auch Desf. im Anfange der Schrift den litterarischen Advokatenton anzuschlagen, wie dieser die Pariser Ärzte, die Académie und den abbé d'Olivet gegen D. in Harnisch bringen will, so sucht er die Advokaten, die Geistlichen und den bissigen Rousseau gegen V. aufzuhetzen. Aber die Diplomatie des grossen Weltmannes wird hier zur erbärmlichsten Intrigantenkunst und die Übertreibungen und Entstellungen schaden nur der eigenen Sache. Die Schimpfwörter und Strassenausdrücke setzen den abbé zu einem litterarischen Gassenbuben herab, dem nicht einmal das geistliche Gewand oder die gestohlene Advokatenrobe Ansehen gibt. Die „Voltairomanie", die ungeschickteste Satire auf den geschicktesten aller Satiriker, trifft den Schriftsteller V. nicht einmal und streift nur den Menschen, ohne ihn gefährlich zu verletzen.

Was aber die „Voltairomanie" versäumt, das holt ein „Mémoire" des Buchhändler Cl. Fr. Jore zu Rouen nach, welches der Schmähschrift angehängt ist, und dieses Mémoire macht allein die Bedeutung erklärlich, die Voltaire jenem Pamphlete beilegte. Dass diese Denkschrift, welche schon 1736 dem Polizeilieutenant Hérault in Klagsachen Jore gegen Voltaire vorgelegt wurde, von Desfontaines verfasst sei, nimmt wohl V. nicht ohne Grund an,[23]) und thatsächlich ist auch der Styl, die Art der Polemik, ja selbst einzelne Wendungen zu sehr der später verfassten „Voltairomanie" verwandt.

Zu den vielen Streitigkeiten, die Voltaire mit seinen Verlegern hatte,[24]) gehört als eine der unheilvollsten auch der Handel mit diesem Jore. 1733 sollten die „Lettres philosophiques", heimlich (ihrer freigeistigen Tendenz wegen) bei Jore verlegt werden und zwar hatte der Autor die mündliche Erlaubnis einer hohen Person, des Abbé Rothelin, dem Verleger vorgeredet. Daraufhin druckte Jore die genannte Schrift in 2500 Expl., als er plötzlich durch die Nachricht überrascht wurde, die Briefe dürften in keinem Falle ausgegeben werden, sonst sei der Autor gezwungen, Jore zu denunzieren. Dagegen solle dieser die ganze Auflage dem Parlamentsrat Cideville in Rouen, dem vertrauten Freunde V.s, überliefern, damit dieser sie unter der Hand verbreite, wie das mit so vielen Schriften Voltaires zu geschehen pflegte. Jore weigerte sich natürlich und erhielt deshalb keine Entschädigung für die Druckkosten. Doch lieh der grossmütige Finanzmann dem Geschädigten 1500 Fr. für 4 Monate. Zwei Exemplare wurden aber dem unvorsichtigen Verleger abgeschwindelt, um an Freunde V.s verschenkt zu werden, das eine dem François

Josse, einem Buchhändler übergeben und von diesem und einem René Josse schnell eine Ausgabe hergestellt. Aller Wahrscheinlichkeit nach schob nun Voltaire diese mit seinem Wissen geschehene Veröffentlichung dem Jore zu, und dieser musste in die Bastille wandern. Noch zwei Ausgaben folgten, eine von jenem René Josse, aus Neid über den Gewinn seines Cousins François Josse, publiziert, die andere bei V.s Verleger Ledet in Amsterdam (1734). Auf der letzteren, um einen Brief vermehrten, Ausgabe wird Jore geradezu als Verleger genannt. Voltaires Ausreden sind hier erbärmlich. Das betr. Exemplar will er dem Josse nur gegeben haben, um es für d'Argental einbinden zu lassen, von der Amsterdamer Edition schweigt er in einem an Jore unter dem 25. März 1736 gerichteten Schreiben gänzlich. Ja, als Jore bereits in der Bastille war, suchte er ihm die 2500 Exemplare gegen Vergütung der Druckkosten abzulocken, nicht nur, um durch den Vertrieb zu gewinnen, sondern auch um den triftigen Beweis für Jores Schuld beibringen zu können. Alle diese unerquicklichen Thatsachen werden nicht nur in jenem „Mémoire" klar dargelegt, sondern auch in Voltaires oben erwähntem Briefe an Jore deutlich zugegeben, nur dass die Klagen über Fr. Josses Treulosigkeit und die Schlechtigkeit der Menschen ihn überdies noch als schlimmen Heuchler erscheinen lassen. Jore hatte somit die Erlaubnis Voltaires zur Veröffentlichung der Briefe schriftlich in Händen, konnte überdies den Herzog v. Richelieu, in dessen Gegenwart mit Jore über die Sache verhandelt war, als Zeugen seiner bona fides anführen. Nicht erwiesen zwar, aber doch nach jener Drohung Voltaires höchst wahrscheinlich, ist es, dass der Autor selbst den Denunzianten seines Verlegers gespielt und letzteren so in die Bastille gebracht hatte. Ohne Entschuldigung bleibt auch Voltaires Weigerung, die Kosten der 2500 durch seine Schuld gedruckten, obgleich ihm nicht übergebenen Exemplare, zu tragen und einen Mann zu entschädigen, dessen Gastfreundschaft er einst zu Rouen angenommen und dessen Ehre und geschäftliche Existenz er in Frage gestellt hatte.[25]) Die Pariser Polizei wies denn auch

V.s Verlangen, die Klage Jores abzulehnen, zurück und verurteilte Voltaire zu einer Geldstrafe von „500 L. d'aumônes". Wenn das „Mémoire"[26]) schon in seinen juristischen Gründen sehr vernichtend für Voltaire war, so wurde dessen Charakter noch mehr durch mancherlei Details herabgesetzt, die Jore zur Beurteilung seines Gegners vorbrachte. Da wird denn unter anderem ausführlich erzählt, wie V. nach seiner Rückkehr aus England von Jore in Rouen gastlich aufgenommen worden sei, wie er dort den englischen Lord gespielt, ein Gemisch von Französisch und Englisch gesprochen und seine Nationalität verleugnet habe. Durch seinen Geiz und seine übelangebrachte Sparsamkeit habe er sich lächerlich gemacht und sein ehemaliger Gastgeber schliesslich noch Schulden und Trinkgelder für ihn bezahlt. Mit seinen Verlegern speziell gehe er auf eine Weise um, die an Perfidie ihres Gleichen suche. Er lasse erst ein Werk auf seine Kosten drucken, behalte einen Teil der Exemplare für sich, verkaufe die übrigen an einen Buchhändler und lasse dann eine nur wenig veränderte Konkurrenz-Ausgabe erscheinen. Man muss freilich der Wahrheit gemäss hinzufügen, dass V. namentlich in späteren Jahren, wo er ein reicher Mann war, sich seinen Verlegern gegenüber sehr nobel und freigebig zeigte, auf Honorare ganz verzichtete und dass er öfters ein Opfer des buchhändlerischen Schwindels gewesen ist. In früheren Jahren mag ja das Schriftstellern auch mit zu den vielen Finanzgeschäften gehört haben, die sein spekulativer Kopf trieb.

 Welchen Eindruck die Publikation dieses „Mémoire" und der „Voltairomanie" auf den Angegriffenen machte, wie sehr sein leicht erregbares Nervensystem dadurch erschüttert, seine Eitelkeit tötlich verletzt, seine Rachsucht entflammt, seine litterarische und gesellschaftliche Stellung momentan bedroht wurde, ist an sich zweifellos, auch wenn wir nicht die bestimmtesten Zeugnisse hierfür in seiner Korrespondenz hätten. Seit Dezember 1738, wo er zuerst Nachricht von jener Schmähschrift erhielt, verfolgt er unablässig den Autor, den Drucker, die Kolporteure. Jetzt die Advokaten, Ärzte und manche hohe Person in Paris gegen D. Zuerst will er eine Verbrennung des Pamphletes durchsetzen, dann verlangt er nur eine öffentliche Ehrenerklärung.*) Doch mit der rachsüchtigen Leidenschaft eint sich, wie so oft bei ihm, weltkluge Berechnung und affektierte Philosophenwürde. So eifrig er auch durch andere in Paris gegen Desfontaines wirken lässt, er selbst stürzte sich nicht in die gefährlichen Regionen der hauptstädtischen Kabalen und Intriguen, sondern blieb in Cirey bei seiner geliebten Marquise. Ja er rät einmal seinem Freunde d'Argens,[27]) nicht allzueifrig gegen Desfontaines vorzugehen, denn „seine Liebe zu den schönen Künsten werde durch solche Schlangen nicht beeinträchtigt". Er sprach oft von der Abfassung einer Gegenerklärung, aber diese erschien nie, angeblich weil der Autor an ihrer Publikation durch höheren Einfluss verhindert worden sei.[28]) Ja er trug es mit scheinbarer Ruhe, dass durch J. B. Rousseaus Bemühen die Schmähschrift auch in Amsterdam gedruckt wurde, und überliess die Vernichtung der Voltairomanie der Zeit, der besten Beschützerin gegen solche Pamphlete. Und in der That, das V.s Ansehen dauernd durch Desfontaines geschädigt worden sei, lässt sich nicht behaupten, denn die vornehmen Höflinge, durch deren Gunst der ehrgeizige Schriftsteller emporzukommen suchte, verziehen dem Geiste und Witze ihres Lieblings alle kleinlichen Schwächen und unlauteren Künste.[21])

*) Diese wurde ihm allerdings in der Weise zu Teil, dass D. die Autorschaft der „Voltairomanie" schriftlich ableugnete, nachdem auch V., gleichfalls der Polizei gegenüber, das „Préservatif" verleugnet hatte (s. Desnoiresterres II, 218).[20])

Anmerkungen.

Voltaire-Studien I.

[1]) Am deutlichsten ausgesprochen in der Introduction des Essai, a. a. O. S. 2.

[2]) Histoire de Pierre le Grand a. a. O. 15, 191.

[3]) Vorwort zu den Annales de l'Emp. a. a. O. 14, 1.

[4]) s. Essai a. a. O. XI, p. 21: „Il ne faut connaître ces temps, que pour les mépriser. Si les princes et les particuliers n'avaient quelque interêt à s'instruire des révolutions de barbares gouvernements, on ne pourrait plus mal employer son temps, qu'en lisant l'histoire"; vgl. die Remarques und **nouvelles considérations** a. a. O. XV, p. 8 ff.; die Abhandlungen Fragment sur l'hist. gén., **Pyrrhonisme** de l'histoire, die Einl. zur Ausgabe des Charles XII von 1748 (a. a. O. XV. p. 1 ff.), Introduction a. a. O. XV, p. 1—4, in Dieu et les hommes das über Josephus bemerkte a. a. O. 29, 24 u. a.

[5]) So der Vorwurf, welcher gegen Herodot wegen **seines Berichtes** über die babylonischen Jungfrauen gerichtet wird, im Fragment sur l'histoire générale (Hachette 30, 24) **und in Préface de** l'édition de Ch. XII, 1748 (ebds. 15, 3), Déf. de mon Oncle 27, 149. seine Kritik, die er an Tacitus' Erzählung vom Morde der Agrippina übt (Pyrrhonisme de l'hist. a. a. O. 28, 49), seine philosophisierend-unhistorische Auffassung des Julian Apostata (im Portrait de l'Emp. Jul. a. a. O. 29, 172—178) und Fragm. **sur l'hist. gén.** 30, 17, wo er gar mit Wilhelm von Oranien und Gustav Adolph verglichen **wird**, seine Ansichten über Christenverfolgungen, über Ausbreitung des Christentums (bes. in Hist. de l'établ. du Christ. a. a. O. 30, 309; vgl. Dict. phil. a. a. O. **XVII**, 105 ff. und Lettre Chin. Ind. et Tartares a. a. O. 30, 144), endlich seine willkürlichen Anschauungen über Inder und Chinesen, ebds. 30, 129—164; vgl. Essai a. a. O. S. 126 ff., Dieu et les Hommes a. a. O. 29, 6 und Ingénu c. XI, a. a. O. **20,** 191, Dict. phil. 17, 98, sowie vieles andere.

[8]) und [9]) Es kommen in Betracht: Questions de Zapata; Lettres sur les Juifs, XXVII, 1 ff., 253 ff.; Examen important a. a. O. 27, 16 ff.; La Bible enfin expliquée a. a. O. 29, 232 ff.; Dieu et les Hommes a. a. O. 29, 15, 17, 23, 24 ff.; Introd. a. a. O. 84 ff., Pyrrhon. de l'Hist. 28, 41; in einer gegen Bossuets Discours gerichteten Stelle und Fragment 30, 14.

[9]) und [10]) Ausser den Hauptschriften: Histoire de l'établ. du Christianisme 30, Examen important, La Bible enfin expliquée 29, 232 ff., Questions de Zapata a. a. O., Collection d'anciennes évangiles a. a. O. 28, 238—245; s. noch Dieu et les Hommes, 29, 63—92, L'emp. de la Chine et le frère Rigolet a. a. O. 27, 308 ff., die Schilderung der toleranten Huronen (Ingénu c. XIV, a. a. O. 20, 200), verschiedene Artikel des Dict. phil. und Essai a. a. O. X, 176 ff.

[11]) Die Religion Christi war nach Voltaire ursprünglich ein reiner Deismus, ähnlich dem so hochverehrten Brahmanentum. V. plaidiert für die natürliche Geburt Christi (Dieu et les Hommes 29, 52), behauptet, dass die Göttlichkeit Christi weder in den Evangelien noch in der Apostelgeschichte, noch selbst in der pseudojohanneischen Kompilation zu finden sei (ebendas. 29, 53, 58, 60). Christus wird mit Sokrates und Fox (29, 52, 61), seine „Sekte" mit den Quäkern verglichen, 29, 79. Dass Voltaire weder an eine Himmelfahrt noch an eine Auferstehung glauben kann, geht schon aus seiner Bemerkung über den Tod Christi (29, 61) hervor.

[12]) Was Voltaires Urteil über den Jesuitenorden angeht, so war es von Hause aus kein ungünstiges. In dem (1740 zuerst entworfenen) Essai urteilt er nicht ohne Sympathie und ist öfters geneigt, die Jesuiten gegen schlimme Anschuldigungen der Gegner in Schutz zu nehmen. Erst die Angriffe der Jesuiten scheinen ihn zu jenem vernichtenden Spotte bestimmt zu haben, welcher in der „Relation de la Confess., de la Mort et de l'Apparition du Jésuite Berthier (1759), in der Unterhaltung zwischen dem Mandarinen und Jesuiten (a. a. O. 27, 31 ff.), in einzelnen Stellen des Ingénu a. a. O. 198 f., 203 f. und Dieu et les hommes 29, 5 hervortritt. Die Aufhebung des Jesuitenordens pries Voltaire auch in Privatschreiben, so an Moulton, 24. April 1767: „Voilà une espèce des persécuteurs bannie de la moitié de l'Europe" (s. Coquerel, Lettres inéd. de V. sur la tolérance, p. 239), ebenso auch in der „Lettre d'un Ecclésiastique" a. a. O. 36, 46. Doch tritt später eine mildere Form der Beurteilung auf. So werden die besseren Jesuiten weislich von dem grossen Haufen geschieden (in der angeführten Stelle der Lettre d'un Eccl.), doch der mangelnde Patriotismus des Ordens und dessen nachteiliger Einfluss auf die Jugenderziehung getadelt. Versöhnliche Milde athmet eine Stelle des Comm. hist. und der Corresp. (a. a. O. 30, 214; 39, 211) und objektiv ist die Schilderung von

der Verbannung der Jesuiten im „Siècle de Louis XV" (a. a. O. 13, 177—179). Es scheint mir, als ob die Polemik V.s gegen die Jesuiten mehr einzelne Personen und einzelne Auswüchse der Kasuistik und weltlichen Machination bis zur Vernichtung bekämpfe, nicht aber das ganze Jesuitensystem treffe. Dass der Stifter des Jesuitenordens im Dict. phil. a. a. O. XVIII, 282—284 als Narr hingestellt wird, spricht nicht dagegen; wie weit hatte sich der Jesuitismus des XVIII. Jahrh. von den phantastischen Träumen Loyolas entfernt. Das Urteil Voltaires über den Jansenismus ist entweder ein feindliches (vgl. 29, 67) oder ein ironisch-spöttisches (vgl. Ingénu a. a. O. p. 20, 213 und Galimatias dramatique 25, 24). Von den Reformatoren ist ihm Luther keineswegs unsympathisch (vgl. Ann. de l'Emp. a. a. O. 157), doch steht Voltaire auf dem vermittelnden Standpunkte des Interim, ebendas. 259.

[13]) So namentlich Papst Alexander III, vgl. Essai a. a. O. 10, 313; Ann. de l'Emp. a. a. O. p. 105, ebenso der Reformator Hutten ebendaselbst 242. Günstig über Jansenisten urteilt er im Essai sur la tolérance.

[14]) Es liesse sich da ein langes Register anführen. Ich begnüge mich, auf die betr. Stellen des Essai, auf einzelne Stellen in Dieu et les Hommes (29, 37, 51, 67, 70), auf die Abh. „Un Chrétien contre six Juifs" u. a. hinzuweisen. Das „humainement parlé", „faibles prin*ipes de la raison" etc. sind Lieblingswendungen Voltairescher Ironie. Pseudonymität und Ableugnung der von ihm verfassten Schriften waren beliebte Rettungsmittel Voltaires. Mit dem Namen Bolingbrokes trieb V. ein Spiel, wie später Kotzebue mit dem Freiherrn von Knigge, das Versteckspielen mit sich selbst tritt in der „Défense de mon Oncle", im „Pyrrhonisme de l'hist." und anderswo hervor. Es sind dies übrigens bekannte, oft angeführte und belegte Thatsachen.

[15]) vgl. Essai, Annales du l'Emp. a. a. O. XI, 2 ff., 10 ff. und XIV, 33, 200.

[16]) s. die günstigere Beurteilungsweise des Antiken in dem Essai sur la poésie épique (VIII) und in der Diss. sur les princ. trag. anc. et mod. (IV), s. das Lob des Thucydides (Bd. 28, S. 45).

[17]) vgl. die Nouv. consid. a. a. O. und die Remarques, ebenso die Gespr. „les Anciens et les Modernes" (a. a. O. 27, 224) und „Que l'Europe moderne vaut mieux que l'Europ. anc." in A, B, C. (a. a. O. 28, 114—116), vgl. XV, 191 über den Scythen Anacharsis, über Plato 29, 71, 90, über die Aristotelischen Regeln 30, 143, die Kritik des Herodot, Diodor, Livius, Josephus (Introduction a. a. O. 118).

[18]) Über Voltaires Verhältnis zu Montesquieu vgl. den Kommentar über den „Esprit des lois" (a. a. O. Bd. 36), ebenso Essai XI, 521 und 29, 387. Verteidigung Montesquieus 29, 77. Die Stellungnahme Voltaires ist mit Ausnahme der Stelle im Essai keine gehässige. Über

Rousseau urteilt er in späteren Jahren mit besonderer Feindschaft, vgl. Préface de l'hist. de Russie sous Pierre le Grand a. a. O. 29, 79, Cayrol, Lettres inéd. de V. I. 402 und Coquerel a. a. O. S. 222, 284 und viele andere Stellen; vgl. Meyer, Voltaire und Rousseau, Berlin 1858, und Brockerhoff, Voltaire et Rousseau, Rheydt 1865.

[19]) s. die Urteile über Turgots Reformen und die Anfänge der Regierung Ludwigs XVI in der Correspondance des Jahre 1775 (a. a. O. Bd. 45) und die „Mémoire a M. Turgot" 30, 122 ff.

[20]) Dies doch der Standpunkt im „Siècle de Louis XIV"; die „défense de Louis XIV" (29, 153 ff.) dreht sich meist um Einzelheiten; vgl. noch Hettner, Littgesch. des XVIII. Jahrh., 3. Aufl., II, 220 u. 221, s. auch die Bemerkung Condorcets, Leben Voltaires, übers. Berlin 1791, S. 273—276.

[21]) vgl. die Artikel des Dict. phil.: Aux Gueux und L'Ancien régime; die Abschnitte in A, B, C, Les serfs de corps, de la meilleure législation, des abus; Les serfs du Jura, Correspondance (2 avril 1764) und vieles andere.

[22]) und [23]) Über die angebl. Quellen für Charles XII und Hist. de la Russie sans Pierre le Grand vgl. Voltaire a. a. O. XV, 186 A, 187, XXX, 207, Cayrol I, 196 u. A., dagegen Hages Schrift: Voltaires Glaubwürdigkeit in seinem Charles XII, Fürstenwalde 1875, und Hettner, Littg. des XVIII. Jahrh., 3. Aufl., Bd. II, S. 222.

[24]) vgl. Voltaires Bemerkung in der Correspondance d. J. 1755, XXXVI, 265; Wagnière et Longchamp II, 499 und I, 25. Vielfach war dies kein blosser Vorwand Voltaires, so namentlich beim Siècle de Louis XIV, s. Voltaires Schreiben an Lessing (1. Jan. 1751) bei Cayrol a. a. O. I.

[25]) vgl. die Angabe bei Wagnière et Longchamp I, 23 (der Handel mit dem Juden in England); ebendas. 24 die schonende Bemerkung über V.s finanzielles Talent. Charakteristisch ist der Handel mit dem Juden Hirschel in Berlin.

[26]) s. das Lob, welches dem einst so angefeindeten Friedrich von Preussen in Comm. hist. wieder gespendet wird, weil der preussische Monarch sich bei der Subskription für die Bildsäule Voltaires beteiligt hatte, ebendaselbst die servile Beweihräucherung des duc de Choiseul a. a. O. 210, die an Elisabeth, an Katharina von Russland, an Ludwig XV, im Essai, im Siècle de Louis XV und Panégyrique de Louis XV und a. O. verschwendeten Schmeicheleien.

[27]) Die Inkonsequenzen V.s im Leben und Denken sind bekannt genug; vgl. den Abschnitt bei Hettner a. a. O. und Strauss, Vorträge über Voltaire.

[28]) Es genügt, an die Namen Fréron, Nonnotte, Malagrida, Warburton (27, 195; 29, 21) Maupertuis, Rousseau u. a. zu erinnern.

²⁹) und ³⁰) s. Hage a. a. O. S. 5 ff. und die Polemik V.s mit Motraye a. a. O. XV.

³¹) Cayrol a. a. O. I, 196.

³²) vgl. Hage a. a. O. S. 29.

³³) XV, 196, 197.

³⁴) Den diplomatischen Zweck seiner Mission in Preussen gesteht Voltaire im Comm. hist. selbst ein. „Il rendit dans ce voyage au roi son maître un excellent service, comme nous le voyons par sa correspondance avec M. Amelot, ministre d'état". Vgl. die eingehende Darstellung bei Venedey Friedrich d. Gr. und Voltaire, und Voltaires „Mémoires par servir à la vie de M. de V."

³⁵) und ³⁶) Depuis ce temps (le déluge) l'ambition s'est jouée sans aucune borne de la vie des hommes, ils en sont venus à ce point de s'entretuer, sans se hair; und Avant le temps du Déluge, la nourriture que les hommes prenaient dans les fruits, était sans doute quelque reste de la première innocence. Maintenant pour nourrir il faut répandre du sang malgré l'horreur qu'il nous cause naturellement.

³⁷) Parceque ces livres pleins de tant de faits miraculeux qu'on y voit revêtus de leurs circonstances les plus particulières avancées non seulement comme publics, mais comme présents, s'ils eussent pû être démentis, auraient porté avec eux leur condamnation.

³⁸) Mais souvenez vous que ce long enchaînement des causes particulières, qui font et défont les empires, dépend des ordres secrets de la divine providence. Heureux qui donne qui ôte la puissance, pour montrer, qu'ils ne l'ont tous que par emprunt, et qu'il est le seul en qui elle réside naturellement.

³⁹) Man beachte hier (a. a. O. XI, 121) die lobende Wendung: L'illustre Bossuet, qui dans son Discours sur une partie de l'histoire universelle en a saisi le véritable esprit, au moins dans ce qu'il dit de l'Empire Romain (d. h. ungefähr in dem 9. Teile seiner Schrift) und dem gegenüber den verhüllten Tadel der einseitigen Tendenz des „Discours".

⁴⁰) a. a. O. Bd. 10, S. 116, Abschnitt 3 und 4.

⁴¹) Charakteristisch ist es in dieser Hinsicht, dass Annales de l'Emp., a. a. O. 33, die Toleranz der Muhamedaner gegenüber den Grausamkeiten Karls gerühmt wird, und an derselben Stelle der fränkische Herrscher sogar unter Tiberius gestellt wird. Im Essai bemerkt Voltaire, Karl werde nur um seiner Erfolge willen angebetet.

⁴²) a. a. O. 36, 265 (30. August 1755).

⁴³) vgl. die wissenschaftliche und freundschaftliche Korrespondenz Voltaires und Rousseaus in den Jahren 1745—1756 (a. a. O. XXV, p. 26; 30, 189; XXVI, 265, 269, 280, 372). Die Sympathie Voltaires

musste sich Rousseau sogar durch sein verbindliches und doch mannhaftes Schreiben (a. a. O. XXXV, 18. vom 30. Januar 1750) erwerben. Rousseau bricht erst mit Voltaire in dem Schreiben vom 17. Juni 1760 (XXXVII, 422).

44) a. a. O. 26, 122 und 108, wo er sie mit einem Augenleiden zu entschuldigen sucht, und Cayrol a. a. O. I, 237.

45) a. a. O. 29, 45 und im Ingénu a. a. O. XX, 178. Die patriotische Geschichtschreibung wird übrigens von V. (a. a. O. 28, 45) gerühmt.

46) s. Correspondance a. a. O. 36, 96. 107; Cayrol a. a. O. I, 225 und XXIV, 395.

47) s. Correspondance 36, 103, 132, 134, 137, 148; Cayrol a. a. O. und XIV, 1.

47b) Zu einem sicheren Resultat hierüber sind auch die neuesten Untersuchungen und Streitigkeiten kaum gelangt.

48) s. d. Verf. Abh. „Johann von Viktring als Historiker", Halle 1878. S. 15.

49) u. 50) s. Corresp. 35, 228, 229, 267, 292, 296, 300, 334, 345, 351, 355, 357 u. A.

51) Schon im September 1735 arbeitete V. am siècle de Louis XIV (Cayrol I, 58), abgeschlossen wurde es nicht vor Aug. 1751 (s. XXXV, 298, 318, 322).

52) Doch gibt dies Voltaire ziemlich deutlich zu verstehen (Corresp. XXXV, 227, 289). Cayrol I, unter 1. Jan. 1751.

53) Corresp. 37, 225, 257, 258, 259, 266, 268, 296, 325, 328, 331, 339 und 39, 159, 174; Cayrol a. a. O. I, 196.

54) XV, 186 A, 187; XX, 207; Cayrol a. a. O.; vgl. Hettner a. a. O. II, 222. Bavoux a. a. O. 212.

55) XV, 196.

56) XV, 255.

57) s. Bavoux, Voltaire à Ferney, p. 68.

58) XV, c. X.

59) 2 Stellen der Correpondance (37, 269 und 39, 174).

60) s. die Notiz Beuchots (a. a. O. XIII. S. 1 u. 2, Anm.).

61) s. die rücksichtsvolle Entschuldigung der Bigotterie Ludwigs XV (Corresp. 41, 424).

62) Über die erwähnten histor. Schriften Voltaires spricht Desnoiresterres a. a. O. I, 382, 424 f., 428; II, 2 éd., 37, 40, 87 ff., 433, 453—456; III, 240, 252, 293; IV, 10, 210, 345, 425; V, 2 éd., 414, 417, 420, 438 ff., 487 ff.; VI, 255, 257 ff., 361—368, 398; VII, 70, 74, 97, 381; VIII, 19, 20. 121, 132. Er geht mehr auf die äusseren Veranlassungen und Details ein, als dass er eine eindringende Analyse gibt. Unzutreffend scheint mir sein Urteil über die Annales de l'Empire, IV, 425, die er „livre incolore, aride" nennt.

NB. Es sei nachträglich noch auf einen bisher meines Wissens unbeachtet gebliebenen Kniff Voltairescher Polemik hingewiesen. Um die Göttlichkeit Christi und das Mysterium seiner Geburt zu bekämpfen, geht V. nicht etwa direkt auf sein Ziel los, sondern weist auf den Widersinn hin, dass ein „Gott" von einer Jungfrau geboren und dann gar ans Kreuz geschlagen sein solle. („Sermon des Cinquante" a. a. O. 310 und „Avis à tous les Orientaux" a. a. O. 286.)

Voltaire-Studien II, I.

[1]) „Appel à toutes les nations de l'Europe", a. a. XXV, 156; deutlicher noch in der Préface zur „Sémiramis" a. a. O. IV, p. 12.

[2]) Préf. zur Zulime a. a. O. IV, p. 102, vgl. Comm. hist. a. a. O.

[3]) Ingénu (a. a. O. XX, 205), die Abh.: „L'éducation des Filles" (a. a. O. XXV, 194 ff.), die ein tieferes Verständnis für die ideale Seite der weiblichen Eigentümlichkeiten zeigt, Dieu et les Hommes (a. a. O. 29, 1).

[4]) a. a. O. XX, 196.

[5]) s. Correspondance, 7. Jan. 1730, a. a. O. XXXII, 95.

[6]) Lettres sur Œdipe, im Jahre 1730. a. a. O. I, 24—29.

[7]) ebendas. 33 ff.

[8]) Nicht bloss die oft angeführte Stelle über die Thorheit des Volkes als Ursache der Priestermacht, sondern die ganze Zeichnung des Grand Prêtre und des beinahe rationalistischen Œdipe deuten darauf hin. Man muss sich aber hüten, in den Tragödien V.s (mit Ausnahme des Mahomet, Saul und der Olympie) reine religiöse oder politische Tendenzstücke zu sehen, wie das nicht ohne Einseitigkeit Hettner (Gesch. d. frz. Litt. im XVIII. Jahrhd., 3. Aufl., III, 227) thut.

[9]) s. Voltaires Bemerkungen in Lettres sur Œdipe I, 5 ff.

[10]) Correspondance, 17. Sept. 1725, a. a. O. XXXII, 76.

[11]) I, p. 21.

[12]) Corresp. XXXII, 61.

[13]) ebendas. 73, 78 (20. August und 17. Okt. 1725).

[14]) ebendas. 74.

[15]) s. d. Préface z. Marianne a. a. O. I, 107, 108.

[16]) Corresp. a. a. O. XXXII, 97 (Dec. 1730).

[17]) vgl. V.s Bemerkungen über die Wichtigkeit der „l'art des vers", a. a. O. I, 109 f.

[18]) Corresp., Dec. 1729, a. a. O. XXXII, 92.

[19]) s. Schlussrede des Brutus I, 2.

[20]) Dass hier die Liebe keine blosse „galanterie" sei, wie so oft in den franz. Tragödien, behauptet V. mit Recht (a. a. O. I, 216).

[21]) Geschichte des neueren Drama II 1, 283 ff., 300 ff., vgl. Hettner a. a. O. 232—234.

[22]) s. die Zusammenstellung bei Hettner a. a. O. 231, und V.s Bemerkung über Euripides I, 18.

[23]) „J'ai fait toute la tragédie de César depuis qu'Eriphyle est dans son cadre. J'ai cru que c'était un sûr moyen pour dépayser les curieux sur Eriphyle; car le moyen de croire, que j'aie fait César et Eriphyle et achevé Charles XII en trois mois! Je n'aurais pas fait pareille besogne à Paris en trois ans." A. M. Thieriot a. a. O. XXXII, 106.

[24]) ebendas. 120 und 121.

[25]) ebendas. 116, 119, 122, 127.

[26]) XXXII, 127.

[28]) s. A. 24.

[29]) V. selbst spottet über diese Figuren, Corresp., 14. Nov. 1735, a. a. O. XXXII, 330.

[30]) und [31]) ebendas. 130, 133, 136, 139.

[32]) Corresp. a. a. O. 138, 139.

[33]) ebendas. 139.

[34]) ebendas. 144—145 (Aug. 1732).

[35]) V. selbst sagt: „L'imagination echauffée par l'intérêt acheva la pièce en vingt-deux jours".

[36]) Corresp., 29. Mai 1732, a. a. O. 137, 138.

[37]) ebendas., 15. Dez. 1732, a. a. O. 166.

[38]) Hettner, a. a. O. 233.

[39]) s. meine Bemerkungen in Voltaire-Studien I.

[40]) Corresp., 19. Aug. 1731, a. a. O. 116.

[41]) Zu der Annahme, dass hier eine Privatrache Crébillons vorlag, gibt der Charakter des letzteren keinen Grund.

[42]) V. wenigstens, in seiner „Correspondance", schweigt darüber.

[43]) a. a. O. XXXII, 291.

[44]) Corresp., 12. April u. 15. Mai 1733, a. a. O. 181 u. 187.

[45]) ebds. 226, V.s Äusserungen an M. de Cideville (15. Nov. 1733).

[46]) s. Discours préliminaire a. a. O. II, 297.

[47]) s. die betr. Stellen d. Corresp. a. a. O. 352, 356, 359, 363.

[48]) s. die „Fragments hist. de l'Inde" (Anfang), die Äusserung über die „nations civilisées" (a. a. O. 29, 3), die Verherrlichung des Naturvolkes der Scythen in der „Princesse de Babylone" u. a. Stellen.

[50]) a. a. O. III, 187 und V.s Brief an Maffei ebds. 247.

[51]) Hamb. Dramaturgie Stück 36—51.

[52]) Cayrol, Lettres inédites de Voltaire I, 453 (1. Sept. 1742), die Correspondance V.s aus den Jahren 1741 u. 1742, a. a. O. XXXIV, 229, 241, 253, 262, 266, 270, 298, 299, 300, 301, 814, ist sonst viel diplomatischer.

[53]) Avis de l'éditeur a. a. O. III, 188.

⁵³) ebendas. 189.
⁵⁴) s. unsere Bemerkungen in Voltaire-Studien I.
⁵⁵) s. die bei Desnoiresterres abgedr., von Prölss a. a. O. 287 übersetzte Schilderung des „Journal de Police".
⁵⁶) a. a. O. XXX, 199 (meist nur Abdruck eines Briefes V.s vom 4. April 1743), 205, 206; in der Corresp. der späteren Jahre taucht sie dann noch öfters auf.
⁵⁷) s. Condorcets Vorwort (a. a. O. III, 99) und V.s „Lettre à Mademoiselle Clairon" ebds. 101.
⁵⁸) Condorcet in seinen „Avertissement" erscheint auch hier nur als Sprachrohr Voltaires.
⁵⁸) V.s Bemerkung a. a. O. III, 102.
⁵⁹) s. Corresp. a. a. O. XXXIV, 67, 77, 110; vgl. auch über die diplomatischen Verhandlungen V.s betr. der „Zulime" ebds. 45, 70, 72.
⁶⁰) ebendas. 86, 109, 118.
⁶¹) Condorcets Rechtfertigung a. a. O. 99 berührt uns fast komisch.
⁶²) ebendas. und Note 58.
⁶³) V.s Bem. a. a. O. 102 berührt gar nicht den Kern der Sache.
⁶⁴) Corresp., 27. Juni 1748 (a. a. O. XXXV, 85).
⁶⁵) ebendas. 59, 60, 64, 65, 83, 85, 88, 89, 91, 98, 99.
⁶⁶) ebendas. 64.
⁶⁶b) a. a. O. 91 (10. Okt. 1748).
⁶⁷) a. a. O. III, 12.
⁶⁸) Hamb. Dramaturgie Stück X, XI, XII.
⁶⁹) Natürlich ist die Einheit der Zeit und des Ortes eben so äusserlich, wie in der „Mérope", beobachtet.
⁶⁹b) Wagnière et Longchamp II, 211.
⁷⁰) a. a. O. 91 (10. Okt. 1748), 98, 99 (30. Okt. und 28. Nov. d. J.).
⁷¹) ebendas. 94 (11. und 12. Okt. d. J.).
⁷²) ebendas. 155 (31. Aug.) und 174 (26. Nov.).
⁷³) ebendas. 142 (vom 14. Aug. 1742).
⁷⁴) a. a. O. III, 238 und 239.
⁷⁵) s. die Worte Ciceros (I. V a. a. O. 251): „Marius et Sylla, qui la (Rome) mirent en cendre, ont mieux servi l'Etat et l'ont su mieux défendre (que Catilina). Les tyrans ont toujours quelque ombre de vertu; Ils soutiennent les lois, avant de les abattre", und Catons (I, 6, 252): „Ah, qui sert son pays sert souvent un ingrat", Ciceros Apostrophe an Clodius (V, 3, 285) u. a.
⁷⁶) Dass ein Teil des Senats mit der Herrschaft Catilinas sich befreundet hat, wird ja ausdrücklich an mehreren Stellen hervorgehoben.
⁷⁷) Corresp. a. a. O. XXXVI, 155 (22. Aug. 1754) und 246 (22. Juli 1751).
⁷⁸) ebendas. 211 (8. März 1755) und 240 (6. Juli d. J.).

[79]) s. Schluss der „Préface". V. selbst nennt das Stück eine „esquisse plutôt qu'un ouvrage achevé". a. a. O. 346.

[80]) s. Epitre à la Marquise de Pompadour a. a. O. V, 2 und Corresp. a. a. O. XXXVII. 46, der Erfolg des Stückes. vgl. ebds. 56 (22. Sept. 1760).

[81]) Näheres bei Desnoiresterres a. a. O. VI. 17.

[82]) Für Grenzboten-Recensenten u. a. Scribenten, die gern den Autor missverstehen, um ihre eignen Missverständnisse bewitzeln zu können, füge ich die überflüssige Bemerkung hinzu, dass ich nicht von zwei Hälften des J. C. in dem Sinne spreche, wie man von zwei Teilen „Heinrichs IV" redet, sondern nur damit andeuten will, dass der J. C. durch die Ermordung des Helden (III, 1) in zwei nur äusserlich verbundene Hälften zerfällt. „Le superflu, chose très-nécessaire", sagt ja auch — Voltaire.

[83]) s. d. Bemerkung a. a. O. V, 124 u. Corresp. (38, 364, 370 u. a.).

[84]) ebendas. 39, 418, 28. März 1764.

[85]) ebendas.

[86]) 38, 364, 370, 380, 394. 397, 412, 416, 417, 418, 419, 435. 436, 39, 8. 9, 11, 14, etc.; 392, 394, 408, 418 u. a.

[87]) a. a. O. 38, 364.

[88]) ebendas. 39, 8.

[89]) ebendas. 38, 417, 418.

[90]) ebendas, 40, 13 (17. Juni 1764).

[91]) ebendas. 9, 37, 395.

[92]) V.s Vorrede a. a. O. V, 255.

[93]) Corresp. vom 6. Juni 1764 a. a. O. 9.

[94]) Für die Details: s. Corresp. a. a. O. 41, 153, 256, 259, 268, 280, 306, 321, 323, 324, 325, 330, 331, 337, 352, 357, 358, 361, 365. Heuchelei ist es, wenn V. (a. a. O. 256) schreibt: „Les Scythes, dont je fais nul cas".

[95]) a. a. O. 41, 153 (17. Dez. 1766).

[96]) Préf. de l'éd. de 1767, a. a. O. V, 327.

[97]) s. Corresp. vom 25. Juni 1770 (a. a. O. 43, 99 und die Bemerkung der Ed. de Kehl (a. a. O. VI, 169).

[98]) s. Corresp. vom 9. März 1771 (a. a. O. 43, 263) und vom 1. Juli d. J. ebds. 322.

[99]) s. Corresp. vom 9. Januar 1773 (a. a. O. 44, 134). Die Tragödie war damals im Manuscr. an d'Alembert geschickt worden.

[100]) ebendas. 146 (1. Febr. 1773).

[101]) s. ebds. die Andeutung V.s 144 (25. Januar 1773, vgl. auch ebds. 121, 136, 151, 166, 167).

[102]) Corresp. vom 14. Jan. u. 3. Febr. 1778 (a. a. O. 46, 147, 160).

Voltaire-Studien II, 2.

[1]) Préface z. „Nanine" a. a. O. III, 69.
[2]) Préf. z. „Enfant prodigue" a. a. O. III, 2 u. 3.
[3]) So z. B. Ninon de l'Enclos im „Dépositaire".
[4]) Corresp. vom 5. Aug. 1724 und 2. Juli 1725.
[5]) Die Corresp. d. J. 1734 schweigt darüber.
[7]) „Il faut servir les grands. On amuse souvent plus par son ridicule, que l'on ne plaît par ses talents." II, 240.
[8]) ebendas. 238: „Eh, quoi! des tragédies, Qui du théâtre anglais soient d'horribles copies?", sagt Voltaire, worauf Madame du Tour erwidert: „Non, ce n'est pas ce qu'il nous faut; La pitié, non l'horreur, doit régner sur la scène. Des sauvages Anglais la triste Melpomène, Prit pour théâtre un échafaud".
[9]) s. Préface III, 1.
[10]) s. Corresp. vom 22. Jan. und 10. März 1736.
[11]) Übrigens darf man nicht alles glauben, was Longchamp (a. a. O. II, 119, 229—235) von Skandal- und Schmutzgeschichten erwähnt. Namentlich die famose Düpierung des Gemahls der marquise ist wohl sehr ausgeschmückt worden, a. a. O. 229 ff.; vgl. die Schilderungen in Sainte-Beuves „Causeries du Lundi".
[12]) s. die Anm. der Préfaces der Ausgaben von 1749 und 1751 (a. a. O. IV, 6).
[13]) Dies geht aus Friedrichs II Schreiben an V. vom 24. Februar 1760 hervor.
[13b]) s. ebds. und Corresp. vom Jan. 1760 (a. a. O. XXXVII, p. 349).
[14]) s. V.'s Satire „A Messieurs les Parisiens" (am 25. Juli 1760 veröffentlicht), worin Fréron noch um Entschuldigung gebeten wird, dass er so glimpflich fortgekommen sei (a. a. O. IV, p. 373—375) und Corresp. a. a. O. XXXVII, 406, 409, 419, 420, 425, 434, 435, 439, 442; XXXVIII, 1, 6, 16, 21 ff. u. s. w.
[14b]) ebendas., p. 16.
[15]) s. Corresp. vom 13. und 27. Juni 1760; vgl. ebendas., 25. und 27. April, 26. Mai 1761.
[15b]) ebendas., 9. und 18. Oktober 1767.
[16]) Correspondance vom 9. August 1769 a. a. O. 42, p. 337 und Préface VI, 2.
[17]) Wagnière (et Longchamp) I, 23, angeblich nach V.s eigner Aussage, doch nicht ohne legendenartige Ausschmückung. „Il m'a assuré, qu'il y avait composé le second chant de la Henriade en dormant, qu'il le retint par cœur, et qu'il n'a jamais rien trouvé à y changer. (Letzteres ist richtig.)
[18]) Comm. hist. a. a. O. XXX, 192.

[19]) 3. Jan. 1719 a. a. O. **32,** 32.
[20]) ebendas. 39, 43, 44, 45, 46, 48, 55, 56, 65, 73, 78, 80. Auch öfters in den folgenden Jahren.
[21]) s. das „Avant propos sur la Henriade" par le roi de Prusse a. a. O. VII, 8. Friedrichs II Bemerkung wird durch Stellen der „Correspondance" bestätigt.
[22]) s. Préface a. a. O. VIII, 34 und Comm. hist. ebds. XXX, 195.
[23]) s. Wagnière (et Longchamp) I, 25; Préface a. a. O. 34; Comm. hist. a. a. O. 195; vgl. Correspondance a. a. O. XXXII, 96, 280, 304, 333, 253 und ebds. XXXIII, 68.
[24]) Corresp. vom 13. August 1763. Der Empfänger des Briefes Helvetius war natürlich eingeweiht, aber es erhellt aus dem Schreiben, dass Voltaire dem grösseren Publikum gegenüber nicht Verfasser der „Pucelle" sein wollte.
[25]) s. Avant propos sur la Henriade a. a. O. VII, 9 und Traduction d'une lettre d'Antoine Cocchi ebds. 15.
[26]) Darauf macht schon Marmontel aufmerksam ebds. 9.
[27]) a. a. O. 11.
[28]) Diese Übertreibung wird selbst in dem Briefe Cocchis (am Schluss) hervorgehoben. Der Italiener, dem der Zusammenhang der römisch-italienischen Kultur mit der hellenischen mehr bewusst war, als dem Franzosen, fühlt hier das Richtige.
[29]) s. Wagnière (et Longchamp) a. a. O. I, 492.
[30]) ebendas.
[31]) s. Marmontels Angaben a. a. O. VII, 4 u. 5.
[32]) Beckmann, Forschungen über die Quellen zur Geschichte der Jungfrau von Orleans, Paderborn 1872, S. 96.
[33]) s. ebendas. 17, 21, 22, 67, 76.
[34]) s. William Caxtons Angabe bei Beckmann 78.
[35]) s. Beckmanns Citate a. a. O. 35, 37, 76, 82, 86.
[36]) s. die Apotheose in Papst Pius II „Comm. rer. mem." ebds. S. 83 ff.
[37]) Wie sehr die „Jungfrau" darüber im Unklaren war, ob ihre erträumte Mission mit der Krönung in Rheims oder der Befreiung der Hauptstadt und des ganzen Landes enden solle, ist ja bekannt.
[38]) Begonnen nach dem 5. Febr. 1768, dem Tage des Theaterbrandes in Genf, und vollendet schon vor 1. März d. J. (s. Corresp. 1. März 1768, a. a. O. **42,** 73).
[39]) Mit diesen und ähnlichen wohlfeilen Gründen suchen die Editeurs de Kehl (a. a. O. X, 1 und 2) V.s Satire zu rechtfertigen.
[40]) Natürlich suchte V. seine Autorschaft wieder abzuleugnen und zu verhüllen, s. Corresp. a. a. O. und „Prologue" (IX, 2).
[41]) ebendas. 3.
[42]) Corresp. vom 15. März 1768 (a. a. O. **42,** 81).

⁴³) Auch der neueste Voltaire-Biograph, Desnoiresterres, gibt dasselbe, wie schon in Voltaire-Studien I erwähnt, preis.
⁴⁴) Vgl. hierüber die Ausgabe der „Poésies phil." von E. v. Sallwürk, Berlin, Weidmannsche Buchhandl., 1879.
⁴⁵) s. auch Ellisen, V. als politischer Dichter, Leipzig 1852.
⁴⁶) Auf diesen Unterschied weist Ellisen a. a. O. 4 mit Recht hin.
⁴⁷) s. Cayrol a. a. O. I, 2, 3. 4, in Briefen, die aus dem Jahre 1718 stammen und die Bemerkung in der „Préface" ebds. XIII, XIV; vgl. Wagnière et Longchamp a. a. O. 24 und Condorcets ungeschickte Beschönigung a. a. O. 109.
⁴⁸) Nur vorübergehend war der **emporstrebende** V. mit dem Hofe unzufrieden, so z. B. in einem Schreiben an seine Freundin Madame de Bernières (5. Jan. 1722, Cayrol a. a. O. I, 10), wo allerdings „maudites affaires à Paris" als Grund erscheinen.
⁴⁹) Schon 1718 sucht V. seinen Freund Thierot in der „indignation contre les modernes" zu bestärken (Cayrol a. a. O. I, 6).

Voltaire-Studien II, 3.

¹) s. auch die betr. Partien der „Vorträge" von Dr. Strauss, der mir jedoch den eigenen pantheistischen Standpunkt allzusehr zum Massstabe des Voltaireschen Philosophierens zu machen scheint.

²) Sie ist häufig sogar Gegenstand des Spottes in vertrauteren Schreiben, z. B. in einem bei Coquerel (Lettres inédites de V. sur la tolérance, p. 121) abgedruckten Briefe, worin es heisst: „Dieu vous conserve la santé et que votre belle et bonne âme conserve longtemps son étui".

³) Die bekannte Inschrift: „Deo erexit Voltaire" ist vieldeutig. Coquerel (a. a. O. 77 A) bemerkt darüber: „Il y a là en opposition avec les noms ordinaires des églises catholiques, empruntés à la Vierge et aux saints, une profession de foi déiste". Vor allem liegt wohl darin eine Verspottung des frommen Glaubens, der seinem Gotte Kirchen weiht (s. V.s Äusserung bei Cayrol I, 340).

⁴) z. B. c. I (a. a. O. XX, 375). Nous commençames par faire des neuvaines à la sainte Vierge de Manrèze, ce qui est assurément la meilleure manière de se défendre. (Es ist von der Verteidigung Barcelonas die Rede.) ebendas. 384: Les courtisans lui reprochèrent d'avoir pris cette ville (Barcelona) contre toutes les règles avec une armée moins forte de motié que la garnison, und 385 die Persiflierung parlamentarischer Kunstreden.

¹) s. V.s Bemerkung im „Comm. hist." a. a. O. XXX, 198.
²) s. d. Avis préliminaire.
³) Avertissement ebendas.
⁴) Comm. hist. a. a. O. p. 189: „Nous avons des médailles de lui qui portent ces deux dates, il nous a dit plusieurs fois qu'à sa naissance on désespéra de sa vie et qu'ayant été ondoyé, la cérémonie de son bâpteme fut différée plusieurs mois".
⁵) Nicht lange nach Strauss' Tode erschien in den „deutsch-evangelischen Blättern" ein Aufsatz von W. Beyschlag, in dem die unglückliche Ehe des Verblichenen sehr unzart besprochen wurde.
⁶) s. Wagnière I, 34 und Voltaires Mémoires a. a. O. p. 59: „le roi de Prusse oubliait les dettes du prince royal".
⁷) s. Hettner a. a. O. 150.
⁸) Cayrol a. a. O. I, 17 (19. Dec. 1722).
⁹) s. Cayrol a. a. O. 81, 103, 119, 123 u. A.
¹⁰) In der Auffassung des vierten Evangeliums nimmt er eine Stellung ein, die ihn zum Vorläufer der modernen Bibelkritik macht.
¹¹) Seit einiger Zeit sind wir ja durch Kelles Schriften in aktenmässiger Weise darüber unterrichtet, doch erfährt man aus solchen Privatmitteilungen noch manches andere.
¹²) Auf die betr. Äusserungen V.s in den „Annales de l'Empire" und den „Oreilles du comte de Chesterfield" habe ich schon früher (I. u. II, 3) hingewiesen.
¹³) s. Voltaire an Damilaville (1. April 1766) a. a. O. Bd. XL. und Lettres inédites (Cayrol II, 563, V. an Tabareau, 3. Febr. 1769).
¹⁴) Coquerel a. a. O. 119 (1762 [?] ohne Datum).
¹⁵) Solche Berechnung zeigt allerdings V.s Schreiben an M. de Moncrif vom J. 1722 (Cayrol I, 14).
¹⁶) Wie tief die englischen Sympathien in V. waren, geht am besten aus dem Gedichte „à M. H. Anglais" hervor, dass 1738, also lange nach dem Aufenthalte in England, verfasst ist (Poésies mêlées a. a. O. 332).
¹⁷) Schon 2 Schreiben des Jahres 1722 (Cayrol I, 9 u. 13) zeigen Abneigung gegen Paris und Versailles.
¹⁸) Ebendas. 8 u. 11 ausgesprochen, ausserdem in so manchem Gedichte (s. o.).
¹⁹) s. ebds. 1, 6, 7, 24, 25 und an vielen Stellen der „Correspond".
²⁰) Auch Madame de Bernières war so ganz lauter nicht, s. (Cayrol ebds., 2, 9 u. 19, 2. Juli 1723 und 1724) Andeutung über ihre Intimität mit dem verrufenen Richelieu und Voltaire.

²¹) s. Cayrol S. 11 (2 Schreiben aus dem Jahre 1722). Das Gedicht (1725) ist schon oben erwähnt.

²²) Schon im Jahre 1718 finden wir häufige Klagen über seine Gesundheit (s. Cayrol I, 1, 3, 4). Auf Nervenschwäche deutet eine Bemerkung ebds. 13 (Sept. 1722).

²³) s. Epitre XXXVIII (a. a. O. IX, 219), die kaum anders zu verstehen ist.

²⁴) s. die Stelle in Ep. XVI, ebds. 195: „Mes organes lassés sont morts pour les plaisirs, mon cœur est étonné de se voir sans désirs".

²⁵) Venedey, Friedr. d. Gr. und Voltaire, S. 139 und Mémoires 56.

²⁶) V. (Mémoires 66) will uns glauben lassen, dass er nur Königs wegen gegen Maupertuis vorgegangen sei.

²⁷) Denkwürdigkeiten und vermischte Schriften VIII, 173 ff.

Excurs II.

¹) Comm. hist. (Hachette 30, 194).

²) s. Préservatif (London 1739, Kgl. Bibl. zu Dresden, Biogr. erud. 5984) p. 22—23, Correspondance a. a. O. 32, 80; 33, 353.

³) vgl. Voltairomanie in der oben angeführten Ausgabe 26, 35.

⁴) vgl. ebds. 32, 34, 35.

⁵) S. 32: Cet ami le chassa le chez lui en 1726, après son discours insolent dans la Loye de la Demoiselle le Couvreur.

⁶) Préservatif 23, Corresp. 33, 335; Cayrol (Lettres inéd. de V.) I, 445 (11. Febr. 1739), wo von einem Libell die Rede, das D. 1736 gegen V. verfasst haben soll.

⁷) Corresp. 33, 336, 338, 347, 355, 357; Cayrol a. a. O. I, 106/107 (vom 14. Jan. 1739).

⁸) Corresp. 33, 319, 321, 322, 323, 325 u. a. O.; Cayrol I, 5 (22. Sept. 1735), 442.

⁹) z. B. 33, 330.

¹⁰) ebendas. 310, 329, 358; Cayrol I, 445.

¹¹) S. 3, 13, 22 und S. 2, auch V.s Pension S. 11 erwähnt.

¹²) Corresp. 33, 331, 358, 361.

¹³) ebendas. 358, 353 u. a. O.

¹⁴) So in einem Brief an Thieriot (28. Jan. 1734), ebds. 369.

¹⁵) ebendas. 32, 80: Je suis fâché que vous sayez brouillé avec les réverends Pères; mais puisque vous l'êtes, il n'est pas mal de s'en faire craindre. Peut-être voudront-ils vous apaiser, et vous feront-ils avoir un bénéfice par le premier traité de paix qu'ils feront avec vous.

¹⁶) Es war nicht eine periodische Zeitschrift, wie die „Observations", sondern eine Zusammenfassung verschiedener Artikel journalistischer Mache. V. nennt es a. a. O. „brochure", aber auch „feuille".

¹⁷) Cayrol a. a. O. I. 38.
¹⁸) ebendas. 70 (6. Nov. 1736).
¹⁹) Comm. hist. a. a. O. 196.
²⁰) Dass V. den R. hier als „domestique" bezeichnet, ist wohl kaum im wörtlichsten Sinne zu fassen. Seinen Gegnern gibt V. mit Vorliebe diesen und ähnliche Titel. Nannte er doch auch den la Motraye, einen in Karls XII Umgebung befindlichen franz. Edelmann „domestique", bloss, weil derselbe die Irrtümer des „Charles XII" kritisiert hatte.
²¹) Comm. hist. a. a. O. 193.
²²) Voltairomanie 46, vgl. Corresp. 33, 338.
²³) ebendas. 33, 379.
²⁴) In den von Cayrol veröffentl. 2 Bänden Voltairescher Korrespondenz kommen derartige Streitereien nicht weniger als 22 Mal vor.
²⁵) Jore war durch Conseilbeschluss vom Sept. 1734 für unfähig erklärt worden, „Imprimeur" oder „Libraire" zu sein, und die gesamte Ausgabe wurde zugleich konfisziert (Mémoire a. a. O. 76).
²⁶)·Jores Mémoire s. a. O. 65—84; V.s Schreiben ebds. 85—88 und Corresp. 33, 387 u. 388. Hier ist es vom 24. März 1736, dort vom 25. März datiert, auch sind die Namen Rothelin, Cideville, Josse im Originale nicht genannt.
²⁷) Cayrol I, 103 u. 104 (12. Jan. 1739).
²⁸) ebendas. 28. Juni 1739 an d'Argental, das. auch das Folgende.
²⁹) Desnoiresterres sucht den Handel mit Jore zu Gunsten V.s zu wenden (a. a. O. II, 32—34, 87—95), ohne doch überzeugende Gründe beizubringen. Dagegen spricht Nicolardot, der Gegner Voltaires, sehr scharf sich für Jore aus (Ménage et Finances de Voltaire 350—367). Seine Gründe scheinen mir aber stichhaltig zu sein. Die in dem Excurs II erörterten Beziehungen s. bei Desnoiresterres I, 232 ff., 321 ff.; II, 32 ff., 67 ff., 76 ff., 87 ff., 168 ff. — 220. Das zweifelhafte Benehmen Thieriots in Sachen Desfontaines' geht namentlich aus der (bei Wagnière et Longchamp 431 ff. mitgeteilten) Korrespondenz Thieriots hervor.

Errata: S. 84. Z. 12 von oben, statt »entstanden« lies »vollendet«.

www.ingramcontent.com/pod-product-compliance
Lightning Source LLC
Chambersburg PA
CBHW020916230426
43666CB00008B/1469